诺贝尔经济学奖获得者文库

[美] 安格斯·迪顿 著
胡景北 鲁昌 译

理解消费

上海财经大学出版社

图书在版编目(CIP)数据

理解消费/(美)安格斯·迪顿(Deaton, A.)著;胡景北,鲁昌译.—上海:上海财经大学出版社,2016.3
(诺贝尔经济学奖获得者文库)
书名原文:Understanding Consumption
ISBN 978-7-5642-2376-2/F·2376

Ⅰ.①理… Ⅱ.①迪… ②胡… ③鲁… Ⅲ.①消费-研究 Ⅳ.①F014.5

中国版本图书馆 CIP 数据核字(2016)第 039295 号

□ 责任编辑 刘 兵
□ 封面设计 钱宇辰

LIJIE XIAOFEI
理解消费

[美] 安格斯·迪顿 著

胡景北 鲁昌 译

上海财经大学出版社出版发行
(上海市武东路 321 号乙 邮编 200434)
网 址:http://www.sufep.com
电子邮箱:webmaster @ sufep.com
全国新华书店经销
上海华教印务有限公司印刷装订
2016 年 3 月第 1 版 2016 年 3 月第 1 次印刷

710mm×960mm 1/16 18.5 印张(插页:2) 220 千字
印数:0 001—4 000 定价:48.00 元

图字:09-2000-490 号

Angus Deaton 1992

Understanding Consumption was originally published in English in 1992. This translation is published by arrangement with Oxford University Press. Shanghai University of Finance & Economics Press is solely responsible for this translation from the original work and Oxford University Press shall have no liability for any errors, omissions or inaccuracies or ambiguities in such translation or for any losses caused by reliance thereon.

2016 年中文版专有出版权属上海财经大学出版社

版权所有　翻版必究

献给　海尔格

译者序

美国普林斯顿大学教授安格斯·迪顿(Angus Deaton)撰写的《理解消费》(Understanding Consumption)是一本在国际上获得广泛好评的消费理论专著。这本书虽然出版于1992年,但10年甚至更长时间的差距,并没有使它过时。相反,如果我们希望了解刚刚过去的20世纪末的消费研究,希望找到我们能够借以站立的巨人的肩膀,那么,就消费理论而言,迪顿这本专著是一个很好的选择。

现代经济学中的消费理论发端于20世纪30年代。当时,约翰·梅纳德·凯恩斯(J.M.Keynes)出版了他的名著《就业、利息和货币通论》,建立起现代宏观经济学,并把消费和投资并列为影响总产量或总需求波动的两大主要决定因素。从那以后,尽管宏观经济学有过许多变化甚至革命,但消费在宏观经济理论体系中的重要地位没有动摇过。不过,这一概念在凯恩斯那里还是一个没有深刻内容的粗放的术语。真正的消费理论是在20世纪50年代出现的。当时,莫迪格里阿尼(Modigliani)、布鲁贝格(Brumberg)以及弗里德曼(Friedman)各自从消费者选择理性出发,提出了消费的生命周期模型和持久收入模型。莫迪格里阿尼和弗里德曼因为这一工作和其他一些成就而分别获得了诺贝尔经济学奖。后来的学者认识到这两个模型尽管在诸如分析重点、概念含义等上面有着许多区别,但本质上是消费者跨时决策理论在消费领域的不同应用,因此不存在原则的对立。可以说,20世纪后半叶的消费理论研究,都是以消费者跨时选择为基础,围绕着这两个模型展开的。一方面,经济学家发展了原有的模型,提出了以欧拉方程为核心的现代生命周期模型。从这里,我们可以得到生命周期消费型式的独立性命题,即一个消费者的消费型式是由他一生拥有的总资源决定的。这个命题又直接联系了持久收入模型。另一方面,经济学家开展了消费理论的经验研究。这方面的成就可能比模型本身的研究更为巨大,并且可以说是战后经济计量学研究最为成功的领域。经济学家在基本理论的基础上提出适当的检验模型,统计学家整理了大量的消费数据。同时,如果说在莫迪格里阿尼和弗里德曼一代经济学家中,还有一些学者仅仅从事一个方面的研究,那么,战后成长起来的经济学家几乎都同时从事模型本身和经验检验两个方面的研究:这两个方面已经密不可分。这一点读者可以从本书中清楚地看出。

　　本书阐述的消费研究集中在20世纪80年代以及90年代初。它介绍了经济学家在90年代初对消费的理解。20世纪70年代发生了对消费理论研究影响深远的两件事情。它们是著名的卢卡斯(Lucas)的理性预期批判和霍尔(Hall)的随机游走模型。它们决定了20世纪最后20年消费理论研究的方向。这就是对预期和不确定性的强调,对消费和滞后消费、消费反映收入波动的敏感性的重视,以及由此而生发的对特定时期而非整个生命周期或持久收入时期的消费约束条件的探讨。所有这些研究几乎都明确以微观个体的理性决策为前提,以生命周期内特定时期的约束为条件,以建模的高度技术性和对高频数据的使用为特点。此外,如果说经济学家在处理不确定性问题和收集整理数据的技术方面或方法论(Methodology)上取得了显著成绩的话,那么,经济学家现在似乎更着重于对消费行为在本体论意义上的理解。例如,中年人较少消费自己的收入是为了养老还是为了遗赠;老年人的具体消费行为究竟如何;许多家庭几乎不持有金融资产,它们是如何调节自己在各个时期收入和消费的;预防性储蓄动机和流动性约束对消费的作用是什么;等等。在消费研究中,重点不再是大尺度地讨论一个人一生的消费取决于其一生收入或者持久收入并且用宏观消费数据来检验之;经济学家现在更多讨论的是一个人在其一生的各个特殊时期的消费及约束条件,并且更多地依赖于家计调查和其他高频数据。而迪顿的著作《理解消费》正是这新方向的一个起点。尤其对仍然停留在粗放了解现代经济学,但希望进行深入研究的我们中国读者来说,迪顿的这本著作将引导我们跨入现代消费研究的殿堂。

　　本书是在上海财经大学出版社黄磊先生的促动下翻译的。鲁昌博士翻译了第六章,其余由我翻译。朱保华教授对一些专门概念的翻译提出了中肯的意见。郑彩祥女士和陶汇女士做了不少初稿输入工作,郑彩祥女士还检查了全书的数学公式。他们值得我深深地感激。但全书包括第六章仍然由我负责。读者如果发现本书翻译的错误或者不妥当之处,请直接发信到我的个人网页 www.hujingbei.net,在此谨预先表示感谢。

胡景北
2003 年 2 月 11 日于德国吉森市

前 言

  本书是我于 1991 年 5 月在牛津的克莱伦顿(Clarendon)讲座讲稿的扩充。更早的内容曾经载于 1990 年 5 月鹿特丹的数理经济学联络网(Network for Quantitative Economics)上，并在我若干年中于普林斯顿大学开设的"经验模型"课上讲解过。我在牛津的讲座是三次一课时的课程，尽管本书用于我的口头讲课是没有问题的，但成书时我仍然加入了许多细节的说明，并加入了在讲课时一带而过的其他资料。牛津讲座的许多听众是研究生，而讲稿的目标是让他们以及英国的高年级大学生能够理解。讲稿的重点不是解释引出结论的数学，而是培养学生的直觉；不是经济计量学的正规方法，而是消费的特征。但本书比讲稿的数学和经济计量学的分量更重。不过，我尽力把数学保持在所需要的最低程度上。我希望我的专业同事能够和牛津的教师一样宽容我的非数学化做法。

  经济学家理解居民储蓄和消费型式的努力，给经济学科带来了若干最可称道的科学成果。50 多年来，经济学家做了大量实证和理论工作；而且，与其他经济学分支不同，在消费研究中，实证和理论工作从来没有长期分离过。对居民行为感兴趣的微观经济学家和始终把总消费行为视为解释总量波动的中心因素的宏观经济学家,都被消费问题所吸引。经济计量学家也做出了显著贡献。他们在储蓄和消费上的工作不断地产生新的方法。对经济政策的关注,其作用远远超过了表面看上去的程度。储蓄和经济周期、储蓄和增长、储蓄和竞争力以及储蓄和福利的关系始终是经济学家热烈争论的问题。我们很难想象有比资本积累和公民个别地或集体地为他们的未来而储蓄更重要的经济问题了。所有这些问题像一壶香味浓烈的美酒,吸引了各种类型经济学家。尤其是最近 15 年,特别是 Hall (1978)《论前瞻型消费行为的随机含义》文章发表之后,关于储蓄和消费的研究更加强化了。这些研究平行开展,它们的出发点都是 20 世纪 50 年代对消费的早期探讨和那时建立起来的"新"消费函数理论,尤其是 Modigliani and Brumberg (1954, 1979) 提出的生命周期假说,后者本质上构成了全部现代消费和储蓄研究的基础。

在本书里,我将介绍最新的爆炸性地涌现出来的研究工作。我不知道现在是不是写这本书最合适的时间;也不知道在某个地方,例如某一篇工作文稿是否刚刚做出了更好的成果。但消费研究目前的状况很好:关于方法,关于证据,关于问题的实质,我们目前懂得了许多过去不知道的东西。因此,即使本书介绍的结论可能在一两年后就会成为公认的错误,但我写作本书也是值得的。况且,现在的时间肯定不会比 John Muellbauer 和我于 1978 年写作《经济学和消费者行为》中的消费一章时更糟。那时,我们阅读了 Hall 的文章并在书中加以讨论,但我们没有预见到它引出的大量研究。从某种意义上说,本书是我把 1978 年的那一章的研究在今天进行更新的一种尝试,也是判断我们在最近 15 年中增加了多少知识的一种尝试。

在消费理论的论战中,我不是中立的参与者。所以,即使有可能,我的立场也不利于我写一本超学派的、权衡适中的概览。因此,我想做的,是提出一条连贯的思路。我完全明白本书阐述的是我自己的观点，而许多学者与我的观点不同。消费和储蓄的文献是如此之丰富，以至于我非常可能遗漏某些确实重要的观点，所以，我想对那些成果被我忽视的作者预先表示道歉。此外，我有意识地忽略了若干重要专题的文献。本书几乎没有论及耐用消费品，更没有提及劳动供给。每个这样的主题都值得单独写一章，但本书是讲稿，而非综合性的专著，它的范围总要在某处受到限制。劳动供给的生命周期模型是一个独立性很强的研究课题。如果我们假设劳动收入落于消费者的控制之外，我们将能够更方便地讨论消费问题。耐用品是另一个问题。Bertola、Caballero (1990)及其他学者最近关于非凸和非对称调整成本的研究，终于为逻辑地解释经验数据打下了基础。他们的文章最终会对把消费视为整体的研究以及分为耐用品和非耐用品消费的研究产生深刻影响。本书不介绍它们不是因为它们缺乏重要性，而是因为本书的篇幅。如果介绍它们，本书将需要增加大量不同的资料。

相反，本书重点放在微观和宏观之间、截面资料和面板数据之间以及它们与总量时间序列研究之间的相互影响。作为本书核心的第三章和第四章讨论的几乎全是应用了总量数据的代表性消费者模型。它反映了文献的重点所在。但我逐渐相信，这类研究的价值有限，我们由此学得的主要是方法论，而非实质内容的知识。代表性消费者概念有两个重要缺陷：他们知道得太多，他们的生命太长。由有限生命、有限且异质信息的各个个人组成的总体，很可能不像教科书内的单个个人那样行动。如果我们观察个人的微观行为，严肃地从个体开始思考总体的行为，我们可能更多地了解总消费。与这一任务或者至少它的某些侧面直接有关的文献将在第五章和第六章内讨论。

本书的篇幅不算大。除了目录以外，本书大概不再需要什么阅读指导。尽管如此，由于不同的读者对不同章节的兴趣各异，略微说明一下本书概况也许是有用的。第一章是对消费理论的详尽的入门介绍，并引向后面各个主体章节中对主要观点的详细阐述。其中，第一章第一节建立了一个简单的(仅仅)覆盖基础知识的跨时选择模型。第三节中的前几个部分的内容是关于不确定环境下消费的演进，第四节关于加总的内容不能一下子跳过，否则就很难把握全书的线索。第二节可以随机地浏览一下。论述储蓄、增长和利息的第二章是本书最少技术性的一章。第三章和第四章讨论持久收入假说。它使用的主要是宏观经济学家研究总消费的方法并着重于时间序列和动态问题。第五章大体上是对应用居民微观行为数据的实证研究的评论。该章试图在微观经济学研究和前两章的宏观经济学分析之间搭起一座桥梁。第六章在全书中的技术性最强。当然，即使跳过数学公式，该章论点具有的广泛效力也是很明显的。这一章涵盖了对预防性储蓄和不完全信贷市场效应的近期研究，是最值得推敲的。第七章很简短。它离开了尽管是引人入胜的研究细节，试图总结一下我们对消费理解了多少，我们在最近这些年里懂得了多少，我们还有多少必须学习。读者可以看出，大量重要的储蓄和消费行为仍然在困惑着我们。

在本书写作过程中，我得到了普林斯顿国际研究中心、密尔沃基市的 Lynde and Harry Bradley 基金会与世界银行的资助。后者支持了我对不发达国家储蓄的研究。该研究的部分内容用在本书内。我向这三个机构表示感谢。同时，我感谢剑桥的应用经济学系和丘吉尔学院在我于 1990~1991 年的学术休假年内对我的热情接待，感谢普林斯顿大学大度的休假政策，并且更主要地感谢它为我提供了非常杰出的同事和世界上最好的学术环境。

本书获得了许多人的帮助。我至少应当提及的是普林斯顿大学若干研究生班级。在过去5年里,这些学生和我一起研读了类似资料,有些人还做出了自己的重要贡献。我从他们的争论和问题中,从他们大胆地拒绝把任何理论视为教条的行为中学到了很多东西。本书初稿在1991年秋季传播的时候,我收到了关于本书大量的详细的评论,这使我十分高兴。我感谢 Orazio Attanasio、Samuel Bentolila、Tim Besley、Alan Blinder、Kristin Butcher、John Campbell、David Card、Kevin Carey、Chris Carroll、Stanley Fischer、Marjorie Flavin、Luigi Guiso、Fumio Hayashi、Larry Kotlikoff、Guy Laroque、Annamaria Lusardi、John Muellbauer、Greg Mankiw、Christina Paxsom、Steve Pischke、Jon Skinner、Larry Summers、Guglielmo Weber 和 Steve Zeldes。他们所有人帮助了我重新写作、重新思索。他们的建议我没有全部采用,但采用了绝大部分。有些建议促使我对内容和我的思考方式作了非常重要的改变。对于如此慷慨地为本书花费时间的所有这些人,我表示衷心的感谢。

安格斯·迪顿(Angus Deaton)

目 录

译者序/1

前言/1

第一章 理论基础/1

  1.1 简单的跨时选择模型和生命周期/2

    1.1.1 多时期和生命周期/4

    1.1.2 生命周期消费型式/5

  1.2 跨时偏好/7

    1.2.1 作为总商品的消费/8

    1.2.2 跨时偏好和消费结构/11

    1.2.3 无矛盾的跨时选择/13

    1.2.4 时间和偏好结构/16

    1.2.5 不确定性、可加性和预期效用/19

  1.3 跨时选择/22

1.3.1 风险资产和跨时最优/23

1.3.2 消费的演进/27

1.3.3 跨时依赖的消费演进/31

1.3.4 消费、保险和完全市场/36

1.4 论个体行为的加总/39

第二章 消费、增长和利息/46

2.1 储蓄和增长/47

2.1.1 最简单的生命周期模型/47

2.1.2 增加基本模型的复杂性/50

2.1.3 经验证据/52

2.1.4 矛盾的证据？/55

2.1.5 增长和消费的年龄结构/56

2.1.6 消费与收入的联系过于紧密？/60

2.2 储蓄和利息率/63

2.2.1 储蓄和利息的传统分析/63

2.2.2 利息率和跨时替代/68

2.2.3 代表性消费者和跨时替代/69

2.2.4 跨时替代和消费加总/75

第三章 消费和持久收入/81

消费的经济计量学函数/83

预期的处理/85

3.1 持久收入假说的数学表述/86

3.1.1　消费和持久收入/86

　　3.1.2　持久收入假说和消费的鞅性质/88

　　3.1.3　收入预期的形成/90

3.2　消费的过度敏感性/93

　　3.2.1　Flavin 对过度敏感性的检验/93

　　3.2.2　过度敏感性和非静态收入/98

　　3.2.3　过度敏感性和消费的时机/103

　　3.2.4　过度敏感性、耐用消费品和消费习惯/106

3.3　消费和持久收入：初步总结/108

第四章　消费的易变性/111

4.1　度量收入和持久收入/112

　　4.1.1　预测非静态收入/112

　　4.1.2　历史上的研究/116

　　4.1.3　差分静态和趋势静态收入/117

4.2　太平滑的消费？/120

　　4.2.1　收入持续性的非参数估计/120

　　4.2.2　估计劳动收入的持续性/123

　　4.2.3　度量消费的持续性/126

　　4.2.4　过度平滑：小结/127

4.3　高级信息、平滑性和敏感性/130

　　4.3.1　储蓄、消费和收入/132

　　4.3.2　高级信息/134

　　4.3.3　储蓄和收入的双变量模型/136

  4.3.4　来自双变量研究的其他见解/141
 4.4　消费的易变性:小结/143

第五章　宏观经济学和微观经济学/145

 5.1　持久收入假说和微观数据/146
  5.1.1　数据和方法论的一般问题/147
  5.1.2　Hall 和 Mishkin 的研究/150
  5.1.3　再解释:度量误差/154
  5.1.4　再解释:时间序列还是截面数据/156
 5.2　跨时选择的微观经济学的进一步研究/159
  5.2.1　对收入动态研究组数据的进一步研究/159
  5.2.2　来自"消费者支出概览"的证据/164
  5.2.3　对美国、意大利、日本、挪威和象牙海岸数据的其他检验/166
  5.2.4　暂时性总结/172
 5.3　居民间消费的相互影响/175
 5.4　微观和宏观证据的协调/179
  5.4.1　有限生命条件下的加总/181
  5.4.2　个别居民和加总信息/184
 5.5　宏观经济学和微观经济学:总结/188

第六章　新方向:超越持久收入假说/191

 6.1　预防性储蓄/192
  6.1.1　近似与特殊情形/194

6.1.2　无确定性等价条件下的消费计算/196

　　6.1.3　复杂性：自相关与增长/204

　　6.1.4　有预防性储蓄的消费演进/206

　　6.1.5　预防性储蓄为什么重要？/208

6.2　流动性约束/212

　　6.2.1　信用约束的若干理论观点/212

　　6.2.2　作为缓冲存货的资产/214

　　6.2.3　序列相关的收入/221

　　6.2.4　流动性约束和加总/225

6.3　预防性储蓄与流动性约束/231

第七章　理解消费/233

术语对照表/243

参考文献/260

第一章

理论基础

　　本书关心的是个体或者至少家庭层次以及总体经济层次上的消费和储蓄问题。本书之所以命名为"理解消费",是为了揭示我采取的研究方法。本书的最终目标是建立一个描述个体消费行为的条理清晰的理论。这一理论描述将以常见的有关个人欲望和理性的假设为基础,并能解释各种各样经验事实,包括经济总体和个体两个层次上的事实。这个目标是没有争议的,但关于消费的很多研究工作与这个目标无关。特别对那些主要关心总消费预测的经济学家来说,理论基础始终是第二位的,最重要的是一种理论吻合总量数据并对所吻合的样本区间之外的消费做出精确预测的能力。尽管我们有理由希望对消费的理解能够发展出正确的预测,但寻求清晰的理论基础并不总是发现有用的经验规则的最直接方式。

　　消费多少的决策是关于现时花费的决策,与之相对的储蓄则是为了未来消费,例如,有着特定目的的或者一般的没有特别规划的未来消费。所以,消费理论的恰当基础是研究现时消费和未来消费之间交替关系的跨时选择理论。初级教科书内有最简单的跨时选择理论,它假设一个消费者生活在具有完全确定性的两时期中,他选择今天花费多少、明天花费多少。由此出发,我们可以获得更接近现实的理论,所以我从最简单的跨时选择理论来开始本章中有趣的理论探险。第1.1节将温习我们熟悉的简单跨时选择理论,并说明怎样把它扩充来研究整个生命周期的消费进程。这个模型虽然形式简洁,但构成了本书的基本理论框架。本章的其余部分将充实这个框架。第1.2节开始讨论偏好的规定。第1.3节继续考虑这一理论对消费行为的各种预测。第1.4节初步介绍了贯穿本书的主题:消费行为的微观经济学理论对宏观经济学的消费和储蓄总量具有什么意义?

1.1 简单的跨时选择模型和生命周期

我们设想只有一个独立消费者的最简单情况,该消费者在两个时期即时期1和时期2消费,其偏好亦由此定义。消费者的偏好通常以效用函数来表示。即:

$$u = v(c_1, c_2) \tag{1.1}$$

消费者在可利用机会的约束下最大化自己的效用。在时期1的起点上,消费者拥有一种独立资产,数量为 A_1。如果他把这笔资产从时期1保存到时期2,他能得到利息率 r_2。在这里,资产是正数或负数没有关系,因此,消费者贷出还是借入多少无关紧要。重要的是经济在两时期后结束,消费者在经济结束时不应当负债。如果我们不考虑遗赠动机问题,并假设消费者总是希望多消费,那么,他的资产在时期2的终点上将是0。消费者两个时期的"劳动收入"分别是 y_1 和 y_2,它们和因持有资产所获得的(正或负)收入流无关。消费者的资产量从一个时期到下一个时期的演化如下:

$$A_2=(1+r_2)(A_1+y_1-c_1) \tag{1.2}$$

因为资产在时期 2 的终点等于 0,所以时期 2 的消费将等于 A_2 和 y_2 之和。因此 $A_2=c_2-y_2$,把它代入到方程(1.2)式中,我们可以得到跨时预算约束:

$$c_1+\frac{c_2}{1+r_2}=A_1+y_1+\frac{y_2}{1+r_2} \tag{1.3}$$

在(1.3)式表示的预算约束下,效用函数(1.1)式的最大化成为典型的跨时选择问题。在标准的消费者分析中,效用最大化的约束条件是带价格参数的线性预算限制。在这里,我们可以运用所有标准的消费者选择理论的分析工具。就此而言,贴现因子 $(1+r_2)^{-1}$ 可视为明天消费对今天消费的价格,而初始资产和劳动收入贴现值的作用类同于标准消费问题中的"收入"或总支出,所以,资产、收入和利率的作用可以使用标准需求分析工具来研究。

作为下述研究的参照,我从这个简单模型引出两个结论:

(1)利率 r_2 的增长:(a)使未来消费相对于现时消费更加便宜,即替代效应;(b)使时期 2 的消费在总资源不变并且时期 1 的消费不减少的情况下增加,即收入效应;(c)在 y_2 为正数的情况下,减少整个生命周期资源的贴现值,即"人力财富"效应。效应(a)和(c)的作用似乎是减少现时消费,而效应(b)的作用是增加现时消费。考察所有消费品和劳务的消费,似乎很难说替代效应非常大。无论如何,在理论研究中,利率对消费的影响方向是无法确定的。例如,如果参数 $\rho>0$,效用函数为 $(1-\rho)^{-1}(c_1^{1-\rho}+c_2^{1-\rho})$,那么利率对现时消费影响的方向取决于参数 ρ 的大小。

(2)劳动收入在现时或将来的增加可以提高消费。现时收入变化对现时消费的影响程度取决于未来收入和现时收入的关联方式。如果排除不确定性,这里几乎不会出现问题。但在一个更复杂、更现实的模型中,我们必须考虑现时事件对有关未来的预期发生影响的方式。

1.1.1 多时期和生命周期

生命周期模型的基本思想是应用跨时选择的思路去说明在个人或家庭的生命历程中,消费是如何随年龄而演化的。这个理论把"今天与明天"的两时期模型扩展到了多时期或多年龄段,而消费者根据自己的需要和品位来决定何时花费他们的一生资源。在两时期模型中,消费是由生命周期收入或继承的资产来支持的,消费者利用资本市场把收入和资产的时间结构与所希望的消费型式分离开来。跨时选择通常总是由一套跨时偏好支配的,后者可用最一般的形式表述为:

$$u = V(c_1, c_2, c_3, \ldots, c_T) \tag{1.4}$$

其中,时期 1 到 T 表示生命中的年份,因此消费者年龄和每一年龄上的消费水平就是生命周期效用函数(1.4)式中括号内的各项。

因为(1.4)式中表述的偏好可以使消费在不同时期的互补与替代形式无限多,因此(1.4)式对大部分研究目的过于一般。在本书中,我将讨论的是一些特殊情形,同时学术界最广为接受的假设是偏好跨时可加或者强跨时可分离,因此(1.4)式可写成特殊形式:

$$u = v_1(c_1) + v_2(c_2) + \cdots + v_T(c_T) \tag{1.5}$$

其中,每一个别时期的"子效用"或"满足"状态函数 $v_t(c_t)$ 是其因变量的增和凹函数。不过,无论偏好有无可分性,效用的最大化将受到生命周期预算的约束,后者可用(1.3)式的一般形式明确表示:

$$\sum_1^T \frac{c_t}{(1+r)^t} = A_1 + \sum_1^T \frac{y_t}{(1+r)^t} \tag{1.6}$$

注意,这里把实际利率在时间中视为常数,主要是为了避免由多重贴现因素带来的复杂符号,同时,也是因为我现在仅仅考虑一种无不确定性的理想世界。

(1.5)式中的可加效用和(1.6)式的预算约束相结合,将能够显示出生命周期行为的一种简明和有用的特征。Heckman(1971,1974),以及Ghez、Becker(1975)首先探讨了这种特征。在(1.6)式约束下,(1.5)式最大化的一阶条件可写成:

$$\lambda_t(c_t) = v'_t(c_t) = \mu(1+r)^{-t} \tag{1.7}$$

这里,我把$\lambda_t(c_t)$定义为时期t消费的边际效用,是一单调减函数。μ是生命周期预算约束的拉格朗日乘数。(1.7)式的要点为应用于生命周期约束的μ乘数是时间中的常数,消费的边际效用仅仅是现期消费的函数。因此,(1.7)式用实际利率r和边际效用函数$\lambda_t(c_t)$表示了消费在时间中或在整个生命周期中的演化。

1.1.2 生命周期消费型式

用z_t代表影响消费者在其生命不同时点上的消费欲望,消费函数$v_t(c_t)$随年龄的变化可以表示为:

$$v_t(c_t) = (1+\delta)^{-t} v(c_t, z_t) \tag{1.8}$$

那么,家庭人口结构就可以被明确揭示,并且δ是时间偏好率。若z_t不变,未来效用可用δ贴现为现值,则(1.8)式最大化的一阶条件变为:

$$\lambda(c_t, z_t) = \mu\left(\frac{1+\delta}{1+r}\right)^t \tag{1.9}$$

(1.9)式有着很多有用的含义。

首先,注意"品位转换因子"z_t的作用。假如$r=\delta$,(1.9)式右边将是常数。若在生命周期的某一特殊年份中,z_t 变化使消费边际效用上升,那么,因为边际效用函数是其第一个自变量的减函数,那一年份的消费必须提高。可见,这一简单的理论就为大量生命周期现象提供了合理的解释。若一个家庭中的人口增多,额外支出的边际效用将提高,因此,家庭规模的生命周期型式和家庭消费的生命周期型式可能有着同样的一般规则;在中年时上升,以后下降。就像 Börsch-Supan、Stahl(1991)所揭示的那样,老年人的低消费可以归因于老年时支出的边际效用低。在消费和闲暇互为替代品的情况下,即使我们正确假定工作时间外生给定,在工作时间最长的时候,消费的边际效用也将很高。这可能是中年时消费最多的又一个理由。有关参考文献见 Thurow(1969)和 Heckman(1974)。

其次,(1.9)式表示了消费与实际利率的关系。首先注意 z_t 是常数,那么,视实际利率高于或低于时间偏好率,消费将随年龄上升或下降。如果等待动机强于现在就做的动机,消费将推迟并将随年龄而增长。注意,这与利率对消费水平的效应无关。一个更高的利率将对应随年龄增大而更陡的一条消费线,即该消费曲线的位置也对应于该利率。因此,就像在简单的两时期模型那样,我们并不能断定给定时期的消费是上升还是下降。令 z_t 为常数,(1.9)式对时间求导,我们可以更精确地得到消费增长的特征。假定 r 和 δ 足够小,用字母上一点表示时间导数,则有:

$$\frac{\dot{c}_t}{c_t}=\frac{-v'_t}{c_t v''_t}(r-\delta) \qquad (1.10)$$

在此,消费增长对变动 $r-\delta$ 的反应强度是消费边际效用弹性的(负)倒数,这个量被称为跨时替代弹性,并在反方向受满足函数 $v(c_t)$ 的曲率影响。由于边际效用型式可以用几乎不变的消费与变动的利率来达到,因此,若消费的边际效用对消费变化非常敏感,消费者可能不愿意较大地改

变消费以获得跨时激励的好处。注意,若满足函数采取等弹性形式:
$$v(c_t)=(1-\rho)^{-1}c_t^{1-\rho} \tag{1.11}$$
其中,$\rho>0$,(1.11)式的消费边际效用弹性为$-\rho$,跨时替代弹性为ρ^{-1}。

总的来说,效用函数的曲率在消费理论中有重要的作用,因为它指出了消费者对风险的态度。Arrow-Pratt标准的相对避险系数就是用消费的边际效用弹性定义的。该系数是(1.11)式这一特例中的参数ρ。一旦引入风险,我们就需要讨论避险和跨时替代意愿的关系,这将是下一节的内容。

1.2 跨时偏好

跨时选择理论的许多基本观点包含在无风险、跨时偏好随时间可加且可分的最简单状况中。然而,在本书的许多地方,我们需要更精密的理论,本节和下一节便将详细地观察偏好和其蕴含的选择概念。本节将考虑五个问题。第一,我们将思考消费的定义,怎样才能把人们设想成是有偏好的,并且不是关于个别产品或服务的偏好,而是关于某种恰当定义的商品总量的偏好。第二,我们考虑一个实践中,尤其当可利用资料十分有限的情况下经常出现的问题:跨时选择理论是否能够有效地应用到部分商品,例如,食品或非耐用品的消费上? 第三,我们将简要讨论一下动态或时间不连续性的问题,讨论是否因为不确定性和新的信息,还是因为偏好变化,消费者在应当实行自己早已确定的消费计划的时候又想改变自己的计划。第四,我们将重新考虑跨时可分性问题,并观察几种很有用的偏好结构。在这些偏好结构里,一个时期消费的影响可能会持续到后来的几个时期。第五,我们讨论不确定性的作用,尤其是预期效用理论和偏好的跨时可分性的关系。

1.2.1 作为总商品的消费

就本书的目的而言,以及在几乎所有关于跨时选择的文献内,人们就"消费"做出决策,而消费本身通常又被定义为在国民收入簿记中的消费,即对许许多多商品和服务的不变价格的支出总量。从理论角度看,消费者选择的最终目的不是总产品,而是个别产品和服务,因此,本小节将讨论怎样才能从总产品过渡到个人产品或相反。这里应用的理论成果建立在 Gorman(1959)的研究上。

研究这个问题的一般出发点是生命周期效用函数(1.4)。不过,那里的总消费 c_t 被向量 q_t 取代,同时向量的维度很大,足以包括现实生活中所有可能的变化和商品差异。但我们将考虑一种有限的情形,其中时期之间可分性很弱,生命周期效用函数可以写成:

$$V(u_1(q_1), u_2(q_2), \cdots, u_t(q_T)) \tag{1.12}$$

用间接效用函数代替相应的(1.12)式中各时期效用函数,我们可以把(1.12)式从商品转换成货币形式。间接效用函数的通常定义是:

$$\psi(x_t, p_t) = \max q_t(u_t(q_t); \text{s.t. } p_t \cdot q_t = x_t) \tag{1.13}$$

其中,p_t 是 t 时期的价格向量,x_t 是分配于 t 时期的总支出。把(1.13)式代入(1.12)式我们得到用 T 时期内每一时期的价格和支出水平定义的生命周期效用函数。(1.13)式的最大化问题是原始函数(1.12)式最大化问题的重大简化,因为解决(1.13)式问题仅仅要求选择每个时期的支出水平,而不像在解决(1.12)式问题时要在每一消费向量中的无数个元素中进行选择。如果偏好像(1.8)式那样是跨时可加的,(1.13)式还可以进一步简化,写成:

$$u = \sum_{1}^{T} (1+\delta)^{-t} \psi(x_t, p_t, z_t) \tag{1.14}$$

(1.14)式能够满足很多研究目的。和用总消费表示的效用函数相比,(1.14)式惟一的差异是针对货币支出,而非实际支出来配置一生的资源。在(1.14)式中,各种价格明确地表示出来,而不是蕴含在从货币支出到实际支出的折实假定内。

我们还可以通过附加更多的偏好限制条件来进一步理解常见的消费概念。这里最简明扼要的方式是假设满足或效用函数 $u_t(q_t)$ 是位似的。根据 Deaton、Muellbauer(1980,第 142~144 页)的研究,此时某时期的间接效用函数仅有一个自变量,即用价格指数折实的总支出,所以我们有:

$$\psi_t(x_t, p_t) = v(x_t/\pi_t(p_t)) \tag{1.15}$$

$\pi_t(p_t)$ 是价格或价格指数 p_t 的线性齐次的凹标量函数。因此,用 $x_t/\pi_t(p_t)$ 定义总消费 c_t,并把(1.15)式代入(1.12)式,我们将得到我们希望的用总消费表示的"标准"效用函数。但这种做法存在两个实际问题:第一,消费数据不是这种形式;第二,经验论据否定了时期效用的位似性。前者可能不是大问题,至少对时间序列数据来说,价格大致呈共线性,不同价格指数的趋势可能十分类似。后者是严重得多的问题。位似时期效用意味着期内各商品的恩格尔曲线是通过原点的直线,即所有产品为同一的单位弹性。如果我们假设既不存在奢侈品,也不存在必需品,则既和常识相背离,又与一百多年来的经验研究相矛盾。

经济学家研究满足函数(1.15)式的另一种方法是使其一般化。(1.15)式可写成:

$$\psi_t(x_t, p_t) = v_t(x_t/\pi_t(p_t)) + \gamma_t(p_t) \tag{1.16}$$

$\gamma_t(p_t)$ 是一个二次可微线性齐次函数。对一般偏好(1.12)式,(1.16)式没有用处,但如果跨时偏好可加,c_t 定义如前,效用函数可写成:

$$u = \sum_1^T v_t(c_t) + \sum_1^T \gamma_t(p_t) \tag{1.17}$$

(1.17)式右边第二项显然可加,所以它对时期消费总量的选择没有影响,因此(1.17)式的最大化结果将与常见的没有这一项的效用函数最大化结果相同。当然,γ_t 的变化对福利有影响,但把消费作为总量的标准理论(不适当地)忽视了这种影响。不过,在许多应用问题上,福利的度量不是问题。(1.16)式常被称为"一般化的 Gorman 极式偏好"。我们很容易验证(1.16)式与大量非线性恩格尔曲线并无矛盾;同时,γ_t 指数可经过检查期内需求函数而发现。一些学者,如 Anderson(1979)、Browning(1989)、Blundell、Browning、Meghir(1991)就明确使用了这一研究方法。

商品加总的最后一个方法不再需要对偏好加以限制,但需要与偏好相关的价格指数。对任何一个时期效用函数,令 $c_t(u_t,p_t)$ 为相应的成本或支出函数,这是在价格 p_t 时为获得满足 u_t 所需要的最低货币支出量。为尽可能少用符号,我们把总消费写成:

$$c_t = c_t(u_t, p_0) \tag{1.18}$$

其中,p_0 表示某种基期价格,根据(1.18)式,总消费是用货币单位测定的一种时期效用。t 时期的一揽子商品和劳务产生时期效用,而(1.18)式则是用不变价格计算的获得这一效用的成本。因此,对应于消费量的指数是价格指数。用真实的生活费用指数表示的价格指数为:

$$P_t = P(p_t, p_0, u_t) = c_t(u_t, p_t)/c_t(u_t, p_0) \tag{1.19}$$

因为时期效用水平满足 $u_t = \psi_t(c_t, p_0)$,所以跨时效用函数(1.12)式是每个消费总量的函数。由于消费总量和价格指数(1.19)式的积是总支出 x_t,标准化的预算约束(1.6)式继续成立。

我们最后介绍的这个方法大概也是为实用而加总商品的最令人满意的方法。(1.19)式表明价格指数依赖于效用。虽然价格指数极少以这种形式出现,但测度消费的标准化方式是应用以不变价格计算的一揽子商品和劳务的价值,以及与此关联的隐含的价格折实因子。这样测度的消费与理论上的消费概念常常十分接近。当然,本节所讨论的方法没有一个完全使我们满意,没有一个可以让我们在所有可设想的环境下可靠地工作。不过,我不认为把消费作为实际的加总量对我们下面的分析构成严重的问题,也不认为商品加总问题导致了本书后面讨论的任何实证研究的困难。

1.2.2 跨时偏好和消费结构

与商品加总密切相关的另一个问题可能在实践中更为严重,但在理论上却容易解决一些。上一节定义的商品总量包括了在每一时期给消费者带来满足的所有物品和劳务。但是,在实践中,我们往往只有部分消费品,例如食品的数据可用。另一方面,在某些研究中,人们又希望避免由耐用消费品所造成的特殊困难,而把消费仅仅定义为非耐用消费品和劳务的消费总量,以排除耐用消费品的购买和它们的使用成本。这一做法要求若干可分性条件,正如我们在通常的需求分析中看到的那样。而且,在跨时选择问题上,这些可分条件相当严峻。思考一下,假设两组商品之间可区分期内偏好,即:

$$v_t(q_t) = u_t(\phi_{1t}(q_{1t}), \phi_{2t}(q_{2t})) \tag{1.20}$$

我们采用上一节讨论过的假设,即有两个消费总量 c_{1t} 和 c_{2t}。不过,在一般情况下,对这两个总量中间某一个量的跨时选择,并不能独立于对另一个量的选择。确实,最直截了当的经验程序是明确揭示两个消费总量之间的相关性,并把例如对非耐用品消费的需求视为家庭拥有的耐用消费品的函数,而耐用消费品的内生性则用它的价格为工具来处理之。

把期内可分性扩展到期内可加性,并把跨时选择视为可加地可分,同时为简化起见,假定两个商品总量是位似的,则跨时效用函数可写成:

$$u = \sum_1^T u_t [v_{1t}(c_{1t}) + v_{2t}(c_{2t})] \tag{1.21}$$

若各时期的函数 u_t 是同一函数,跨时效用成为对商品和时期的双重可加:

$$u = \sum_{t=1}^T \sum_{i=1}^n v_{it}(c_{it}) \tag{1.22}$$

[在这里,为使(1.22)式一般化,我们设每个时期有 n 个商品总量,(1.21)式的问题才能分割为两个独立的问题。]注意,双重可加比起仅仅期内可加或期间可加需要更多的结构条件,而后两者需要的条件则由弱结构(1.21)式满足了。我们要注意的还有,即使放弃其他要求,期内可加性本身就是一个很强的假设,它排除了劣质品和互补品,它要求收入弹性和自价格弹性之间有一个大致的比例,而且,它被一些实证研究所拒绝,对此可参见 Deaton(1974)。

若(1.22)式正确,可加性的推论将扩展到所有时期的所有商品。每一条效用函数的形状,更准确地说它的曲率决定了每一商品的所有特征,如收入弹性、价格弹性、跨时弹性等。这就把通常被视为完全无关的现象联系起来了。例如,Atkeson、Ogaki(1990)注意到,(1.10)式的某种变体对每一商品可独立存在。这一点也很容易从最大化的一阶条件中导出。因此,若 f 代表食品或任何一类商品,食品支出的增长率应当满足:

$$\dot{c}_{ft}/c_{ft} = \sigma_{ft}(r-\delta) \tag{1.23}$$

其中,σ_{ft} 是食品边际效用的弹性的倒数,因为食品支出增长率和总产出的增长率之比等于食品的支出弹性,即恩格尔弹性。所以(1.10)式和(1.23)式合并将导出:

$$\varepsilon_f = \sigma_f \sigma^{-1} \tag{1.24}$$

其中,σ 是作为整体的消费的跨时替代弹性,它的定义为(1.10)式中

$r-\delta$ 的乘数。因此,如果食品消费的增长率真的在发达国家和发展中国家相同,(1.23)式将指出 σ_f 在这两类国家也是相同的。但经验证据表明,发展中国家的食品支出弹性大于发达国家的弹性,所以,根据(1.24)式,发展中国家的跨时替代弹性肯定很低。Atkeson 和 Ogaki 提出,穷国人口更不愿意对跨时刺激做出反应,可能是穷国储蓄低于富国的原因。他们的论点在许多方面可能会受到批评,但为了把跨时最优理论适当地运用到消费的子集而需要的假定所具有的力量和局限性,却被他们很清楚地揭示了出来。

1.2.3 无矛盾的跨时选择

前面提及的一生消费计划,看上去好象是在一个人生命的起点制定的,这个消费者以后所做的就仅仅是执行已经确定的计划而已。一旦我们承认不确定性,这种设想的臆造性就很明显。事实上,只要可能,消费者就会尽可能地推迟决策,以便利用在时间过程中出现的新信息所带来的好处。当然,甚至在确定性情况下,消费者也可能在每一时期重新计划,把先前决策当作给定因素,并且在仍然可做的选择间重新实现最大化。这种做法显然不应该导致整体计划的任何变化,只要不出现新信息,最优计划总保持其最优性,不管该消费者是 1 岁、20 岁还是 100 岁。但是,这里也有一个问题,对其可以回溯到 Strotz(1956)的论文。Strotz 认为,跨时选择的标准模型可能产生动态不一致性,所以消费者即使明白他们在未来到来时并不想执行现在制定的计划,他们现在也会制定未来的计划。实际上,很多实例表明,人们明确地采取步骤,把自己和某一行动路线联系起来,尤其当人们以为自己在未来的某个时期没有能力做出正确判断时,更是如此。但是,正如紧接在 Strotz(1956)论文之后的研究所认识的那样,他所提出的情形,是偏好改变或人们在相互矛盾的偏好间转换时出现的情形。如果跨时选择根据消费者选择的标准公理做出,这些情况就不会发生。不过,参照 Kydland、Prescott(1977)和 Calvo(1979)的观点,动态不一致问题在宏观政策设计中已经重新出现。但这些文献可能有重复 Strotz 错误理解的作用。在这里,我简要回顾一下这个问题,不仅为了避免混淆,而且也是因为争论本身就是一种有用的实践。Deaton、Muellbauer(1980,第 340~343 页)对这个问题有更全面的描述。

我们的基本问题可以在一般的生命周期效用函数(1.4)式的范围内观察。把一般跨时问题表示成一个最大化问题,即最大化

$$V(c_1, c_2, \cdots, c_{t-1}, c_t, \cdots, c_T) \tag{1.25}$$

服从一般约束条件:

$$G(c_1, c_2, \cdots, c_{t-1}, c_t, \cdots, c_T) = 0 \tag{1.26}$$

假设最优消费政策确定时期 t 的消费为 c_t^*。我们考虑"新"问题,选择消费水平 $c_t, c_{t+1}, \cdots, c_T$ 以最大化,即:

$$V(c_1^*, c_2^*, \cdots, c_{t-1}^*, c_t, \cdots, c_T) \tag{1.27}$$

服从以下约束(其中以前消费水平已固定):

$$G(c_1^*, c_2^*, \cdots, c_{t-1}^*, c_t, \cdots, c_T) = 0 \tag{1.28}$$

很明显,这一新问题的解给出与初始问题的解同样服从 t 到 T 时期的消费水平。如果消费者一直到 t 时期确实执行了最优消费计划,并且目标函数和约束条件都没有发生变化,那么,消费者行为不可能存在动态不一致性。重新计划仅仅是再次确认初始计划。

那么,误解是怎样出现的呢?令人难以置信的是,误解出自于简化和跨时可加的特例(1.5)式。考虑偏好可加而且时期效用函数采取形式(1.8)式时,一个消费者在 t 时期重新计划。代入(1.27)式,消费者将选择

t 及 t 时期以后的消费水平,并最大化(1.29)式：

$$\sum_{k=1}^{t-1}(1+\delta)^{-k}v(c_k^*)+\sum_{k=t}^{T}(1+\delta)^{-k}v(c_k) \tag{1.29}$$

(1.29)式中第一项和式包含了已经确定的前期消费水平,所以舍弃它不会影响对剩余时期消费水平的选择。同时,用$(1+\delta)^t$乘第二项和式也不会影响最优解,因此,消费者不妨最大化(1.29)式的线性转化式：

$$\sum_{k=t}^{T}(1+\delta)^{t-k}v(c_k) \tag{1.30}$$

许多有关跨时选择的研究都从这一函数的最大化,而不是从初始的生命周期效用函数的最大化开始。我们的分析表明,这一程序会给出正确答案。虽然我们需要明白,(1.30)式说到底仅代表一生的部分偏好,尽管这部分偏好对现在的决策是"生动的"或者"活跃的"。忘记这种区别,把(1.30)式当作代表性偏好,就会产生混乱。

为了解问题的产生途径,我们考虑(1.30)式的"一般化"形式：

$$\sum_{k=t}^{T}d(t-k)v(c_k) \tag{1.31}$$

其中,$d(t-k)$是"一般"贴现因子,它仅仅取决于现时和制定计划的时期之间的时间跨度。在一些情况下,(1.31)式可能是一个很敏感的效用函数。不过,它也表明,就单个消费者对各时期消费的选择来说,(1.31)式不能够和t以前的时期联系起来以组成一套统一的生命周期偏好,除非它改取(1.30)式的形式。(1.31)式看起来好象是一个合适的最大化函数,但除非它的贴现因子有一个标准形式,否则,它的最大化就包含了不断改变的偏好。认识这一点的最容易的方法是明白,只要偏好或者约束条件不改变,生命周期偏好的存在便意味着任何两个时期之间的边际替代率不应该随观察时期的日历日期而改变。但是,(1.31)式的情况并不是这样。

(1.31)式给出了两个时期 s 和 s' 之间的边际替代率：

$$\frac{\mathrm{d}(s-t)v(c_s)}{\mathrm{d}(s'-t)v(c_{s'})} \tag{1.32}$$

这两个时期都在 t 之后。对一般贴现因子而言，(1.32)式随时间 t 变化，以至于这些"偏好"具有奇怪的特征：在例如 50 岁和 51 岁时消费所具有的相对吸引力，对现时的一个 44 岁消费者和一个 45 岁消费者不同，这样，后者即现时 45 岁的消费者将希望修改一年前做出的消费计划，即使这一年内什么也没有改变、什么新信息也没有获得。这种状况不仅是动态不一致性，而且是非理性的。因此，当且仅当(1.32)式独立于 t 的时候，效用函数(1.31)式与不变的一生偏好相一致。不难证明，当且仅当贴现因子采取标准形式 $(1+\delta)^{-t}$ 时，(1.32)式独立于 t。而这恰恰是 Strotz 在他的最初论文中所说明的情形。

正如我们将会看到的那样，不确定性的存在，促使消费者在一生中不断修改自己的计划。如果未来并不像期望的那样出现，消费者有时会希望他们以前不是如事实上那样行动的。但这一类修正完全和不确定性有关，而根本与一致性无关，与对行为做出承诺的需求也无关。

1.2.4 时间和偏好结构

效用函数(1.5)式是跨时可加的；它是每一时期的效用函数之和。消费和储蓄的研究并不到处假定可加性。没有它，许多非常重要的见解也可能得出。但是，这个假设被广泛使用，尤其在更形式化的经济计量学研究中。可加性意味着任何两个时期之间的边际替代率独立于任何其他时期的消费水平。这样，它不能够考虑在多个时期发挥作用的物品，也不能够考虑人们会经由使用而提高对其评价的物品。可加性排除了一些现象，例如习惯的形成,或者如宴会、假期一类物品的存在,因为这些物品的效用将持续到消费行为之后。

也许没有一位经济学家会站出来保卫从字面上理解的可加性假设的真义。但是,在理论基础上,我们并不清楚,可加性假设对用经验工作中常见的季度或年度频率所定义的、与偏好相联系的商品总量(实际消费)是不是一种严重的误导。这个假设的严肃性正是它的长处所在;它给资源配置过程加上了重要的结构条件,该结构可以被用来组织数据。如果出现矛盾,我们可以放松可加性假设来研究其后果。

如果放弃了可加性,我们将需要其他东西来弥补。非可分性的效用函数(1.4)式太过一般,并且对不同时期消费的关系没有提出任何结构要求。我们需要某种更接近可加性的东西,它不强,但仍然和重要的结构条件相联系。对此,我们有几种有意义的可能性。一种可能性是允许时期效用函数不仅取决于当时消费,而且取决于 t 之前各个时期的消费,甚至是时期 $t-1$ 的消费。为参考起见,我记录了一种这样形式的效用函数:

$$u = \sum_{t}^{T} v_\tau(c_\tau, c_{\tau-1}, \cdots, c_{\tau-\gamma}) \tag{1.33}$$

其中,γ 代表所包括的滞后时期数,它经常仅为1。

另一种可能性考虑了耐用消费品的类比,并且令时期效用依赖于"存货"或"状态"变量 S_t。S_t 可能代表耐用物的存货;或者更模糊些,代表习惯或偏好"资本"的心理沉淀存量。这些心理存量影响了消费者从现时消费中得到的效用。状态变量 S_t 本身随着当前消费而改变。例如,把偏好写成:

$$u = \sum_{t}^{T} v_\tau(c_\tau, S_\tau) \tag{1.34}$$

其中,存量的演变由下式支配:

$$S_{t+1}=(1-\theta)S_t+c_{t+1} \tag{1.35}$$

在这里，θ 可以视为折旧参数。存量或习惯随着时间消减，但是随消费增加。在(1.34)式的最简单形式中，效用函数是 $v_t(\alpha c_t-\beta S_t)$，$\alpha\geqslant 0$。如果 β 是正数，存量(如习惯)将减少消费的效用。然而，如果 β 是负的，存量(耐用物品)将增加效用。我们考虑习惯。以前消费越多，习惯便越强大，为达到同等作用所需要的当期消费水平亦越高。注意，(1.33)和(1.34)两式可能被想象为跨时偏好依存关系的移动平均与自回归两种表现形式。尤其后者在应用需求分析中有很长的历史，参见例如 Houthakker、Taylor(1970)、Phlips(1974，第二点)，Spinnewyn(1981)，以及近期的 Becker、Murphy(1988)。当然，他们提出了一种有用的替代方法来检验跨时可加性，但这样的表现形式是否适合于作为实际消费的总量商品并不清楚。

跨时偏好依存关系的表现形式远远不止于移动平均与自回归两种。Heaton(1990)提出了一个模型，允许物品存量和习惯存量，效用是本节(1.35)式定义的存量 S_t 的函数，而习惯是在消费与存量联系的流量过程中形成的。该模型令人感兴趣的地方在于把相隔时间不久的消费支出视为替代品，因为它们都有助于增加同一耐用品存量；同时，相隔时间稍久的支出为互补品，因为过去消费形成了习惯，后者反过来要求现期消费更多的物品。另一个不可分性模型最初由 Uzawa(1968)提出，近来被 Obstfeld(1990)以巧妙的方式发展起来。他们的思想是效用随时间而贴现的比率；或者，时间偏好比率，本身就是过去消费行为的一个函数。据此，我们可以把时期效用函数写成下述形式：

$$v_t=\prod_1^t[1+h(c_\tau)]^{-1}v(c_t) \tag{1.36}$$

如通常那样，v_t 的和给定了偏好。函数 $h(c)$ 对消费是凹的，且可以递增或递减，这取决于消费者的忍耐是否因消费而增强或减弱。

偏好的跨时依存性有各种形式。在介绍有关观点的时候，我也将转到这些形式产生的后果问题上。

1.2.5 不确定性、可加性和预期效用

近来的消费研究有一个突出特征，就是把不确定性明确地引入到研究中。持久收入理论和生命周期理论在 20 世纪 50 年代建立的时候，所有消费理论研究者都认识到不确定性和预期的重要性，认识到针对新信息而重新解释消费的必要性。毋庸置疑，预防性储蓄理论至少可以追溯到凯恩斯，而 Friedman(1957) 当时即把持久收入的支出倾向视为收入不确定性的递减函数。然而，那时经济学家没有处理不确定性的数学工具。Samuelson(1969) 和 Merton(1969) 的文章是使用随机动态规划方法解决生命周期问题的先驱。但在研究中把不确定性当作常规问题来处理，大概只是最近10 年前后的事情。

消费理论和经济学其他理论处理不确定性的标准方法是用预期效用代替效用，也就是用(1.37)式代替(1.5)式，即：

$$u = E_t \left[\sum_t^T v_\tau(c_\tau) \right] = E \left[\sum_t^T v_t(c_t) \mid I_t \right] \tag{1.37}$$

(1.37)式中最右边一项强调 t 时的预期 E_t 是受 t 时可利用的信息 I_t 限制的数学期望。虽然消费者选择每一时期的消费水平，但在未来的时期没有到来之前，他们无法对那些时期的消费做出最终选择。每一时期的价格、收入和资产收益只有在那一时期到来时才知道。因此，只要不是特别必要，消费者没有理由许诺自己的未来消费。事先的许诺无疑将排除改变计划的机动性，而这种机动性往往很有价值。因此，在 t 时未来消费是不确定的。一个理性消费者的适当做法是最大化(1.37)式表述的预期效用。

为了掌握这里的思想，我们假设存在着有限数量的自然状态 $s = 1, 2,$

…，S。从 t 时观察，不同的未来选择形成树状图。每一个 s 标志着一条从 t 到 T、贯穿全树的完整未来。用 π_s 表示与每一条未来道路相联系的概率，(1.37)式[1]中的预期效用能够改写为：

$$u = \sum_{s=1}^{S} \sum_{\tau=t}^{T} \pi_s v_t(c_{\tau s}) \tag{1.38}$$

这样，预期效用理论和跨时可分性共同产生了双重可加的偏好形式。（注意它和第 12 页讨论期内和期间可加性时得出的双重可加性的关系。这里的可加性是就状态和时期而言的，那里则就商品和时期而言。）(1.38)式的可加性突出了偏好与状态和消费水平有关的结构，但可能过分突出了。当然，(1.38)式肯定不是惟一一种既与预期效用理论又与(1.5)式的初始的确定性效用相协调的效用函数。

考虑另一种效用函数：

$$u = \sum_{s=1}^{S} \pi_s F_s \Big[\sum_{\tau=t}^{T} v_\tau(c_{\tau s}) \Big] \tag{1.39}$$

其中，$F_s(.)$ 为单调递增函数。在确定性条件下，若干 π_s 为 1，(1.39)式简单地就是一可加总函数的单调递增函数并代表了跨时可加效用。由于这里的效用是不同时期效用的期望值，所以它和不确定性条件下的选择公理不相矛盾。不过，如果我们计算边际替代率，我们很容易发现(1.39)式反映的消费者行为和(1.38)式大不相同。(1.39)式中 $c_{\tau s}$ 和 $c_{\tau' s'}$ 之间的边际替代率依赖于状态 s、s' 中的和所有其他时期中的消费水平。这使我们有理由怀疑(1.39)式是否真的恰当地代表了不确定条件下的跨时可加性，因为这样的依赖性肯定可以用不确定环境内的习惯或者耐用品模型来更好地研究。不过，即使如此，我们的基本看法，即标准的双重可加效用函数如(1.37)式或(1.38)式不是惟一可能的形式，仍然是成立的。

---

[1] 原文为(1.38)，疑有误。——译者注

最近的文献集中关注另一种一般化(1.37)式所代表的效用的方法。用跨时替代弹性表示消费者准备在时期间替代的程度,用相对避险系数表示消费者对风险的态度,则跨时可加效用会造成一种假象,即跨时替代弹性和相对避险系数之间存在反方向联系。对此,我们已经在第 1.1.2 节里指出。如果消费者像(1.37)式隐含的那样追求双重可加的预期效用最大,那么,倾向于避险的消费者对跨时激励将无动于衷,而乐意在激励出现后相应改变消费计划的那些消费者几乎不会考虑如何回避风险。跨时可加和预期效用两者引致的同步可加性意味着跨时替代程度和避险程度的联系是负的。

　　一部分经济学家认为避险和跨时替代是消费者偏好的两个明显互相独立的方面。任何把两者混淆起来的模型都是不正确的。例如,Hall(1989)和 Weil(1990)便批评了这里的模型。这种批评观点因为得到了实证研究的支持而具有了吸引力。在实证研究中,如果避险态度和跨时替代互相独立的话,则消费和资产价格之间的关系可能更容易理解。另一些经济学家希望使用跨时可加性又不愿意放弃预期效用理论的公理,除了承认避险和跨时替代的联系外便别无他途。确实,至少对于本书作者来说,时间和不确定性的关系是么的紧密,我们本能地就会强烈地倾向于它们是有联系的。在一个不确定的世界内,用未来消费代替现在消费肯定将增加风险,一个准备思考前者的人必须也准备面对后者。

　　我们有若干不同的方式分开避险和跨时替代的联系。最近的文献所采用的方式是放弃预期效用理论,同时假定了一种不符合不确定条件下选择公理的消费者偏好。这种方式有一些很好的理由。首先,大量实验数据与其他资料表明人们在不确定环境下所做的真实的选择常常违反了选择公理。其次,决策论的研究者至少部分地根据实验结果发展出了一些非预期效用的选择模型,其中若干模型能够用来生成简单但实用的模型,后者又突破了避险和跨时替代的限制。第三而且更特殊的是,Kreps、Porteus(1978)找出了一套决策规则,让不确定性消失的时机对消费者失去意义。这样,即使预期效用相同,消费者例如在早、迟决定的选择中也可能偏爱早选择。Epstein、Zin(1989,1991)的论文把 Kreps 和 Porteus 的理论发展成一种应用形式。他们和 Attanasio、Weber(1989)利用这些理论成果解释美国与英国的消费和资产价格资料。

  这是一条重要的研究思路。但我在本书中不再讨论它。相反,我在本书中采用的是另一条尽力把经验资料和预期效用理论一致起来的思路。虽然存在着对选择公理不利的实验结果,但这些公理以及它们对经验资料要求的结构都不是能够轻易放弃的东西。当然,研究思路的选择归根到底是研究者偏好的事情。然而,即使如此,如果放弃预期效用的基本动机是无法理解避险和跨时替代的联系,那么,放弃它的代价也非常高,特别是在我们拥有其他肯定更适宜的可能性时。这就是放弃跨时可加性。可加性假定更多是为了方便而不是必需。同时,在采取重大步骤放弃经济分析的一个支柱以前,我们可以用习惯和跨时依赖这样自然的方式来一般化消费者理论。此外,我在下面还要指出,时间依赖至少能够解释一部分被非预期效用模型引证的资料。因此,我采用效用函数(1.37)式作为基本的研究模型,但将不时地考虑它的一般化,以便研究时间依赖。但是,偏好依赖和非预期效用理论是当前非常活跃的研究领域,我的选择也可能以后会被证明是错的。

1.3 跨时选择

  本节把偏好和约束联系起来,以进一步观察一个做出最优跨时选择的消费者的想法在时间进程中的演化。人们总是把货币——在本节中是风险资产——从一个时期转移到另一个时期。我就从货币转移方式的详尽定义开始。如果资产和债务的交易没有限制,消费者就可以通过资产买卖,使自己的消费路径越出收入路径的限制,而与自己的需要和偏好相适应。下面的第一小节将扩展简单的跨时最优条件(1.7)式,并且至少在原则上说明不确定条件下的跨时选择理论如何统一了消费理论和资产定价理论。第二小节观察消费的演进,讨论鞅、随机游走和预防性动机的影响,然后转到偏好的跨时依赖,应用简单的例子解释如果当前的满足感受到先前消费水平的影响,生命周期消费模式将如何改变。最后,我将考虑如果存在"完全"的市场,消费者可以购买到为所有可能状态设计的与特定状态有关的资产,即用把风险分散到许多个人的方式来为自己的消费保险的方式,消费将发生什么变化。

1.3.1 风险资产和跨时最优

只要人们愿意在不同时期间分配消费支出,就会有各种各样为此目的的资产出现。这些资产的区别表现在收益、风险和变现的难易上。消费者为了未来消费,可以把收入投资到某些或者所有可用的资产上,他要做的是在现在消费和投资之间做出决策。资产亦提供保险,不同的资产在不同环境下有不同收益。因此,明智的资产组合有助于消费者保证自己未来的消费水平。但是,除非存在着适合各种可能状态的资产,即资产市场是"完全"的,否则,消费者总有一些风险是无法保险的。实践也确实如此,因此我将专门研究。

如果在时期 t 的起点上,一个消费者占有实际总价值 A_t 的金融财富或资产;在这一时期,他还将收到实际劳动收入 y_t。正如收入的名称暗示的那样，这笔收入不包括资产收益、地租、红利、利息及类似收益。消费理论中的很多命题与劳动收入和资本收入的区别有关，因为后者是先前投资的果实，所以它是我们试图解释的现象的一部分。遵循消费函数文献的传统，我把 y_t 当作超出消费者控制的变量。这样做虽然忽视了劳动供给，但使我们能够集中注意力到另一个重要问题，就是一个人如果遇到没有准备的收入冲击，如一个工厂工人的失业、一个农民的坏收成，他将如何改变自己的消费。而资本收入取决于消费者的资产和其组合，因此起码部分地被消费者自己控制着。

资产与劳动收入之和要配置到消费 c_t 和资产上。资产有很多种。用 $N_{it}, i=1,\cdots,n$，表示在 n 种资产上的实际支出。在 $t+1$ 时期开始之前，每种资产都增长了 $(1+r_{it+1})$ 倍，它表示资产的实际收益、利息或红利。虽然部分资产的收益可能在时期 t 已知，但 r_{it+1} 在那时一般尚未明确。这样，t 和 $t+1$ 之间的预算约束要用两个方程来描述：

$$C_t + \sum_i N_{it} = y_t + A_t$$
$$A_{t+1} = \sum (1+r_{it+1})N_{it} \tag{1.40}$$

(1.40)式和偏好、确定终点时资产水平的条件一起决定了消费行为。

我在本书的大部分章节中主要关心消费和储蓄，而不甚关心资产组合。所以，本书为方便起见只考虑一种资产 A_t，其实际利率为 r_t，而(1.40)式变为简单的资产演进方程：

$$A_{t+1} = (1+r_{t+1})(A_t + y_t - c_t) \tag{1.41}$$

我们有好几种方法发现偏好和预算约束给消费带来的限制。最直观的方法大概是动态规划的标准做法，先解出最末时期，再逐步回头到初始时期。消费者在终点时期没有选择。不考虑财产遗赠问题，消费者将把资产和所有劳动收入消费掉。因此，终期的时期效用价值将等于传承到该期的资产的函数,而这一价值函数规定了传承到终期的资产的边际价值。在倒数第二时期即次终期,消费者选择在时期 $T-1$ 消费或依据预期价值而把资产囤积到时期 T。此时资产的价值和边际价值都已经可以定义。解这个两时期问题,我们将求得传到时期 $T-1$ 的资产的新的价值和边际价值函数。所以,下一个两时期问题将是时期 $T-2$ 的消费和为了在最后两时期消费而留存到时期 $T-1$ 的资产之间的选择。应用这样的方法,通过一系列两时期问题,我们最后将达到决策时期 t。

使用效用函数(1.37)式,把当前效用,当前和未来预期满足的和写成 $V_t(A_t)$。$V_t(A_t)$ 是我们要研究的价值函数。当然,当前效用是有别于 A_t 的其他因素的函数。它们中最明显的是劳动收入,以及影响未来收入预期的各种当前变量。不过,正是资产水平给了消费者在时期间转移资源的余地,所以我暂时不考虑其他因素。根据预算约束(1.40)式,消费为 $y_t+A_t-\sum N_{it}$,因此,后续时期的价值函数必须满足递归方程:

$$V_t(A_t) = \max_N [v_t(y_t + A_t - \sum N_i) + \\ E_t V_{t+1}(\sum (1+r_{it+1})N_i)] \quad (1.42)$$

消费者将在决定资产组合的同时决定当前支出多少。这是一个当前消费和未来消费的交替问题。时期 t 的最优资产价值将通过这一交替关系求得。上式中引入的预期算子反映了未来资产收益和劳动收入的不确定性。注意,下一期的价值函数 $V_{t+1}(.)$ 也隐含地包括了它以后时期的随机变量预期。无疑,我们可以用 $t+1$ 代替方程(1.42)式中的 t,并用新的时期方程代替(1.42)式右侧的价值方程。类似地做下去,我们将得到消费者在每一年龄需要解决的决策问题的整个系列,就好像消费者自己通过他的生命周期那样。

从方程(1.42)式能够得出有关消费行为的含义。首先,对资产求最大化的一阶条件，我们得到 n 个方程：

$$v'_t(c_t) = E_t((1+r_{it+1})v'_{t+1}(A_{t+1})) \tag{1.43}$$

考虑到至少在资产收益大于零时，今天储存的货币在明天将增值，因此今天消费的边际满足将等于明天货币的边际价值。资产边际价值即货币的生命周期边际效用和消费的边际满足有关。方程(1.42)式对资产 A_t 求导，利用包络定理[这可以忽视 A_t 变化给 N 造成的影响，并对方程(1.42)式的右侧求导]，得到：

$$V'_t(A_t) = v'_t(c_t) \tag{1.44}$$

可见，货币的边际效用和消费的边际满足相等。我们能够互换地谈论它们。而货币的边际效用、货币的效用价格，或者效用的货币价格的倒数，才是联结不同时期和保证跨时配置效率的常见"价格"。把(1.44)式代入到(1.43)式得到：

$$\lambda_t(c_t) \equiv v'_t(c_t) = E_t((1+r_{it+1})\lambda_{t+1}(c_{t+1})) \tag{1.45}$$

其中，$\lambda_t(c)$ 和以前一样表示消费的边际效用。

消费和资产组合的选择必须保证(1.45)式对所有资产成立。以消费决策为条件，该式给出了资产价格理论；以资产价格为条件，该式给出了消费理论。当然，我们要注意引出结论所需要的假设的重要性，例如没有交易成本，没有倒手买卖限制。而且，(1.45)式的特点是允许一些消费者持有某些负资产。居民可以很快地售出这些资产，所以(1.45)式才能够可靠地应用于这些资产。(1.45)式中消费者之间的加总虽然取决于加总方法，但禁止卖空将大大增加加总的麻烦。但很典型的是，(1.45)式可以推导出关于资产收益、关于各种资产收益关系如利率的时期结构的含义，而且是可验证的含义。此外，虽然肯定有些消费者这样或那样地负债，但我们远远还未了解一个个人是否总可能发行如债券或国债，是否应当限制消费者借款的能力。对这个问题,我要到第六章第二节讨论。就消费而言,(1.45)式是边际替代率等于相对价格条件直接的一般化。如果不存在不确定性,如果仅仅有一种资产且其实际利率为 r_{t+1},则两个时期边际效用之比 λ_t/λ_{t+1} 将等于两个时期消费的相对价格 $1+r_{t+1}$——见本章开始处给出的简单实例。边际替代率等于相对价格是跨时最优条件的简单形式,"欧拉方程"(1.45)式是它的比较复杂的形式。跨时最优条件是近来大部分有关消费、储蓄和资产定价文献的核心问题。

1.3.2 消费的演进

跨时最优条件以及预算约束告诉我们一个达到最优计划的居民的消费水平如何在该居民的生命周期中演进。方程(1.45)式把时期 t 和 $t+1$ 联结起来,定义了确定消费随时间变动行为的(随机)差分方程。消费的变动受到偏好即函数 λ_t 和 λ_{t+1},资产收益以及未预期到事件的影响。如果预期不错,也就是(1.45)式右侧项的实现等于它的预期,消费变动便仅仅由资产收益和偏好决定。这也许是生命周期假说最重要的思想。它表明,消费的演进不是收入决定的,消费模式不是生命周期中劳动收入的短期模式决定的,而是由偏好和生命周期需求决定的。只要消费者能够借款还款,预期的收入变动就不会影响消费。一个人年轻时收入低但估计后来收入会高,他就没有必要等到以后才进行高一些的消费,因为他能够在年轻时借款消费并在以后归还。当然,我们不必预想消费在一生中是常数。一生的特定时期有特定的需求。绝大多数孩子不会在童年时入大学学习,年轻时的供热设施不能保证年老时不受寒。所有这些都是我们用年龄标识满足函数和边际满足函数的理由。此外,利息率是不同时期消费的价格。价格高时,消费者有动机推迟消费。因此,只要偏好模式和收益模式与劳动收入模式有别,消费者便没有理由让自己一生中的消费模式跟着收入模式走。更准确地说,如果没有不确定性,消费便没有理由依收入而定。(1.45)式中的预期项大大增加了分析的复杂性。不过,虽然不确定性的存在不是消费盯住收入的一般理由,但我们仍然需要了解有关的例子。

(1.45)式最简单、最引人注目的变体是假设满足函数独立于年龄,就像在(1.8)式中取消 z_t 变量那样,我们也不考虑贴现问题。如果实际利率不变且等于时间偏好率 δ,则(1.45)式可写成:

$$\lambda(c_t) = E_t \lambda(c_{t+1}) \tag{1.46}$$

支配边际效用的随机过程是一种鞅过程。本时期对下一时期边际效用的预期等于边际效用的当前价值。实际上,对所有未来时期边际效用的预期都是如此。因此,如果预期实现,从时期 t 到 $t+1$ 的消费将不变。另外,假设满足函数是二次方的,边际满足函数是线性的。预期通过函数起作用,消费的边际效用将等于预期消费的边际效用。如果已知预期消费是确定的,二次效用函数便像常常出现的那样被称之为"确定性等价"。此时,消费本身遵循鞅过程,可以写成下列两种形式的任何一种:

$$E_t(c_{t+1}) = c_t \tag{1.47}$$

$$c_{t+1} = c_t + u_{t+1} \tag{1.48}$$

(1.48)式中的 u_{t+1} 为波动(Innovation)或鞅差分。它表示实际消费和前一时期预期的消费之差,因此它对任何用来预测 c_{t+1} 的变量都是正交的(Orthogonal)。注意,这里不涉及 u_{t+1} 的方差,更不表示方差是常数。所以,方程(1.48)式并不是(严格的)随机游走,尽管它常常被用来描述随机游走。这一区别的重要性超出了技术问题。根据(1.48)式,消费变化的分布可能是"长尾"的,而偶然出现的很显著的例外,似乎让我们有理由否定随机游走观点。

最简单的或者"不可简化"的生命周期模型用适当的资产交易抵消收入的变动,从而把一生各个时期的消费变成常数。消费的鞅模型则用简单随机方法将其一般化。当然,在决定消费时收入仍起着重要作用。消费在起点上的水平取决于一生的资源,后者又至少部分地由现时和未来的劳动收入水平决定,而收入波动 u_{t+1} 反映了未预期到的收入变动。如果发生了事前没有预期到的收入变动,消费者便希望制定新的一生消费水平,所以现时和未来的消费水平将改变。由此引出的后果是消费遵循鞅模型的说法并不能够排除消费变动和当前劳动收入变动的相关性。相反,它还要求至少当消费者在现时知道未来收入变动时,消费的变动和未来收入变动成正交关系。

依据(1.45)式,消费的鞅模型必须满足某些非常特殊的假设。这些假设把若干可能是重要的现象排除在研究之外。为考察这些假设,改写(1.45)[1]式为:

$$E_t\left[\frac{(1+r_{t+1})\lambda_{t+1}(c_{t+1})}{\lambda_t(c_t)}\right]=1 \tag{1.49}$$

式中我再一次使用单资产定义。不考虑预期,则在消费不变时,时期 $t+1$ 的边际效用会比时期 t 高,因此该时期的消费也比较高。因为边际效用函数是消费水平的递减函数,所以,(1.49)式意味着如果不考虑偏好,λ'在两时期相同,则在利率或等待报酬最高的时候,消费在不同时期间的增长将最快。观察效用函数仅仅根据时间偏好率的起伏而变化的特殊情形,见(1.8)式。(1.49)式可变形为:

$$E_t\left[\frac{(1+r_{t+1})\lambda(c_{t+1})}{(1+\delta)\lambda(c_t)}\right]=1 \tag{1.50}$$

---

[1] 原文为(1.41),疑有误。——译者注

这样,在确定性情形下,我们再一次发现利率高于时间偏好率时,消费增长;利率低于时间偏好率时,消费下降。

如果利率和消费是随机的,这样简洁的结果不可能一般地导出。在特殊情况下,例如二次方满足函数和非随机实际利率,这样的结果是成立的。如果边际效用函数呈凹性或凸性,或者利率与货币边际效用存在协方差,这些结果不会成立。我们同时也要注意,关于利率对消费和储蓄效应的很明确的结果,亦是关于消费在预期的生命周期路径上演化方式的结果。在这样的路径上,消费者有动机在消费最便宜的时候消费,因此利率对消费的效应是明确的。但是,利率像劳动收入一样也会影响消费的水平。没有预期到的利率变动也像没有预期到的劳动收入变动一样,将拉高或压低消费水平。所以,本章阐述的理论对利率变动给现期消费的效应没有提出任何一般结论,也肯定没有提出任何与我当作出发点的基本模型的结论相矛盾的观点。

(1.49)式最后一个推论也有一定的重要性。假设实际利率非随机,我们考虑关于未来消费的不确定性提高所造成的影响。也就是说,在时期 t,由于比如经济大环境变得更加动荡不安,c_{t+1} 的中位数虽然没变,但它的分布范围扩大了。因为利率给定,所以,它对现时消费的影响便取决于新的不确定性给下一期消费的边际效用产生的变动。在确定性等价情形、二次方效用函数和线性边际效用函数的情形下,因为边际效用的中位数就是中位数消费的边际效用,而我们又假设了中位数消费不变,所以新的不确定性没有影响,因此现时消费没有任何理由改变。

然而,如果 $\lambda_{t+1}(c_{t+1})$ 凸性,保持消费中位数不变的新风险将提高边际效用,现时消费便将减少,使现时的边际效用上升,和下一期边际效用保持一致。相反,如果 $\lambda_{t+1}(c_{t+1})$ 凹性,新风险将提高现时消费。所以,边际效用的凸性赋予预防性储蓄需求的合理性,因为消费者需要储蓄以应付范围现在变得更大的意外事件。更一般地说,处在一生初期的年轻人要比在其他情况下根据他们的偏好支出更少,储蓄更多。预防性储蓄无疑排除了二次方效用函数假定,而不变消费或者(1.47)式、(1.48)式的鞅模型必须依靠这一假定。线性边际效用在分析上很方便,但它也不能够和预防性动机协调。由于这些原因,最近的文献倾向于放弃上述简单模型,而转到严肃对待预防性储蓄需求的模型。我将在第六章第一节讨论预防性储蓄时再来详细说明它们。

1.3.3 跨时依赖的消费演进

如果我们放弃偏好跨时可加假设,我们在前面的分析就需要改变。这里简短地考察一下改变方式是有益的。此时,生命周期模型的主要思想仍然有效,但可供选择的消费型式将更加广泛,尤其是原先用来刻画可分性条件下消费行为的一阶随机差分方程将被高阶方程代替,后者总是使解更加复杂。

根据 Hayashi(1985b)和 Muellbauer(1988)的文章,我们观察一些本身就十分有意义的特殊情形并且用直觉去感悟某些现象。我们特别考虑"自回归"模型(1.34)式和(1.35)式,并定义它们为:

$$u = E_t \sum_{\tau=t}^{T} v_\tau (\alpha c_\tau + \beta S_\tau) \tag{1.51}$$

再次使用(1.35)式,可以看出(1.51)式中的 S_t 是存量或状态变量。它满足差分方程:

$$S_{t+1} = (1-\theta) S_t + c_{t+1} \tag{1.52}$$

显然,参数必须满足条件 $\alpha \geqslant 0, 0 \leqslant \theta \leqslant 1$。为了保证现时消费的边际效用为正数,我们还需要 $\alpha + \beta > 0$。最后,考虑消费是常数 c 的稳态,(1.52)式

变成 $S=c/\theta$，效用函数的变量变成 $(\alpha+\beta/\theta)c$。因为效用必须随 c 而提高，所以 $\alpha\theta+\beta>0$。

尽管参数有这些约束，但它们仍然有广阔的取值区间。(1.51)式也仍然包括了许多重要现象。如果 $\alpha=0,\beta>0$，状态变量便可理解为耐用消费品存量，并将通过成比例的服务流量产生效用。存量折旧率为 θ，存量会由于购买 c_t 而增加。如果 α 取正值、β 取负值，(1.51)式便成为习惯形成模型，习惯的存量 S_t 将随消费而增长。S_t 越大，从一定消费量中获得的愉快越少，为了得到同样愉快而需要的商品越多。改变模型的参数，令 $\beta=-\gamma/(1-\theta)$，$\alpha=1-\beta$，折旧率 θ 等于1，我们得到简单的习惯模型，其中效用与现时消费正相关，与滞后消费负相关：

$$u=E_t\sum_{\tau=t}^{T}v_\tau(c_\tau-\gamma c_{\tau-1}) \tag{1.53}$$

在所有模型里，我们都假定消费者完全意识到现时消费对未来效用的影响，并且在考虑到现时消费选择对未来的后果后才做出现时消费选择。诚然，我们也应当考虑没有前瞻眼光、"近视的"消费者。这些消费者总是不断地惊讶于自己行为的后果，总是后悔自己过去的选择。但我在这里不考虑这些消费者。

如同在可加性情形下所做的一样，我们也可以推导出(1.51)式的最大化条件。不过，我们必须首先清楚认识到，(1.51)式的取值不仅依赖于资产，而且依赖于过去时期留下来的存量。因此，把(1.51)式代入(1.52)式，我们得到递归形式的效用：

$$V_t(A_t,S_{t-1})=\max_N[v_t((\alpha+\beta)(y_t+A_t-N)+\beta(1-\theta)S_{t-1})+E_tV_{t+1}((1+r_{t+1})N,(1-\theta)S_{t-1}+y_t+A_t-N)] \tag{1.54}$$

其中，我考虑了消费等于 $y-A-N$，并再一次应用单资产假设。注意,该函数在时期 $t-1$ 和在 t 一样,取决于存量的新价值。从(1.54)式中可以引出三个方程。一个方程是受 N 制约的最大化的一阶条件,另外两个方程是针对函数两个变量的"包络"条件。如果实际利率不变,这些方程会简单得多,而实际利率不变的假设很适合我现在所说明问题的目的。

一阶条件是:

$$(\alpha+\beta)\lambda_t = RE_tV_{t+1,1} - E_tV_{t+1,2} \tag{1.55}$$

其中,$V_{t+1,1}$ 和 $V_{t+1,2}$ 分别是 V_{t+1} 对第一和第二两个变量的偏导数,R 是利率因子 $1+r$,而 λ_t 和以前一样是同时期边际效用或满足。价值函数对资产的导数给出了财富的边际效用:

$$V_{t,1} = (\alpha+\beta)\lambda_t + E_tV_{t+1,2} \tag{1.56}$$

而它对滞后存量的导数为:

$$V_{t,2} = \beta(1-\theta)\lambda_t + (1-\theta)E_tV_{t+1,2} \tag{1.57}$$

我们已经解释过这些条件。方程(1.57)式表示带到时期 t 的新增一单位存量或习惯的收益($\beta>0$)或成本($\beta<0$)。它们对现时满足有着直接影响。同时,只要折旧率小于1,这些影响也会传播到未来。现时购买将把存量影响带到未来时期。和这些影响有关的消费的边际效用便是财富的边际效用,这一点可从(1.57)式中看出。方程(1.55)式表示现时消费的边际效用加上存量效应等于货币储蓄的收益。

把(1.57)式代入到(1.56)式,我们得到用边际效用表示的价值函数的两个导数的方程。因此,这两个导数能够被(1.51)式的一阶条件代替。这就得到了二阶差分方程:

$$(\alpha+\beta)\lambda_t - [\alpha(1-\theta) + R(\alpha+\beta)]E_t\lambda_{t+1} + \alpha(1-\theta)RE_t\lambda_{t+2} = 0 \tag{1.58}$$

使用前移算子 F,$Fx_t \equiv x_{t+1}$,并经过因式分解,(1.58)式可简化成:

$$[\alpha+\beta-\alpha(1-\theta)E_tF](1-RE_tF)\lambda_t = 0 \tag{1.59}$$

(1.59)式的一个解是我们熟悉的,即:
$$\lambda_t = RE_t\lambda_{t+1} = E_t(1+r)\lambda_{t+1} \tag{1.60}$$

它相当于(1.59)式的第二个根。由于 $\beta + \alpha\theta > 0$,故(1.59)式的另一个根是不稳定的。根据横截性条件,如果 T 趋向于无限,就可以排除这个根。最优跨时配置不允许对消费边际效用的预期趋向于无限大。对于有限的 T,因为资产在 T 期末必须等于零,由此我们能够证明只要 T 足够大,这个根便没有重要性,对此可见 Hayashi(1985b)。

解(1.60)式非常简单,但它允许我们把跨时可加情形下的消费演进分析扩展到跨时不可分情形。想象一种情形,效用是二次方的,固定的实际利率等于时间偏好率。如果效用跨时可加,这些假定就意味着消费是方程(1.47)式和(1.48)式的鞅模型。此时,我们不用(1.48)式,而使用:

$$\alpha c_{t+1} + \beta S_{t+1} = \alpha c_t + \beta S_t + u_{t+1} \tag{1.61}$$

如果用(1.52)式取代(1.61)式中的存量,我们得到:

$$(\alpha + \beta)\Delta c_{t+1} = \alpha(1-\theta)\Delta c_t + u_{t+1} - (1-\theta) + u_t \tag{1.62}$$

其中,Δc_{t+1} 是消费的一阶差分 $c_{t+1} - c_t$,u_{t+1} 与以前一样是收入波动。消费的单位根存在,但与偏好跨时可加时不同,现在的消费变动是系列相关的。

如果 $\alpha = 0$,便只有存量出现在满足函数内。Mankiw(1982)首先分析了这种情形。但耐用消费品的基本模型最早能够追溯到 Stone、Rowe(1957,1958),以及 Nerlove(1957)。如果 $\alpha = 0$,消费的滞后一阶差分在(1.62)式中便没有任何作用。采用现时和第一滞后波动的移动平均数代替收入波动,最初的鞅模型结果就被耐用品消费修改了。如果 β 为负值,习惯便很重要。我们考察习惯的最方便形式是简单习惯模型的参数化,并考虑依赖消费和滞后消费的满足函数的(1.53)式,从而把(1.62)式改变为:

$$\Delta c_{t+1} = \gamma \Delta c_t + u_{t+1} \tag{1.63}$$

因此,消费的一阶差分是自回归的。

就生命周期消费计划而言,消费再也不能预想为常数。相反,消费者计划 $\alpha c_t + \beta S_t$ 为比如常数 k。用(1.52)式消去状态变量,所计划的消费应满足差分方程:

$$c_t = \frac{\alpha(1-\theta)}{\alpha+\beta} c_{t-1} + \frac{\theta k}{\alpha+\beta} \tag{1.64}$$

因为 $\beta+\alpha\theta>0$,滞后消费的系数将小于 1,所以差分方程稳定,消费最终趋近于稳定值 $\theta k/(\beta+\alpha\theta)$。消费是上升地还是下降地趋近于稳定值,则视状态变量 S_t 的初始值和 β 的正负号而定。若假定状态变量的初始值为零,$\beta>0$,消费在生命周期内将下降地接近稳定值,这是耐用消费品情形。如果 $\beta<0$,消费则上升地接近稳定值,这是习惯情形。阐明这一点的最容易的办法,是认识在这两种情形内,S_t 是过去消费的加权平均数,$\alpha c_t + \beta S_t$ 在计划期不变。因此,如果 $\beta>0$,随着存量增加,消费将下降;如果 $\beta<0$,消费必须不断上升,以抵消习惯存量的持续加大所产生的负作用。类似谨慎一类的习惯是消费推迟的原因。换言之,因为消费本身造就的习惯不大可能会改变,所以随着年龄增大消费将更便宜。相反,如果消费得益持久有效,年轻人的消费就会产生直接的和持续的收益,就应当受到双重鼓励。此外,如果人们一出生就拥有耐用消费品存量,或者就受教育而养成某些习惯,情况又有所不同,对此可见 Becker(1991)。

值得强调的是,这些模型研究的仅仅是有着耐用消费品的许多现象中的一种。但许多(尽管不是全部)耐用品是很大单位、很多组合和很昂贵地一次性购买的。购买价格常常高于出售价格,购买和出售还包括了固定的运送费用。研究个人或者社会耐用品采购的模型要获得成功,便必须考虑这些非凸性的影响。对此请特别参见 Grossman、Laroque(1990),以及 Bertola、Caballero(1990)的文章。一般来说,消费者并不愿意经常调整,而是等到他们的耐用品存量比较地偏离了他们的最优计划后,才会一次性地购买或出售。我们这里的分析并不涉及这些问题。但我们的分析可以用来进一步探讨使用期限较短的非耐用品;并且让我们认识到,由于习惯,或者由于消费得益需要时间来消除,所以消费可能导致跨时不可分性。但因为耐用品和习惯形成的简单模型提供了研究非可加性偏好后果的思想,所以它们是值得进一步探讨的。

1.3.4 消费、保险和完全市场

如果存在不确定性和风险,计划不可能实现。即使几个消费者完全相同,拥有相同的初始财产和相同的期望,他们事后的生命周期消费实绩也有差别。一些人可能很幸运,中了大奖,或获得了有利的投资机会。另一些人获奖运气太差,只好降低消费。所以,即使对于初始状态完全相同的一组消费者,不确定性影响的逐渐积累,也会使他们的消费路径各不相同。在随机游走方程(1.48)中,这一点表现得特别明显。如果个人消费波动的分布和消费水平无关,那么,我们立即知道消费的跨时期方差将随时间的推移而扩大。更一般地说,根据(1.46)式,如果边际效用变动的分布独立于边际效用水平,不同个人的边际效用将随时间而越差越远。(如果边际效用是凹函数包括线性函数,消费水平也将越差越远。)由于大众总是更乐于避险,这一结论便为他们的行动提供了基础。初始状态相同的消费者应当能够在起点上同意共享他们的好运气和坏运气,由此达到的风险分散将提高他们所有人的预期效用。我们定义"完全"市场为每一种自然状态都可以通过买或者卖适当的保险而抵御风险的市场,那么,只要完全市场存

在，消费者就不必集中化地实现风险分散。

保险的最简单的情形是所谓的"阿罗保险"。它是一个全集，其中每一个元素为时期 t 出现状态 s 提供一单位收益，而现时的支付价格为 p_{st}。后者是在完全竞争的保险市场上决定的。每一消费者在其生命的起点上制定自己的一生消费计划。"标准"的消费计划是一套应付从生到死期间各种可能状况的应变计划，其中每一个应变计划说明了在特定状态下消费将如何。这样的计划在完全市场上能够有效实施，因为这种市场能够保证消费者买卖"阿罗保险"产品并实现计划。换句话说，给定实际出现的状态，消费者在这些状态中至少能够准确地按照最初的应变计划而消费。

为观察这里的含义，我们从跨时效用函数(1.38)式开始，把该式重写为：

$$u^h = \sum_{s=1}^{S} \sum_{\tau=t}^{T} \pi_s v_\tau(c_{\tau s}^h) \tag{1.65}$$

其中，上标 h 指一个个人或家庭。我们假设状态的概率对所有消费者相同。后面我们将注意到这个假设的重要性。由于时期 t、状态 s 下的一单位消费能够在时期 1 用价格 $p_{st}(1+r)^{-t}$ 购得，所以一生的预算约束可写成：

$$\sum_{s=1}^{S} \sum_{t=1}^{T} p_{st} c_{st}^h (1+r)^{-t} = A_1^h + \sum_{s=1}^{S} \sum_{t=1}^{T} p_{st} y_{st}^h (1+r)^{-t} \tag{1.66}$$

其中，y_{st}^h 是时期 t、状态 s 下的劳动收入。对它的应变计划是在时期 1 时列入价值 $p_{st} y_{st}^h (1+r)^{-t}$。与通常情形下的动态规划不同，这里存在的市场允许我们把问题提炼成在预期价值预算约束下最大化预期效用。以(1.66)式为约束条件，(1.65)式最大化的一阶条件是：

$$\lambda_t(c_{st}^h) = \theta^h \left(\frac{1+\delta}{1+r}\right)^t \frac{p_{st}}{\pi_s} \tag{1.67}$$

其中，θ^h 是对个人 h 的拉格朗日乘数。若用 s 表示 t 时实际出现的状态，实际消费 c_t 将取代(1.67)式中的应变消费 c_{st}，而(1.67)式照样成立。

(1.67)式的一个重要特征是个人边际效用以锁定步伐的方式运动。边际效用在各个消费者之间不同，在各个时期也不同，就像在不完全市场上那样。但是，对于任意两个消费者，比如 h 和 k，他们的边际效用比率是在各时期都相同的常数 θ^h/θ^k。这就是全部风险都被保险时的情形。一些消费者在一生中比另一些消费者富裕，他们消费的边际效用也较低，在一生中的消费较高。不过，不确定性依旧存在，因为人们不能了解每一个时期会出现何种状态，结果每个消费者消费的边际效用不是常数。然而，由于每个人都为风险做了保险，他们事前的预期效用提高了，所以，我们没有理由认为不确定性会使一个消费者的边际效用上升而使另一个消费者的边际效用下降。例如，满足函数像在(1.11)式那样等弹性，同时有一个如(1.8)式那样的随时可变的偏好因子 z_t，那么，对于某种函数 $f(z_t)$，边际效用由 $\lambda(c_t)=f(z_t)c_t^{-\rho}$ 给出。代入(1.67)式并取对数形式，我们有：

$$\ln c_t^h = -\rho^{-1}(\ln\theta^h - \ln f(z_t) + \ln\mu_t) \tag{1.68}$$

其中，μ_t 独立于 h，其意义可通过与(1.67)式的比较看出。在(1.68)式中，不考虑偏好变量 z_t 的变化，每一个利用市场做好担保的人有着相同的消费增长率。

完全保险的一个重要结论正是不同个人之间的消费边际效用成比。当然，我们只能够希望这个结论在有限的场合下出现，因为在实践中，不管直接保险还是把资产进行适当组合来保险，总有许多重要的东西是无法保险的。败德行为就是一个明显的问题。很多事件至少部分地受到被这些事件影响的人的控制，因此保险者不可能保护自己、抵御伪装得很好的欺骗。对实践的观察提示我们许多可能的保险市场并不存在。同时，即使没有数据资料来证明,把所有个人的消费水平变化视为平行变化也是明显站不住脚的。事实上,"完全市场"本身就会误导,因为它暗示"完全"是个正常现象,市场通常是防御风险的。但完全风险防御只有在非常紧密的小团体内才可能,因为团体内的人受到了监督,或者团体内的人互相间完全信任。然而,即使很小的家庭也知道,要防止任何一个成员受到其他人行为的负面影响,都会遇到很多问题。

1.4 论个体行为的加总

在本书的很多地方,我都要讨论微观经济行为和宏观经济行为的联系。这里先交代一下对这个重要问题的某些基本思想是有好处的。本章到现在为止的所有分析针对的都是单个人,最多也是被视为一体化决策单位的单个家庭。但是,消费和储蓄并不仅仅让微观经济学领域的学者感兴趣。对宏观经济学家来说,总消费的行为始终发挥中心作用。在过去的半个世纪内,宏观经济学研究的焦点有过许多变化,但消费的中心作用总是以这种或那种形式保持着。国内总产值的一大部分是消费。因此,不理解总消费的决定因素,就不可能理解经济波动的传导机制,也不可能理解缓和经济波动的方式。事实上,20世纪50年代的经济学家对生命周期和持久收入的消费理论发生兴趣的主要动机之一,是分析怎样预测消费对财政政策的反应。

近来关于总消费的宏观经济学文献,很多采用了本章讨论的理论以提出"有代表性的消费者"的工作模型,并且多少做了修改。总消费在这里被视为某个消费者的决策过程的产物。我们可以把这个假定看成便于应用的虚构。经验分析需要理论结构,倘若结构的含义总要彻底通过数据来检验,结构来源便只具有第二位的意义。虽然这一观点把主要责任放到了经济计量分析上,要求经济计量检验足以在实践中分清正误,但我对它仍然持同情态度。然而,除非我们有理由假设微观经济结构应当被加总到宏观层次,否则,加总战略是武断的而且几乎不可能让我们获得很大的智力满足。为什么是这个理论而不是别的理论?在微观经济层次,欲望和逻辑为行为提供了被不断的探讨证明了的公理基础,但我们没有理由一般地假定这些公理对虚构的代表性消费者有效。代表性消费者概念不需要加总,它排除了加总起作用的可能性,而加总本身就能帮助理解。加总并不总是坏事,它很可能是有关总消费行为的各种假说的丰富源泉。

本章介绍的模型支持用代表性消费者来解释加总数据的做法吗?如果不支持,这些模型对加总行为有什么含义?尤其对时间过程中的总消费行为有什么含义?我们从(1.45)式开始来讨论这些问题。重新写出(1.45)式并区别每个家庭 h,我们有:

$$(1+r_{it+1})\lambda_{t+1}^h(c_{t+1}^h) = \lambda_t^h(c_t^h) + u_{it+1}^h \tag{1.69}$$

其中,u_{it+1}^h 像以前一样是实现值和预期值的差。注意,(1.69)式是从动态最优的一阶条件推导出来的。我们假设它有一个内解,使得该式仅仅对那些能够被家庭短期或长期持有的资产有效;或者,如果不允许短期出售,则仅仅对所有家庭都希望持有其正值的资产有效。应用代表性消费者模型,我们希望为某些恰当规定的宏观函数 $\lambda(.)$ 和总消费 c_t,准确点说平均消费,找出下述形式的关系:

$$(1+r_{it+1})\lambda_{t+1}(c_{t+1}) = \lambda_t(c_t) + u_{it+1} \tag{1.70}$$

在总量理论中,函数形式通常也是理论的一部分。为了对(1.70)式求导,需要加到个人偏好上的约束条件是什么呢?此外,对不确定条件下的跨时选择,我们还有两个其他问题。

第一,虽然我们可以合理地假设所有当事人面对的参数价格和利率相同,但我们不能合理地假设信息的同质性。每个消费者知道一些其他消费者不知道的信息,例如,仅仅和他自己的未来有关的信息。这样,(1.69)式中的波动以每个人自己的不同的信息集为条件。加总必须认识到个人信息的异质性。带有总波动的(1.70)式也只有针对恰当的总量信息集合才有意义。

第二个问题是时间过程。一般来说,总体中的人在 $t+1$ 时和 t 时并不相同。一些人在 t 时活着而在 $t+1$ 时去世;一些人在 $t+1$ 时出生但在 t 时还没有出世。生命有限所产生的结果比起耐用消费品和消费习惯中的任何一种情形更难以研究。所以,方便的做法是暂时先假设没有人去世;或者(仅仅略微)更符合实际些,假设家庭是个永远存在的"王朝",以便讨论函数形式和异质信息。我在这里还假设没有人口增长,因此家庭是一个不变和有限的总体。后面我会转到实际情况。

若所有家庭的边际效用函数相同,允许消费者持有的第 i 种资产是负值,或者否则的话,让所有消费者都持有正值资产。定义 $\tilde{c}_t$ 为:

$$\tilde{c}_t = \lambda_t^{-1}\left[\frac{1}{H}\sum_h \lambda_t(c_t^h)\right] \tag{1.71}$$

我们很容易证明当 $c_t = \tilde{c}_t$ 时,(1.70)式成立。(1.71)式中的 H 表示总的家庭数量。当 $\lambda(.)$ 函数呈凹性或凸性时,$\tilde{c}_t$ 高于或低于平均数;当它是线性时,$\tilde{c}_t = \bar{c}_t$ 为平均消费。两个量的比率可以被当作在横截面消费分布中不平等的度量。因此,如果对偏离的这一度量在长期中保持稳定,那么,c_t 和 $\tilde{c}_t$ 将平行运动。这一点足以支持以平均数为基础的经济计量分析。当然,若消费在各时期的横截面分布不同,加总便要求 $\lambda(.)$ 函数为线性。Grossman、Shiller(1982)证明了,以对收益变动的适当假设为基础,若时期跨度足够小,线性要求是完全能够满足的。但他们的结论并不能给利用季度或年度数据的研究以很大支持。我们还需要注意,偏好相同的要求经常可以弱化。例如,在线性情形下,边际效用对消费的导数和消费水平本身无关就够了;而在非线性情形下,我们可以允许恰当规定的(且仍然有限的)可变性存在。

(1.70)式中的随机项显然是各个鞅差分的平均数。微观经济学没有任何把握保证它能和滞后的宏观变量成正交。考虑到截面协方差项,家庭层次的滞后变量和个别差分之间的正交性更不能够保证平均数的正交性。我们确实有许多理由认为协方差非零。例如,一些未被预期到的事件对所有穷人的影响方式不同于对富人的影响方式。然而,正如 Grossman 和 Shiller 指出的那样,如果把宏观变量加入个人信息集合中,(1.70)式的总量将模仿个人方程的随机性质,每个滞后宏观变量将与每一次微观冲击正交。由于个人肯定了解这些宏观变量,所以这一说法也许是可信的。不过,即使如此,我们也不能保证个人真的利用宏观信息。一个典型的例子是,宏观经济学中的收入变化几乎根本不能解释个人的收入变化。因此,尽管我们总是可以假定消费者懂得如何从宏观数据中获得与自己未来有关的信息,但搜寻宏观数据对他们来说可能价值不大。如果消费者不懂得宏观数据,即使消费者好像根据宏观理论行事,总量冲击也可以通过滞后宏观变量得到很好的预测。

因此,由于保险市场有效地加总了异质个人信息,完全市场不存在信息困难是不奇怪的。依据方程(1.67)式和(1.68)式,完全市场下的个人边际效用满足:

$$(1+r_{it+1})\lambda_{t+1}^h(c_{t+1}^h) = \theta^h \mu_t \tag{1.72}$$

在这里,μ 对所有当事人相同。如果用(1.72)式对所有当事人求平均

数,我们立即得到一总量等价方程:

$$(1+r_{it+1})\lambda_{t+1}(\bar{c}_{t+1}) = \bar{\theta}\mu_t \tag{1.73}$$

其中,$\bar{c}_t$ 由(1.71)式定义。在(1.68)式刻画的消费平行变动的特例内,我们看得更清楚:如果每一个人的消费增长率相同,他们消费总量的增长率也与之相同。

公平地说,若设想有无限生命或家庭王朝,我们就能够找出让加总可行的假设并使总量跨时条件成立。这些条件看上去和微观经济学的效率条件非常类似。但即使如此,加总显然也有失效和不失效两种可能。若边际效用函数非线性,如果无论完全市场(一个非常酷的制度)的存在还是了解总体经济并理解其对自身未来含义的个人都不能消除信息异质性,总量行为将不会类似个人行为。我将在本书第五章中说明,在解释经验资料时,对这些假设失效后果的探讨是很有用的。

一旦认识到个人或家庭都不能享有无限的生命,我们还会遇到更严重的困难——举一个简单例子来说明困难的性质。排除不确定性,边际效用函数取 $\lambda(c) = c^{-\rho}$ 的等弹性形式。其中 ρ 为相对避险系数;偏好取(1.8)式的"贴现"形式。配置条件方程(1.9)式隐含了:

$$\ln c_{t+1}^h - \ln c_t^h = \frac{1}{\rho}\ln\left(\frac{1+r}{1+\delta}\right) \tag{1.74}$$

若 $r > \delta$,则每一个生活于时期 t 和 $t+1$ 的家庭都会在两时期间增加消费。如果总体经济是静态的,则劳动收入不随时间而变,不同家庭的生命周期轨迹相同,年轻家庭消费的少一些,老年或濒临死亡的家庭消费的多一些,而消费随年龄的不断增加年限为 T 年。这样的经济产生的总消费也是静态的。因为每个家庭在两时期间的消费虽然是提高的,但濒临死亡家庭的高消费在数量上恰好被新生家庭的低消费所抵消,所以平均消费不变。若 $r<\delta$，上述观点仍然成立。个人消费呈下降趋势，但总消费不变。注意，这个观点的有效性并不局限于这里使用的特殊假设。Blanchard(1985)假设不确定性存在，个人随时面临着死亡危险，但也得出了类似观点。在一个经济主体寿命有限的经济内，个人消费行为和总消费行为不会一致。实际上，我们找不到一般理由来说明，为什么消费增长和实际利率在个别家庭层次上的关系应当也适用于总量层次。

当然，如果个人消费是(1.48)式描述的鞅过程，上述问题便容易处理一些。但鞅过程要求线性的边际效用函数，要满足加总条件的函数形式，还要求 $r=\delta$，以排除上节提及的上升或下降问题。这样，只要消费者的信息集合内包括宏观变量，只要经济不增长，逝去的家庭被看上去相同的年轻家庭取代，总消费起码将近似地服从鞅过程。由于新生者和新逝者的消费差别依赖于后者收入的历史，所以消费变化的这一部分是可预测的，但因此结果是不精确的。

如果经济的生产率在增长，年轻工人将比老年工人拥有更多的一生资源。每一代人都计划其一生各时期消费稳定不变。这样，随着新信息出现，每个人从一时期到下一时期的消费将呈现鞅模型，就相当于每一活着度过这两个时期的年龄组的平均数一样。但新生人口的初始消费现在会高于正逝去的人口的最后消费。例如，如果生产率增长使得每一年龄组的劳动收入呈线性提高 g，新生人口的消费就将(只是因为老人的一生充满了惊喜)比那些年长 T 并正要逝去的人口高大约 gT 的水准。但新生人口仅仅是总人口的 T^{-1}，所以平均消费满足近似式：

$$c_{t+1}=g+c_t+u_{t+1} \tag{1.75}$$

这样，即使任何个人的消费没有变化，生产率的变化也传导到了总消费。

在本书下面各章的不同地方，我还要回到总量问题上来。在第 2.2 节中，我将讨论利率对总消费的影响；在第 5.2 节中，我将更细致地进一步探讨鞅模型的加总。就现在而言，需要记住的是，只要我们不准备假设家庭永远生存，就只有鞅模型可能把某个因素加总并使其类似于它的微观经济学形式。如果一个人准备取消无限期家庭王朝的假设，他的研究将更好，虽然他需要新的假设以保证总量更适合理解。但即使如此，努力思考人们知道的东西的差别，以及这些差别如何影响他们行为仍然是重要的。

第二章
消费、增长和利息

　　生命周期假说的一个早已被认识并且值得庆贺的预见,是整个经济体系的生产率增长和储蓄对收入比率之间应当有一个正向联系。虽然各种经济增长理论都预言储蓄(或投资)与增长成正比,但在所有的消费者行为模型中,只有生命周期模型得出推论,指出从较快的经济增长到较高的居民储蓄之间存在着因果联系。这一推论既不隐含在消费的持久收入理论中,也不是更早或更粗糙地断言收入和支出存在简单关系的模型的结论。事实上,几乎所有发达国家在20世纪70年代和80年代都同时出现了生产率增长率和国民储蓄率下降的现象。而对增长与储蓄关系的预言则对此提供了一种实证的解释。在第2.1节,我将讨论生命周期理论对增长与储蓄关系的基本研究,并观察最近一些国际资料。如果说人们很少怀疑增长和储蓄之间确有关系的话,那么,生命周期储蓄作为这一关系的原因,却是不成立的。

　　第2.2节讨论利率对储蓄的影响。这是政治经济学长期以来的核心问题。总储蓄或资本积累是社会为未来做准备。因此,在许多人看来,储蓄的减少或储蓄行为的扰乱将威胁未来人类的福利。人们通常认为储蓄和增长一致,两者都可以测度一国经济的表现。如果利率对储蓄有影响,在经济政策尤其是货币和财政政策与经济绩效之间便有直接的关联。有关关联方式的说法很多:资本收入税降低实际利率,挫伤了储蓄积极性;资本收入税扰乱了储蓄,造成了增长率的重大损失;发展中国家的金融"抑制"减低了资本收益,抑制了储蓄,阻碍了增长。所有这些观点的基础,是更高的利率将带来更多的储蓄。第一章介绍的理论与这些问题有关,但对这些问题没有确定的答案。因此,具体的解答要看经验资料。然而,数据的解释不是直接的,特别当我们认识到从微观理论到宏观数据的加总过程的作用以后。

2.1 储蓄和增长

储蓄和消费的生命周期模型可以引出储蓄是生产率增长结果的推论。这个模型的最简单形式也可以做到这一点。所以,生命周期模型是我们很好的研究出发点。根据基本的经济数据,我将讨论生命周期模型的不同形式以及它们对这一推论的可能影响;然后,我转向经验事实以及它们的含义,以便观察储蓄和增长的关系,观察生命周期模型本身。

2.1.1 最简单的生命周期模型

我们先考虑最简单的生命周期模型,没有不确定性,收入改变仅仅出现在消费者退休的时点上,一生各个时期的消费相等。我们可以用第一章介绍过的理论以数学形式来论证这个简单模型;也可以干脆断言,就像

Modigliani(1986)说的那样:"一个不证自明的命题是,代表性消费者将根据他所预期的一生平均消费,把各时期的消费安排在合理稳定的数量上。"这个命题比偏好的跨时可加性更加一般化。图 2.1 显示了这一状况。Modigliani 把它称作"最简单的生命周期模型的最简版本"。消费者工作期限 L(等于 40 年)内取得的劳动收入是常数,设每时期为 1,退休期限 R(等于 10 年)内则为 0。实际利率也为 0。这样,每时期消费为常数 $L/(L+R)$,或者工作期限内收入的 80%。工作期限内每时期积累的资产是收入的 $R/(R+L)=20\%$,并在退休前夜达到最大值 $RL/(R+L)=8$。终其一生,资本和劳动收入的平均比率为 $0.5R[L/(R+L)]=4$。我们还可以得到许多这样的数字。但这里列举的数字已经揭示,即使最简单的生命周期模型,也至少在粗线条上与现实一致。

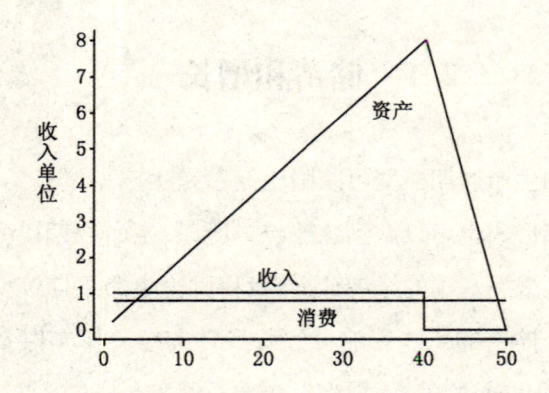

图 2.1 最简单的生命周期模型中的消费、收入和资产

最简单的生命周期模型预言人口和生产率增长将产生储蓄。若两者都不存在,经济整体将没有净储蓄。年轻人储蓄,年老人花费储蓄。如果人口不变,现在的年轻人收入和现在老年人在其年轻时的收入相同,那么储蓄量等于储蓄花费量,互相抵消。生产率增长了,年轻人比其父母年轻时更富裕,他们的储蓄会比其父母当年的储蓄多,净储蓄就是正数。生产率增长越快,储蓄率越高。人口增长的作用方式与此完全相同。如果年轻人比老年人多,他们的总储蓄便会超过他们父母一辈人花费的总储蓄,因此整个社会也会有正数储蓄。

如果人口和生产率两者的增长率不变,实际利率为 0,最简单的生命周期模型将引出储蓄率和增长关系的简单公式。假设人口增长率是 n,生产率增长率是 g,国民收入增长率将是 $n+g$。在 t 时期出生的消费者是 $n_0 e^{nt}$,每个消费者在一生中的不变收入是 $y_0 e^{gt}$,所以生产率增长发生在不同年龄组之间,而不在任何一个个人的生命周期内。每个人消费其每年收入的一部分 $L/(R+L)$,就如图 2.1 显示的那样。因此,在时期 t,总收入是所有那些自 $t-L$ 以来出生的人的收入,而消费是 $t-R-L$ 以来出生的人的消费。我们用(2.1)式表示这两个总量:

$$C = \int_{t-L-R}^{t} \frac{L}{L+R} y_0 e^{g\tau} n_0 e^{n\tau} \mathrm{d}\tau, \tag{2.1}$$

$$Y = \int_{t-L}^{t} y_0 e^{g\tau} n_0 e^{n\tau} \mathrm{d}\tau$$

求上式积分,我们得到消费和收入的比为:

$$\frac{C}{Y} = \frac{L}{L+R} \frac{1-\exp[-(g+n)(L+R)]}{1-\exp[-(g+n)L]} \tag{2.2}$$

以前述假定为基础,我们可以用(2.2)式研究增长率变化情形下的储蓄率行为。首先,值得注意的是人口和生产率的两个增长率在(2.2)式中不分别出现,而总是以和 $n+g$ 形式出现,所以我们得到的不是诸如人均收入不变时的人口增长或人口不变时的收入增长对储蓄率的影响,而只能够是两者总增长的影响。如果工作和退休期限给定,(2.2)式便表示增长为零时储蓄等于 0,增长大于 0 时,储蓄是总收入增长率的递增凹函数。这个公式能够依据可行的增长率求出可行的储蓄率。若参照图 2.1，$L=40$，$R=10$，零增长时零储蓄，从此出发，1%增长时储蓄率为 4.5%，2%增长时储蓄率为 8.2%，3%增长时储蓄率为 11%，5%增长时储蓄率为 15.1%。储蓄—增长曲线的斜率在原点上是 $R/2$，对于 (R,L) 组合等于 $(40,10)$，很容易算出斜率是 2，所以增长率比如说从 3.5% 提高到 4.5%，储蓄率将提高两个百分点。

2.1.2 增加基本模型的复杂性

上述简单的数字计算提示我们，即使最简单的生命周期模型也能够产生一些完全值得用数据检验的结论和推论。不过，我们想先考察一下最简单的生命周期模型的那些定性结论有多少是生命周期模型的基本结论，那些非常特殊和非常不现实的假定，尤其是收入在退休前稳定不变和零利率假定，有多少是可以舍弃的。

正数利率的引入，使我们必须像对待劳动收入那样考虑资本收入的状态。这么一来，数学模型将复杂得多。但主要论点没有因此而受到严重影响。正数实际利率促使消费者按照跨时刺激来调整自己的跨时消费路径，消费者在早年的消费将降低，晚年的消费将提高。不过，这仅仅意味着年轻人的储蓄会更多，而年轻人的储蓄正是增长效应发挥作用的杠杆。

劳动收入在工作年限内可变的引入带来的后果更为严重。事实上，即使在几乎不需要培训的职业内，在生产率依靠体力而不依靠脑力的地方，劳动收入一般也是从低水准开始，然后随年龄上升，最后可能下降。培训时间越长，人力资本的收益越高，取得最高劳动收入的年龄越晚。但是，在生命周期开始阶段，差不多总会有某些收入上升的时期。因此，如果一生各时期消费相同，年轻的消费者便可能在其工作年限初期借款，而不是储蓄,特别是年轻人的职业是需要较长教育和培训时间的时候。如果是这样,若增长率足够高,更高的增长率会相对于后来的偿付而扩大早期的借款,所以增长率的提高将降低储蓄。

当然,正利率、预防性动机、借款条件以及习惯等因素可能限制了早期的消费。一生收入更高的年轻人可能不愿意借款,或者不能够借款。不过,我们要看到,生产率的提高不但会提高后一代人的收入,而且会在一个人的一生中提高他后期的收入。如果承认这一点,如果消费者就像他们实际做的那样预期自己实际收入将增长,他们将有动机依据未来的增长而先借款。未来增长率越高,借款量就越大。通常的观点是,如果一个人在年轻的时候开始一生的储蓄而不是一生的负储蓄,增长便能够扩大总储蓄。我们的叙述意味着这种观点远不是自动成立的。不过,通常观点也有可取之处。假如人们在中年后期储蓄不多,退休后使用储蓄,通常观点就是正确的。

储蓄率依赖于总增长,而与总增长如何区分为人口和生产率增长无关。但更现实的模型不支持这个论点。最简单的生命周期模型注意了老年,忽视了儿童。人一出世就是工作者,手中拿着工具,立即开始为自己的退休生活积累。但如果人出世时是依附家庭的孩子,而他的父母正处于自己工作年限的初期,那么,一个人在进入工作阶段后的初期就会消费得比较多,储蓄得比较少。孩子的出现给年轻的工作者加上了新的负担,他们可能会在自己一生的早期借款。这样,上述生产率增长对储蓄的假想作用便逆转了。如果人口增长得快并且持续时间很长,工作人口对退休人口的比率将上升,但孩子对工作人口的比率也将上升,所以,人口增长加速给储蓄带来的净效应不一定是正的,人口与生产率增长两者各自的效应之间也不存在单一的联系。最简单的生命周期模型很有启发性,但它的许多推论是以它的特殊结构为根据的。

2.1.3 经验证据

最简单的生命周期模型的局限性对我们的警告应当仅仅使我们认识到,在理论上,一国的储蓄率和增长的关系不是简单明了的。最简单的生命周期模型的局限性肯定不应当挫伤我们观察经验证据或者用生命周期理论解释经验证据的做法。经验研究确实不断地表明,各国间的储蓄率和国民收入增长率的关系是正的。这一正向关系在发达国家之间最为明显,在不发达国家之间虽然弱但也存在。图 2.2 是使用 Summers、Heston(1991)的宾大世界统计资料(Penn World Tables)第五版的数据绘出的散点图。图中的点包括了 120 个国家。图中的竖轴代表这些国家国民经济"储蓄率"在1981～1985年间的平均价值,横轴代表它们的实际国内生产总值在 1965～1980 年间的平均增长率。这里,储蓄率是用 100 减去消费占国内总产值的份额得出的。通过这些点的回归线的斜率是 1.34,标准差是 0.33,非常接近最简模型的推论。利用其他数据,例如,《世界发展报告》(World Bank, Annual)上的年度数据,我们能够得到类似的散点图,参见 Deaton(1990)。当然,对这些散点图可能有其他解释;在各国之间,投资占国内生产总值的份额与储蓄占国内生产总值的份额正相关,参见 Feldstein、Horioka(1980)。实际上,每个增长模型都指出增长与投资份额有关。但这不能够否认,生命周期模型在定性和定量两个方面都得到了支持。

Modigliani(1990)对跨国经验证据做了最新最清晰的总结。他考察了经合组织的 21 个发达国家(加拿大、美国、日本、澳大利亚、奥地利、比利时、丹麦、芬兰、法国、德国、希腊、冰岛、爱尔兰、意大利、荷兰、挪威、葡萄

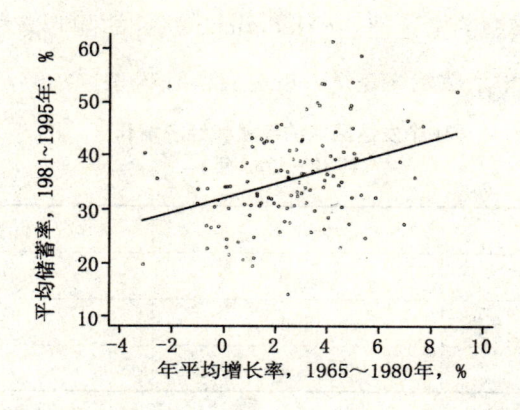

数据来源：Summers, Heston(1991), Penn World Tables。

图 2.2　各国储蓄和收入增长：来自 120 个国家的数据

牙、西班牙、瑞典、瑞士和英国）从 1961～1987 年的数据，又另外考察了 Aghevli 等(1990)编辑的 85 个发展中国家从 1982～1988 年的数据（修正版）。经合组织数据显示发达国家的储蓄率和增长率两者从 60 年代到 80 年代有显著的下降。表 2.1 数字说明了 21 个国家在这三个年代，即 1961～1970 年，1971～1980 年，1981～1997 年的平均值。Modigliani 强调这样的下降普遍地发生在各个国家。只有葡萄牙的储蓄率在 20 世纪 60 年代和 70 年代没有下降，保持了稳定，而只有瑞士和挪威的储蓄率从 70 年代到 80 年代上升了。同时，增长率降低 2.5 个百分点而储蓄率相应下降 6.3 个百分点的事实，接近于最简单的生命周期模型引出的 1 比 2 比例。Modigliani 把这几个年代当成样本，用普通最小二乘法估计了这些国家在这段时间的总回归函数为：

$$\frac{s}{y} = 0.006 + 1.81 g_{-1} \quad \bar{R}^2 = 0.37, s.e. = 0.041 \quad (2.3)$$
$$\phantom{\frac{s}{y} = 0.00}(4.2)(6.1)$$

其中，括号内数字是 t 检验值。增长率系数是有决定作用的，它接近最简单的生命周期模型的推论值。(Modigliani 估计的回归方程中包含一些其他变量,但增长率系数始终是适合的并且落在模型预示的范围内。)

表 2.1　21 个发达国家的储蓄和经济增长 (1961~1987 年)　平均数,%

年　份	增　长	储蓄率
1961~1970	4.9	16.6
1971~1980	3.4	15.3
1981~1987	2.4	10.3

资料来源:Modigliani(1990)。

类似地,关于 85 个不发达国家的回归方程是:

$$\frac{s}{y}=0.068+1.30g+0.17active+\cdots \quad \bar{R}^2=0.59$$
$$(5.5)\quad(1.3)\qquad\qquad s.e.=0.054\,9 \qquad (2.4)$$

其中,*active* 表示 15~64 岁人口占总人口比率。方程中还有其他一些与国民收入水平的倒数有关的回归变量,我们没有列出回归结果。它们是贸易条件(显著且负数)和一个表示某国是否存在债务问题的虚拟变量(显著且正数)。人口变量的作用不能令人满意,但如果我们了解有关理论便不会奇怪。这样的结果常常出现在文献中。虽然有些研究和估计方程发现了人口增长对储蓄的影响或人口效应,但这些发现通常并不强,对人口效应的影响方向也没有一致的说法,参见 Gersovitz(1988)的文献综述。但是,增长变量像理论推导的那样发挥着作用,它既起着决定作用而且又在理论预示的取值范围。在穷国,也许由于养老储蓄在经济发展早期没有必要,所以国民收入水平的提高好像能够增加储蓄。

上述结论似乎清楚地认可了最简单的生命周期模型隐含的理论预见。无论我们怎样为所考察的国家编组,增长和储蓄总是正相关的。发达国家近来储蓄率的下降是个广泛讨论的现象,但除了别的许多因素外,这一现象也可以归之于从 70 年代早期开始的生产率增长速度的下降。

2.1.4 矛盾的证据?

从某种意义上说,上节对最简单的生命周期模型的证实令人惊异。最简单的生命周期模型的预见的基础,既可以是它的简化问题的假定,也可以是它的基本前提:消费者制定明智的生命周期计划。所以,模型预见的成功提示可能也有其他因素起作用。即使 Modigliani 的结论也暗示仍然存在着问题。储蓄率从一个年代到另一个年代差异的回归显示,增长率变化对其的效应比起先前的水平对水平回归的效应更弱、更不显著。毫无疑问,某些变化可能来源于这些差分回归的样本规模小。但我们可能想象被差分化消去的各国特殊的固定效应在起作用。如果这些固定效应真的很重要,截面数据的检验结果将和增长有关。事实上,各国长期形成的增长差异和截面分析中的增长是相关的。这样,截面数据结果可能不同于储蓄率随生产率增速下降而下降的结论。当然,这可能不成为问题。如果在 (2.3)式中加入国家虚拟变量,增长系数将降低到大约 1.5,新的 t 值为 4.1。它们虽然提示了各国固定效应在所预期方向上的某种作用,但几乎不能表明它会是主要误差来源。

我们遵照生命周期理论对储蓄和增长关系的解释,即一国储蓄率随该国的增长率而变,但不检验它的最终结论;反过来,我们检验它对截面数据上的消费和储蓄行为的中间含义。如果在生命周期中,储蓄比负储蓄出现得早,加速的增长就会扩大比较年轻的消费者的收入规模,从而产生额外的储蓄。这样,只有储蓄在不同国家至少出现过一两次高峰,生命周期理论对储蓄和增长关系的国别解释才是正确的。当然,我们不必要求回归中的每个国家都有这样的经历。但在我们有数据的那些国家,消费和收入的关联确实比像图 2.1 那样的典型画面更紧密得多。下面我们将观察几个国家的例子。一般的驼峰形收入曲线和相应的驼峰形消费曲线密切相配,生命周期中消费的平滑性有时被称为长期或"低频"平滑。如果它真的出现了,它也仅仅出现在有限的范围内。生命周期储蓄如果存在的话,它也出现在中年或更迟,总之离退休不会太远。年轻人是不是储蓄或者老年人是不是负储蓄的问题,则视数据而定,各套数据给出的答案不同,所以这些问题也就始终成为许多争论的对象。

上述经验发现不但对认识储蓄和增长关系有意义,而且引导我们思索生命周期储蓄代表了一个人一生多少财富的问题。从 Tobin(1967)以来,人们在常识上认为,美国人的生命周期储蓄至少近似地组成了美国的总财富。这一常识又和图 2.1 的最简单的生命周期模型有很大关系。但 Kotlikoff、Summers(1981)指出,美国的代表性数据服从上面讲的一般型式,但它产生的生命周期储蓄却不足以支持这一常识。由此引发了大量讨论,参见特别是 Modigliani(1988)、Kotlikoff(1988)。但是,也许可以公平地说,消费显著地紧随收入这一在美国或其他国家观察到的现象,导致人们低估了能够可靠地计入生命周期储蓄的那部分财富。就储蓄和增长来说,生命周期储蓄表示中年后期的储蓄和退休后有限的负储蓄,因此加速的增长会带来加速的储蓄。但退休后负储蓄的数据提供的最多只是正误对半的证明。此外,如果年轻消费者要借款的话,增长的生命周期效应可能会夸大借款而非储蓄。

2.1.5　增长和消费的年龄结构

对我来说,反对生命周期理论对跨国的增长和储蓄关系解释的最有说服力的证据,是消费和收入截面数据的跨国比较。后一个想法来源于Carroll、Summers(1991)。考虑两个在其他方面相同的经济体系。一个经济长期缺乏经济增长,另一个经济则在同样长的时间内稳定增长。收集这两个经济中的家庭调查资料,计算每一年龄组的消费,根据家长的年龄画出消费图形。在无增长的经济内,年轻的消费者平均起来和他们的父辈或祖父辈有着同样的一生资源。在增长的经济内,孩子的一生比父辈富裕,比祖父辈更富裕得多。在无增长的经济内,生命周期的消费—年龄曲线可以依一生中需要和偏好的不同而呈现各种各样的形状,它也不要求消费者偏好与一生各时期消费的稳定。但是,在增长的经济内,年轻人和年老人一生资源之比肯定大于在停滞经济内的比。由于一生资源决定了消费,所以,对于增长很快的经济,消费—年龄曲线肯定会向年轻人倾斜。根据生命周期理论,消费取决于一生资源而非现时资源,因此,比起增长较慢的经济,增长较快经济中年轻人与其父辈或祖父辈的一生资源之比将更大。

Carroll和Summers对下述国家和年份计算了消费—年龄曲线:美国的1960年、1973年、1985年,日本的1974年、1979年,以及加拿大、英国、丹麦和挪威的不同年份。尽管这些国家的增长过程有差异,但得出的曲线在各国间却相当类似。就美国和日本来说,两国自1960～1985年的人均实际国内生产总值的年增长率分别达到2.1%和5.2%。如果这些增长率无限持续下去,一个25岁的日本人就会比他的75岁的祖父富裕12.5倍,而一个25岁的美国人只会比他的祖父富裕2.8倍。然而,和理论预见直接矛盾的是,虽然日本和美国的消费—年龄曲线相当类似,但日本曲线达到峰值实际上仅比美国稍迟。

检查不发达国家的消费—年龄曲线,我们能够得到同样令人吃惊的结果。泰国是增长很快的经济,象牙海岸在前四分之一世纪中则几乎没有增长。我利用这两个国家的家庭调查资料绘出图形。根据 Summers 和 Heston 的数据,1960 年象牙海岸的人均实际国民收入高于泰国 8%,而 1985 年泰国的人均收入是象牙海岸的 2 倍。在这段时间内,泰国的平均年增长率为 4.1%,而象牙海岸为 0.9%。因此,25 岁的人和 50 岁的人的一生资源之比在泰国是 7.11 倍,而在象牙海岸是 1.64 倍。图 2.3 和图 2.4 给出了这两个国家的消费—年龄曲线,同时也给出了它们的收入—年龄曲线。泰国的数据来自于"1986 年社会经济概览",是 3 589 个城市家庭和 5 012 个农村家庭的平均数。图中分别绘出了都市(城市)和村庄(农村)的曲线。象牙海岸的数据是 1985 年和 1986 年的。它们来自于由世界银行和象牙海岸政府共同调查的"生活水准概览"。样本规模比泰国小,为每年 1 600 个家庭,因此我也没有尝试去区别农村和城市数据。曲线就年龄组做了平滑,曲线上每一点显示的是该年龄和其前后各两个(对泰国)或三个(对象牙海岸)年龄的消费和收入的平均数,而前后年龄的数据配以差距为 1/3 的递减权数。例如,曲线上 30 岁的泰国人的平均消费是一个 30 岁泰国人消费平均数的 1/3,分别加上 29 岁和 31 岁人平均消费的 2/9,再加上 28 岁和 32 岁相应数字的 1/9。总的来说,泰国的样本很大,足以使我们引出每个年龄的平均数,但就像在其他许多不发达国家里那样,人们在报数据时喜欢把他们的年龄用末位数是 5 或 0 的数字来表示。而这样报年龄的人可能比报本来年龄的人消费和收入更低。用 5 年幅度来平滑,能够消除因这样的不正常情形而产生的不规则性。

  泰国的消费—年龄曲线的峰值在生命周期中显然比象牙海岸出现得迟。象牙海岸的家庭的消费水平在其家长年龄为 35 岁前后时达到顶峰;而在泰国,消费将继续提高,顶峰最早也出现在 45 岁,并且可能更晚。但是,与 Carroll 和 Summers 比较美国及日本的例子一样,这里又一次出现了

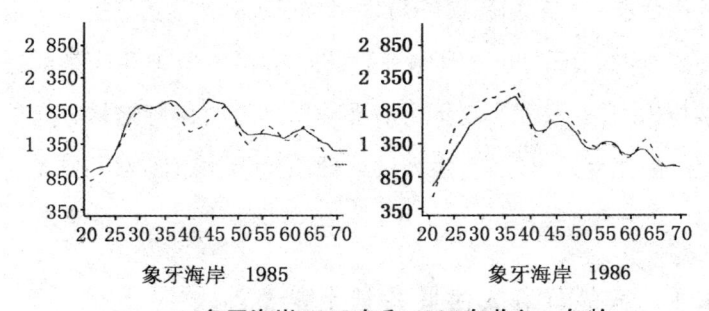

图 2.3　象牙海岸 1985 年和 1986 年收入—年龄曲线（虚线）与消费—年龄曲线（实线）

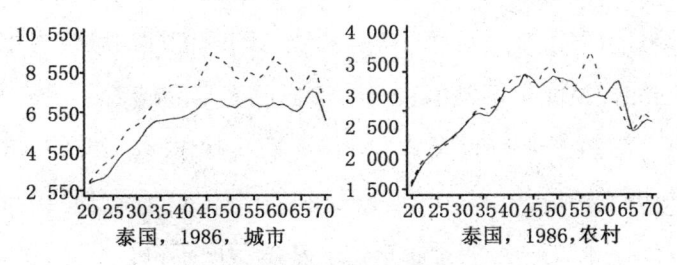

图 2.4　泰国 1986 年城市和农村的收入—年龄曲线（虚线）与消费—年龄曲线（实线）

错误。泰国的经济增长比象牙海岸快得多，它的消费曲线应当比象牙海岸的曲线更在年轻人那里达到最高峰。但事实上，后者的曲线在更年轻的年龄上达到峰值。当然，比较两国家庭总支出并不能说明两国家庭人口结构的差别。虽然在象牙海岸，家庭规模更大，但两国家庭规模达到最大时，家长年龄基本相同，因此年龄和家庭规模关系的差异本身不可能解释消费—年龄曲线的差异。总家庭规模仅仅是需求的一个粗糙代表，但即使用更精巧的方法来代表，它也不大可能解释曲线的差异。

对上述图形的另一个常见看法认为，假设泰国和象牙海岸消费者的偏好相同是不合理的。无可置疑的是,生命周期模型可能对每一个有着不同偏好的国家分别是正确的。但如果我们坚持用生命周期模型解释跨国的储蓄和增长相关关系,我们就不可能那样做。跨时偏好结构在各国相同是一个假定。但放弃这个假定,生命周期理论就无法就国家间储蓄对增长的效应做出任何预见。

2.1.6 消费与收入的联系过于紧密?

我们现在站在什么位置? 我们还遇到两个独立的问题。第一个问题是生命周期理论对储蓄和增长关联解释的有效性,第二个问题是生命周期假说本身的有效性。有关消费—年龄曲线的跨国证据很难使人相信,增长和储蓄之间的相关性是年轻消费者为着自己老年而储蓄所造成的驼峰储蓄的结果。资料中的驼峰储蓄太少,负储蓄太小,根本不能使人相信这样的推论。更严重的是,以不同速度增长的经济体系的消费曲线,和各年龄人口的消费由他们的一生资源决定这一基本假说不符。当然,这本身还不意味着生命周期假说必须放弃。我们可以承认国际偏好的差异,可以为储蓄和增长的相关性寻求其他解释。事实上,对此不乏其他解释。一国储蓄率和一国投资率的相关性很强,所以,我们可以干脆观察投资和增长的关系。观察方式可以是(2.3)式的滞后方式,也可以是(2.4)式的同时方式。当然,标准的新古典索罗模型没有指出储蓄率和增长在长期中存在关联。不过,动态调整也许非常缓慢,跨国相关关系也就被过渡性行为所支配。但也有相反的观点,见 King、Rebelo(1989)。有些模型,就像 Rebelo(1991)提出的那样,假设(宽泛定义的)资本的收益不变,得出了即使在长期中,投资率和增长也存在正向关联相一致的结论。另一方面,例如 Romer(1990)的递增收益条件下的增长簿记,强调体现等待意愿的偏好的作用。这样的偏好允许各国积累对增长起着决定性促进作用的人力资本。具有低时间偏好率的国家将储蓄更多、增长更快；反之，则反是。但是，这里的因果关系既非直接从储蓄到增长，也非从增长到储蓄。

就生命周期假说本身而言，图2.1给出了最简单的生命周期模型的消费和收入曲线，图2.3和图2.4给出了象牙海岸与泰国的相应曲线，我们并且交代过美国的实际情形。但最简单的生命周期模型的曲线和后三个国家的曲线之间无疑存在尖锐的矛盾。我引用过 Kotlikoff、Summers(1981)的文章，他们发现美国几乎不存在驼峰储蓄。在图2.3和图2.4中，象牙海岸和泰国农村的曲线在任何年龄都没有这样的储蓄，仅仅泰国城市人在生命周期中显示了这类储蓄；同时，储蓄最多的是由年长家长领导的家庭。Deaton、Paxson(1992)考察了中国台湾的家庭资料。台湾是世界上增长最快和储蓄率最高的经济体之一。尽管台湾家庭储蓄很多，但我们几乎还是没有发现什么能够被描述成驼峰储蓄的现象。台湾所有年龄组的家庭都在储蓄。如果有什么新现象的话，那就是储蓄率随年龄的增长而提高。Anto、Kennickell(1987)研究了美国六套家计调查数据后，得出结论说："大多数家庭在他们积极参与工作的时期把他们收入的一个较小部分储蓄起来。退休以后，他们几乎不动用储蓄，并把自己的资产保持在或多或少相同的水平上。"其他学者，例如 Danziger 等(1983)、Diamond、Hausman(1984)，也没有发现驼峰储蓄所预示的财富和年龄之间的关系。

最有名的研究大概是 Carroll、Summers(1991)对美国1960～1961年、1972～1973年"消费支出概览"中数据的研究。他们分了5个受教育水平不同的组和9个职业组，并分别绘制了消费和收入的年龄曲线。虽然各组的消费和收入型式不随时间发生什么变化，但组与组之间的差别很大。同时，各组的消费曲线都与收入曲线紧密相配。在教育水平较高或职业较好的组里,人们收入的峰值出现较晚,大约在四十余岁或五十岁出头,但他们的消费曲线也很晚达到峰值。很少受到教育或非熟练劳动的人,收入和消费的峰值出现得都比较早,然后随着年龄增长而不变或下降。Browning、Deaton、Irish(1985)利用英国资料,发现无论体力劳动者还是非体力劳动者的消费和收入曲线在其生命周期中都同步变化。在密歇根收入动态资料研究组中,Lawrance(1991)发现贫穷家庭食品消费随年龄增长而增加的速度,低于富裕家庭的情形。她认为这一结果表明了时间偏好率与收入成反方向关系,见(1.10)式。不过,贫穷、受教育很少的家庭,收入增长也慢,所以 Lawrance 的发现与消费在生命周期中紧随收入的说法并不矛盾。上述发现提示我们,消费和收入的关系,比我们设想的与生命周期假说一致所需要的关系更加密切。诚然,如果仅仅因为消费比收入平滑得多,就把消费和收入之间的单一关联视为理所当然是错误的,那么,这些结论提醒我们,把短期而不是整个生命周期的消费和收入联系起来的假说是值得考虑的,对此的探讨将是本书第六章的任务。

即使存在前面讨论的问题,我们也应当承认,只要我们的模型很精巧,就能够把大部分证据和生命周期模型,或者和第一章的理论协调起来。为此的一条途径是寻找限制偏好的因素和与生命周期的劳动收入相关的因素。孩子是一个可能因素,与孩子有关的家庭规模和消费支出趋向于在中年或中年后期达到峰值,而在这一年龄上下,家庭收入也达到了峰值。有点异想天开的因素是偏好与收入的关联。如果收入和生活方式及特定的工作类型有关,那么,收入可能直接影响了偏好。再一个因素也许是时间配置。工作时间可能跟着生命周期中的劳动收入走。因此,如果消费能够替代闲暇的话,中年人用消费来补偿减少了的闲暇机会便是有意义的。而且,无论消费者决定工作多少时间,这样的解释总是成立的。(当然,在这两个例子中,第一章的理论都需要扩展。)但是,工作时间和工资率有自己的生命周期和商业周期模式,所以不管闲暇对商品的替代性还是对商品的互补性,都不能够说明工作时间、工资和消费的共同变动。对此,可参见Browning、Deaton、Irish(1985)关于英国的研究。Ando、Kennickell(1987)在美国发现了同样的现象。然而,第一章介绍的预防性模型和习惯形成模型能够说明在收入低的生命早期,消费也很低,因此可用来协调理论和事实。利息率也能够发挥类似的作用。如果实际利率在快速增长的经济内更高,那么,消费在快速增长经济内没有非常明显地偏向年轻人的问题便能够部分地得到解释。当然,一部分这样的假说自身便存在困难,同时,没有一个假说直接地推出消费和收入的直接关系,而后者正是数据的典型特征。看来,在能够获得决定性的证据以清楚地区别各类假说,或者清楚地确证生命周期假说以前,我们还要做许许多多进一步的研究。

2.2 储蓄和利息率

最近十年来,人们对实证地分析消费和资产收益关系的兴趣开始重新出现。分析的重点也从利率对储蓄效应的传统问题,转向了对第一章讨论的跨时关联的直接研究。不过,这些研究一般很少关心资产收益对跨时消费曲线形状的影响,而较多地关心当消费者在一个不确定和有风险的环境下跨时配置消费的时候,资产价格是如何影响消费者的。早期的工作试图通过直接对利率的储蓄效应进行经验分析,来解决有关理论的模糊性。在考察更新的文献前,我们需要简略地评论一下早期研究的结论。

2.2.1 储蓄和利息的传统分析

在有关消费函数的时间序列研究文献中,许多模型除了包括收入与其他变量外,也包括了利息率。一些关于多国截面数据的研究,还特别包括了上一节讨论的增长率效应。我阅读这些文献后的看法是,经验分析的结论和理论一样模棱两可,或者更客观地说,经验分析结论确实和理论预示的时间、地点和其他变量没有什么关联。许多研究存在着严重的不可重复问题。也就是说,他们的结论依赖于特定的数据,特定的样本选择方法,特定的定义,或者特定的经济计量技术。例如,Boskin(1978)的研究曾被广泛引用。他得出了储蓄对利率反应强烈的结论。但他的数据定义远远背离标准定义。而且,人们使用更为学者熟知的数据时,并不能够得出他的结论。当然,没有人能够制造一套强有力的经验证据,迫使其他研究者都同意自己的观点。不过,研究遇到的困难,很大一部分是由于时间序列的总量数据包含的信息量太小,以至于到处都很难准确地测度除了收入(在更低程度上还有财富)以外的其他变量的作用。

Blinder、Deaton(1985)的研究可以看作记载这许多困难的文件。他们能够比较精确地估计现时与滞后收入对非耐用品和劳务购买的效应。至少在他们的这项研究中,耐用品和非耐用品的相对价格以及财富变化两者的效应也能够比较精确地估计。财富变化这个变量受证券市场价值变动的支配,并与其历史值和其他现行及潜在回归因子基本上成正交。除此之外,我们还可以列出很长一张变量表,它们都可以包括在理论基础内。Blinder 和 Deaton 考察了耐用品存量的影响、利息率的影响、名义通货膨胀的影响(见 Deaton,1977)、政府预算剩余或赤字的影响(Barro,1974)、暂行税的影响、纳税时间的影响等。当然,即使这份长长的变量表也很难列出所有的可能因素。例如,一些回归方程可能发现三月期国债利率对消费有负效应。但这一效应仅仅在利率是名义而非实际时存在,同时,该变量系数的大小对方程是否包括其他变量尤其是相对价格项十分敏感。储蓄如何受到利率影响的问题,特别是问题以这样的形式提出时,大概不可能通过时间序列数据的分析而获得明确的答案。所以,毫不奇怪,最近的时间序列工作转向了对更加精确地提出问题进行更加有限度的研究。

跨国研究的困难视各国具体情形不同。这些困难也导致了如上节那样的结果。首先,数据存在着严重问题。各国的会计制度并不总是可比的,特别涉及诸如折旧等事项时更不可比。人们也无法直接取得在各国间广泛应用且定义可比的测度实际资产收益的恰当指标。在发展中国家,困难就更大。在那里,官方信贷市场经常受到管制,自由市场或者是地下的黑市或者很难观察到。因此,在许多国家,名义利率为很低的个位数,而通货膨胀率却达到了两位数或三位数。在这种国家,选择一些适当的"样本",我们可以获得几乎任何想要的结果。尽管如此,文献中仍然可以找到若干跨国研究,其中部分研究也得出了利率正效应的估计。参见如 Fry (1987,第二章)。此外,我们很难知道有些研究做的是什么。一些研究受到其他学者的批评。而在某些研究中,标准的经济计量方法不能够提高我们对结果正确性和可重复性的信任。

值得提醒的是,我本人对经验证明的看法是储蓄受利率的影响不大。我们知道有关理论是模糊的,那么,数据分析不能得出清晰的结果,或者从不同环境下的不同数据得到不同结果这两个事实,就不会使我们感到惊奇。但是,许多经济学家不愿意承认这一立场,他们相信储蓄真的对收益变动十分敏感,相信经济计量分析没有能够发现这一敏感性的原因是数据缺陷或者是经济计量程序缺陷,或者同时是这两种缺陷。还有一些经济学家从理论基础上来说服自己相信同样的立场。

我们观察下面一个简化的例子。假设不存在不确定性,消费者持有现金资产 A_t。他在 T 个时期之前计划自己的消费。他的预算约束为:

$$\sum_{i=1}^{T}(1+r)^{-i}c_{t+i}=W_t\equiv A_t+\sum_{i=1}^{T}(1+r)^{-i}y_{t+i} \tag{2.5}$$

假如他的生命周期资源平均分摊到 T 个时期,即每一时期 $t+i$ 的贴现值 $(1+r)^{-i}c_{t+i}$ 为总资源的分数 $1/T$。由于 $(1+r)^{-i}$ 是时期 $t+i$ 时消费的"价格",上述分摊可以看作各时期相等的预算份额。贴现因子也就是价格在时期 t 为 1,所以时期 t 的消费由(2.6)式给定:

$$c_t=\frac{1}{T}W_t \tag{2.6}$$

我仔细地把(2.6)式当成"理性"支出规则来推导,没有考虑偏好的作用。很容易看出,如果偏好是诸如(1.11)式那样等弹性的,时间偏好率等于 0,相对避险系数等于 1,(2.6)式就是最优消费决策。这是对数效用函数或者柯布—道格拉斯效用函数的情形。(2.5)式和(2.6)式表示,如果利率上升,消费将下降,储蓄将增加。若初始现金资产 A_t 和劳动收入流不变,利率上升必将造成劳动收入贴现值的减少,从而造成消费的减少。在这个例子里,财富在各期的配置很有特殊性,但较高的利率将降低财富现值这一推论却没有特殊性,这一"人力财富"效应的作用在一般情形下也将减少消费。这个机制看上去确实很有力,很有普遍性。通过这一机制,利率的上升将以减少消费的代价来增加储蓄。

不过,即使如此,这个例子作为一般结论是有误导的。柯布—道格拉斯效用意味着单位跨时弹性。这个弹性很大,以保证替代弹性超过收入弹性,并保证结论的正确性。在偏好为平均消费时,同样的预算约束也能够产生不同的结果。假定列昂惕夫偏好,效用等于生命周期内的最低消费水平。如果允许极端情形,那么,这样的效用将带来零跨时替代弹性并保证各时期消费相等。令(2.5)式中的 c_t 为常数,T 趋向于无限大,我们有公式:

$$c_t = \frac{r}{r+1}W_t = \frac{r}{r+1}\left(A_t + \frac{1+r}{r-g}y_t\right) \tag{2.7}$$

其中，后一个等式是为劳动收入从 y_t 开始以不变增长率 $g<r$ 提高的情形设想的。在这个方程里，资产是正数，若 g 小于或等于 0，消费将与利率同方向变化。但若 g 上升，人力财富效应变大，消费随利率变化的方向也会改变。如果增长率很低甚至为负数，消费者开始时将储蓄，所以利率提高能够改善他们的福利，使他们以后消费更多。如果增长率是正数，消费者开始将借款，利率提高便会使他们以后消费更少。

这些简单的例子表明，只有当消费计划要求在生命周期的某个时期有较大的正资产或负资产的时候，利率对消费从而对储蓄的效应才会很大。但在上一节，我们已经知道，大量实证研究指出，消费和收入在生命周期内非常密切地互相配合，所以很少有消费者会累积资产或债务。在这样一种状况下，利率变化给储蓄造成的效应不可能很大。上述简单的理论例子预示储蓄对利率的反应强烈。所以，人们肯定要对这些例子抱怀疑态度，特别是这些例子以柯布—道格拉斯效用为基础，或者对未来劳动收入的时间模式做了似乎可信但没有明说的假设，因此更值得怀疑。一些可计算的一般均衡模型采用了柯布—道格拉斯效用。人们也应当怀疑这些模型的结论。在这些模型里，高的利率效应的"发现"，或者与资本所得税联系的重大扰动的"发现"，其实不是发现，而是事前的假定，因此也应当作为假定来对待。

最后，要注意的是，我们的所有讨论针对的仅仅是面对实际利率参数的单个消费者。所以，我们的讨论不能够直接扩大到整个经济。这里的原因部分来自于加总的困难，但也是因为在整个经济中，利息率不能视为外生变量。我在下面将回到这个问题。

2.2.2 利息率和跨时替代

虽然消费理论在利率对储蓄的总效应上没有给出明确的结论,但关于生命周期的消费路径将以获得预期实际利率的好处来设计,在理论上却又是十分明确的。如果实际利率在 t 和 $t+1$ 两个时期间反常的高,如果这一高利率时期被消费者估计到,则消费者会调整其整个生命周期的消费路径,以取得可能有的收入效应,这样,消费者便有额外的激励,把消费从 t 期推迟到 $t+1$ 期。如果效用可加,时间偏好率不变,满足函数等弹性,这些收入效应的形式就将特别简单,参照(1.50)式,跨时最优化条件的形式便是:

$$c_t^{-\rho}=E_t\left(\frac{1+r_{t+1}}{1+\delta}c_{t+1}^{-\rho}\right) \tag{2.8}$$

我们将看到,(2.8)式可以用作估计方程。然而,把它重写成另一种形式也是有用的。我们尤其注意没有不确定性的情形,消去预期因子并取对数,我们有:

$$\Delta\ln c_{t+1}=\rho^{-1}(r_{t+1}-\delta) \tag{2.9}$$

设想 r_{t+1} 和 δ 足够小,因此上式近似成立。当跨时替代弹性等于相对避险系数 ρ 的倒数时,方程(2.9)刻画了计划消费对预期实际利率的反应路径。

加入不确定性,(2.9)式的复杂性仅仅略有增加。对(2.8)式做相同的近似,然后把它重写为:

$$E_t\exp[-\rho(\Delta\ln c_{t+1}-\rho^{-1}(r_{t+1}-\delta))]=1 \tag{2.10}$$

我们假设 $\ln c_{t+1}$ 和 r_{t+1} 是联合正态分布。这个假定要求对外生过程做出适当的分布限制。在它们正态分布的前提下,我们列出预期因素,得到(2.9)式的公认的一般化形式:

$$E_t \Delta \ln c_{t+1} = \rho^{-1}(E_t r_{t+1} - \delta) + \frac{1}{2}\rho \omega_t^2 \qquad (2.11)$$

其中,ω_t^2 是时间 t 的方差:

$$\omega_t^2 = \text{var}_t(\Delta \ln c_{t+1} - \rho^{-1} r_{t+1}) \qquad (2.12)$$

依照(2.11)式和(2.12)式,消费增长率根据替代弹性而对预期实际利率起反应,就像在确定性情形的(2.9)式中一样。但这里还有一个额外的消费增量。避险系数越大(替代弹性越小),用 ω_t^2 度量的不确定性越严重,消费增量就越大。这最后一项是预防性动机的结果,它在不确定性状态下推迟了消费,因此也提高了消费的增长率。

2.2.3 代表性消费者和跨时替代

在最近一些年里,为了用总量数据检验消费和各种实际利率的关系,经济学家做出了大量努力。在许多情况下,两者关系并不明确,经济学家也检验了一些假设前提,例如,消费者生命周期无限长,所有消费者都持有其收益当时可用的正数或负数资产,截面消费的分布非常稳定,允许通过等弹性的边际效用函数来加总(见前面的第 1.4 节)。上一节我们介绍了 Blinder 和 Deaton 的研究,使用他们的数据我们可以做几个简单的计算,以观察经济学家这些努力所得出的结论的特点。我们所用的数据都来自美国,都是季度数据,从 1953 年第三季度到 1984 年第四季度,消费是人均数据。这些数据不同于官方的"国民收入和产品统计"中对非耐用品和劳务的估计。不同处表现在好几个方面,最重要的不同是我们把服装和鞋子计入耐用品。但选择实际利率时的困难更大。我们需要的是一种被公众广泛持有的资产的收益,最好是被计入总消费统计的人都持有这种资产。国债券不是广泛持有的资产,但它们的利率或者类似资产的利率与被居民更广泛地持有的资产和债务的利率,有着密切联系。我们还需要考虑所得税的作用。名义利息收入要纳税。因此,在计算实际收益时,必须从税后名义利率中减去通货膨胀率,而不是从实际税前利率中减去税收。在高通货膨胀时期,例如 70 年代初期,准确的计算程序得到的是负利率,即使此时实际税前利率是正数。当然,税率对各个个人并不相同。免税和不免税的 AAA 债券之间有收益差,它意味着某种税率。Blinder 和 Deaton 的计算是从国债券利率中减去这一税率,得到税后利率。他们从这个名义利率中再减去隐含的消费者支出的价格折实因子的增长率,最后得出实际利率。

上述做法十分粗糙,但即使如此,我们也能够看到找出符合方程(2.11)式的数据的困难。我们暂且忽视包括 ω_i^2 的那一项,并用样本均值来比较方程的无条件预期值。消费增长一般是正数,而且在我们考察的时期内平均每个季度增长(几乎完全精确地)0.5%。相反,平均实际利率是负数,从 1953 年第二季度到 1984 年第四季度,每季度为 −0.06%。为了把这些数据和(2.11)式协调起来,我们或者必须把式中的时间偏好率视为负数,但这显然偏离了标准的理解;或者把跨时替代弹性视为负数,但这又违反了满足函数的凹性,导致模型本身丧失意义。当然,(2.11)式中最后一项必须是正数,而预防性动机大概足以推导出有代表性的消费者的实际消费增长路径。对此,可参见如 Caballero(1990b,1991)。

不过,即使这样做了,要想使(2.12)式中的方差很大,至少能够大到让有代表性的消费者的消费成为平均总消费,也是很困难的。平均消费增长率的方差是 2.3×10^{-5},实际利率的方差是 2.8×10^{-5},协方差是 0.5×10^{-5}。这些数字能够用来计算相应于各种可能的避险系数值 ρ、ω_i^2 的值是多少。然而,除非我们对 ρ 取非常大的值,否则(2.11)式的最后一项不会很大,不能解释平均消费增长和负实际利率之间的差异。例如,即使我们令

$\rho=20$,预防性动机对消费增长的贡献每个季度也只能达到 0.023%,而 ρ 的这个值在大部分人心目中还是荒唐的。相反,如果我们不考虑平均消费的方差,而考虑个人消费层次上方差的平均数,(2.11)式对数据的配合会好一些。但在各人自行决策的环境里,个人消费流将比他们的平均数更多波动,"有代表性"的消费方差可能比平均消费的方差大许多。如果在(2.11)式中明确引入不同的家庭,我们便能应用这个方法。该方法给了我们对预防性储蓄模型某种希望,至少当加总问题很严重时。当然,这样一种方法并不支持代表性消费者概念,因为它否认某个个人的消费(从而消费方差)与宏观经济总量相对应。

为了检查(2.11)式中代表性消费者概念的有效性,我们还有其他一些方法。Hansen、Singleton(1982)提出的更形式化的经济计量分析直接使用欧拉方程(2.8)式,并且避免(2.11)式体现的近似方法和分布假定。为了解他们的方法以及和我们讨论的关系,定义一个量 z_{t+1} 如下:

$$z_{t+1} = \frac{1+r_{t+1}}{1+\delta} c_{t+1}^{-\rho} - c_t^{-\rho} \tag{2.13}$$

从理论上说,任何用时期 t 或这之前时期标识的变量,比如 w_{tj},都被假定落于代表性消费者的信息内。这些变量必须与 z_{t+1} 正交。这样,理论上和抽样类似,我们能够设想:

$$v_j = \frac{1}{T} \sum_{t=1}^{T} w_{tj} z_{t+1} = 0 \tag{2.14}$$

其中,$j=1,\cdots,J$,代表可能有的这种工具的总数目。若 $J \geqslant 2$,各个 $z's$ 被当作或者被转换为静态。令 Ω 为正定矩阵,则通过最小化适当的二次方形式 $v'\Omega v$,我们可以估计出两个参数 ρ 和 δ。此外,如果我们规定 $\Omega = [E(vv')]^{-1}$,或者至少规定它的样本模拟值,或者如果正交假说正确,最小化的结果便有渐近 χ^2 分布,自由度等于过度识别的约束条件数目

$J-2$，我们就可以把它当成一个统计量来检验假说的适当性。

Hansen 和 Singleton 再次利用非耐用品和劳务消费数据，并同时利用国债利率和纽约证券交易所的收益来检验模型。他们发现这个模型必须被拒绝。就像在前面的结论中那样，他们的模型估计出了参数 ρ 的负值，他们的过度识别检验统计值常常过大。Hansen 和 Singleton 方法的一个合理工具是个常数，因为它的值肯定在一个时期之前就已知了。因此，被他们用来估计参数并被他们用过度识别检验来检查的方程之一，是 z_{t+1} 的均值等于 0。代替它并使用泰勒展开，我们要求：

$$T^{-1}\sum \rho c_{t+1}^{-\rho}\left[\rho^{-1}(r_{t+1}-\delta)-\Delta\ln c_{t+1}-\frac{(\rho+1)}{2}(\Delta\ln c_{t+1})^2\right]=0 \tag{2.15}$$

要满足(2.15)式，我们遇到了和把(2.11)式与数据相协调时看到的同样困难。与观察到的实际利率相比，消费的增长率太高，方差太小。而且，无论我们非形式化地比较均值，还是构造形式化的经济计量模型，结果都是一样的。

研究我们问题的另一个方法是针对预期实际利率，求消费增长率的回归。这是对消费增长和实际利率相关关系问题的研究，而把消费的平均增长率是否适合(2.11)式的右侧项的问题放在一边。Campbell、Mankiw (1989)从美国"国民收入和产品统计"中的季度资料，选取了 1953 年第一季度到 1986 年第四季度的消费数据，以及国债的实际利率，并用普通最小二乘法做了回归估计。他们得到的系数是 0.276，标准差是 0.079。使用 Blinder 和 Deaton 的数据也能得到类似结果；但如果在回归方程中包括了其他变量，他们的数据便得不到强的结果。Campbell 和 Mankiw 然后又改用预期实际利率，他们用了 4 个或 6 个滞后实际利率代表预期来做回归，但得到的系数几乎和以前一样，只是标准差提高了大约50%。不过，在他们的两项研究中，他们的假定，即滞后利率仅仅通过他们在预示同时期的预期值中的作用而影响消费增长率，总是被过度识别检验所拒绝。Hall(1988)使用美国的长期年度数据，并仔细考虑了由数据的时间跨度产生的问题。这个问题来源于我们使用的数据是一段时期的平均数，但这段时期可能比代表性消费者的决策时期更长（对此的详尽讨论见第3.2节）。Hall发现消费增长率和预期实际利率几乎没有关联。Hall从他的实证研究中得出结论，认为替代弹性很小甚至为零；但Campbell与Mankiw的观点和我自己的观点更为一致。不过，这里使用的模型有些严重的问题，使我们不能从有代表性消费者理论中可靠地得出任何关于跨时替代的推论。

如果我们用欧拉方程的总量版本去解释不同资产的收益模式，我们将遇到另外一些困难。由于只有一个代表性消费者，我们放心地假设他拥有全部资产，因此(2.8)式将适用于任何两类资产，如 i 和 j 的情形，则有：

$$E_t[(r_{it+1}-r_{jt+1})(1+\Delta\ln c_{t+1})^{-\rho}]=0 \tag{2.16}$$

这样，只要 $\Delta\ln c_{t+1}$ 很小，使我们能够应用近似法，重新整理方程便得到：

$$E_t r_{it+1}-E_t r_{jt+1}=\frac{\rho\mathrm{cov}[(r_{it+1}-r_{jt+1})\Delta\ln c_{t+1}]}{1-\rho E_t\Delta\ln c_{t+1}} \tag{2.17}$$

(2.17)式与数据协调的问题和我们在解释消费的平均增长率时遇到的问题类似。若有几类资产，最有名的是普通证券和国债券资产。它们的预期收益差距很大，在历史上大约为6%的实际比率。但如果避险系数取值合理，则由于消费的平滑，(2.17)式右侧将很小。这就是Mehra、Prescott(1985)所说的证券贴水之谜。Hansen、Jagannathan(1991)最近详细阐述和扩展了这一问题：若消费变化不大，代表性消费者的生活水准的风险便不会很大,那为什么他们需要很大的贴水才肯持有风险资产呢?这就是我们的老问题:或者消费者的避险系数很大,或者理论有什么错误。

改变对偏好的规定可能会消除部分问题。若放弃预期效用理论,我们将能保持跨时可分的形式,让跨时替代弹性和相对避险系数各自独立决定。对此,可特别参见 Epstein、Zin(1989)。这种做法既允许我们选低的替代弹性又不必选高的避险系数。Attanasio、Weber(1989),以及 Epstein、Zin(1991)分别用这样的模型研究了英国与美国的数据。如果修正偏好假定,加入习惯形成因素,证券贴水之谜便多少清楚了些,参见 Constantinides(1990)。例如,在(1.53)式中,用 $c_t - \gamma c_{t-1}$ 代替 c_t 来决定现时满足,(2.17)式的协方差就不再包括消费增长率,而包括了 $c_t - \gamma c_{t-1}$ 的增长率,即用(1.60)式代替了(2.8)式。如果习惯很强,这个量的变化会很大,也很有风险。消费者现在得到的满足不再来自于他的全部消费,而仅仅来自于超过他习惯所需要的额外消费。习惯像妻子和孩子一样,提供了我们所要的东西。

不过,加入了习惯因素,我们还是有困难。习惯有助于提高可称之为"有效消费"的概念的变动性。但习惯仍然无助于提高有效消费的增长率和实际利率之间的相关性。这里,请继续参见 Hansen、Jagannathan(1991)。我们也可以考虑对偏好的其他规定。最近的金融研究文献把大量的注意力用于按照(2.17)式那样的思路解释资产收益,其中偏好有了修改,加入了对习惯、对闲暇或者同时对这两者的偏好。Singleton(1990,第622页)总结了这些研究,根据我们在这里介绍的实证工作,得出结论说:"这些结果表明,资产价格决定所使用的代表性经济主体模型所包含的各种变量,不能很好地描述消费与不同资产收益的关联变动。这些模型和其框架很不适合数据。首先,战后美国消费的平均增长率与资产平均实际收益相比太高，无法和理论协调。其次，扰动项的序列相关与模型的要求不配。由于总消费的变动性比较小，扰动累积了经济计量方程中收益的自回归性质。"

2.2.4 跨时替代和消费加总

我们遇到的主要谜团不是那些代表性消费者模型为什么不能够说明经验资料，而是在我们知道那些模型要求的加总假定非常荒唐的时候，为什么还竟然有人认为它们可以说明经验资料。其实，不是全部数据都必然地同微观经济理论相一致的。同时，一旦我们放弃代表性消费者概念，许多问题就会消失。

第一，在一个生产率不断提高的经济内，或者在一个生产率提高不显著，但劳动力参与率不断提高的经济中（像美国过去 20 年经历的那样），总消费将不断增加。这个事实肯定不能算作谜。即使生命周期模型正确，即使个人决定选择平坦的消费曲线，但由于新出生的年轻一代，比各个时期去世的老年一代拥有更多的一生资源，总消费也将一年比一年增加。两代人差异正好保证了消费以与生产率增长率同样的比率增加。一方面，个人消费的增长率可以（也可以不）由利息率和时间偏好率的差距决定；另一方面，认为总消费应当由于实际利率高于代表性消费者的时间偏好率而随时间增长的假定，肯定不值得我们花费片刻去考虑。真正的谜团是这一假定为什么会在文献中被当成一个严肃的假说，值得人们在它上面花费大量理论和实证工作。

第二，在一个适当加总的经济内，消费增长率和实际利率的关系在经验研究中很难确证，在理论上同样很难说明。实际上，依据或多或少可信的假设，我们可能获得几乎任何结果。而很大一部分结果又依赖于实际利率在模型中决定的方式。我们用一个简单的模型实事求是地描述可能发生的事情。考虑一个经济,有两代人,互相重合,即在某一时点上存在着两个年龄组,青年人和老年人。他们在年轻时挣钱 y,在两个时期花费。有一个国际资本市场,利率固定,不受该经济发生的事情影响。没有不确定性、消费者偏好等弹性。用 c_1 和 c_2 分别代表青年人和老年人的消费水平,我们有公式:

$$c_2 = \left(\frac{1+r}{1+\delta}\right)^{\frac{1}{\rho}} c_1 = \theta c_1 \qquad (2.18)$$

其中,θ 由第二个等式决定。总消费是青年人和老年人消费之和,根据(2.18)式,同时考虑 c_1 和 c_2 的贴现值是收入 y,所以有:

$$C = c_1 + c_2 = \frac{(1+r)(1+\theta)}{1+r+\theta} y \qquad (2.19)$$

从式中可见,若 r 与 δ 不等,每一代人的消费在年轻时和年老时不同。但即使如此,由于生产率不增长,总消费将不随时间而变。总消费大于总劳动收入,差距是年轻一代为退休而作的储蓄 $y-c_1$(从海外)获得的利息。这个经济在总体上是国际资本市场的净放款者。

如果利率提高呢?此时 θ 会提高,那么,(2.19)式表示,一旦新的利率稳定下来,消费就将增加,然后重新成为常数。过渡期的消费行为取决于新利率是否适用于老储蓄。假如适用,年老一代人将在退休期间获得一笔意外财富,而年轻一代人将以新的更高的利率来决定自己的储蓄。因此,过渡期的消费将无歧义地超过利率提高之前的水平,但它高于还是低于更新的均衡水平,却要视 ρ 高于或低于 1 而定。所以,虽然消费会由于利率提高而出现一时的增加,但这绝不意味着代表性消费者概念的任何成功。利率的总消费弹性并不意味着个别消费者的替代弹性具有某种特定性质,消费增长率和利率水平的微观经济学关系也不能推广到总量数据。确实,如果跨时替代弹性小于 1,消费在过渡期的反应会过大,所以在新的更高利率面前,消费先出现正增加,接着是负增加,然后再稳定下来。

我们可以修改这个例子以获得其他结论。由于我们考察的经济是净放款者,利率提高,消费将增加。我们想象另一类经济,退休先于工作,或者更多地接近现实,设想一个有三代人的经济。青年一代借款消费和养育孩子,中年一代偿还债务并为退休储蓄,退休者消费但不工作了。就像在第 2.1 节讨论的生命周期模型那样,提高了的利率将依各种效应的相对大小,可能长期地减少消费而不是增加消费。适当定义一个增长模型,把实际利率当作内生变量,我们将能够(并且应当)引入更多的复杂因素。但是,根据众所周知的世代交迭模型的复杂性,我们显然无法希望这个方法能够模仿追求最优的代表性消费者所得出的结果。甚至依据完全不现实的假定,如无限生命,或者如动态家庭在无限的未来之前就做好消费计划,经济学理论仍然不可能就消费增长与实际利率关系得出任何统一的说法。因此,如果总量数据不能显示这样的关系,我们很难说这里有什么谜团。在这里,理论和数据之间肯定没有矛盾。

Attanasio、Weber(1991)在一篇值得注意的文章中考察了个体数据,并用从中得出的结果判断,对于微观经济学估计和宏观经济学估计的差异来说,加总问题有什么样的重要性。他们的数据来自于"英国家庭支出概览",涵盖了 1970～1986 年的 17 年独立的年度概览。他们应用 Browning、Deaton、Irish(1985)以及 Deaton(1985)提出的方法,在这 17 年的概览中,他们随机选取了 1930～1940 年出生的年龄组作为代表。对给定的任何变量,如消费、对数消费、家庭规模,他们求出了从 1970～1986 年共 68 个季度中每个季度的该年龄组均值。因为该年龄组的成员在样本年份的起点是 30～40 岁,在终点是 48～58 岁,所以应当没有很多成员死亡或退休。他们把所得到的时间序列数据正确地加总。利用这些微观数据,很容易计算出例如对数均值或均值的对数。当然,加总也可能"不正确",例如简单地使用整个概览的平均数。这个概览作为时间序列本身就为比较国民统计中的总量提供了一个有用的基础。在英国,还能方便地找到适当的利息率数据。英国人普遍持有住宅储蓄协会(一种储蓄和贷款的团体)存款,大部分存款者的利息收入是无须纳税的。

利用该年龄组"正确加总"的均值,把教育、工作职位、成人数目、孩子数目当作控制变量,Attanasio 和 Weber 计算了消费增长对实际利率的回归方程。他们求得的系数是 0.735,标准差是 0.236。这个系数值相当于前面的方程(2.11)式中的 ρ^{-1}。同一回归方程也计算了预期收入增长率的影响,它的系数不显著,与零相差无几。与此相反,利用国民收入统计的总量数据求得的相应于 ρ^{-1} 的估计值为 0.354(0.131)。这个估计值和利用所有概览数据的平均数计算出来的估计值 0.265(0.222)相差不大。预期收入增长和总生产率增长在后两个回归方程中的系数分别都是显著且正的。用加总的非线性效应可以解释一部分差异。平均概览数据和国民统计数据的消费序列是平均值的对数差异,而不是对数平均值的差异。作者没有修正国民统计数据,但重新计算了概览平均数,并得出 ρ^{-1} 的估计值为 0.482(0.142)。这个值一定程度上接近了正确加总的年龄组数据的估计值。我们的一些想法,例如加总本身有作用;总生产率增长应当影响总量,但不影响个人消费的增加;从代表性消费者模型得出的跨时替代弹性不能够揭示真正消费者的跨时反应等,都和上述结果一致。

为了得到可靠的跨时替代的微观经济证据,我们的困难还在于,虽然样本可以包括很多家庭,但分析的时间周期相对而言却很短,所以实际利率的变动范围受到了限制。此外,利率仅仅在时期之间变化,而不在家庭之间变化,所以利率变化的效应和时期虚拟变量无法区分;而我们出于其他理由希望它们能够区分。绕过这个问题的一个方法是找出一套数据,其中有利率或者通货膨胀率的地区变化。另一个可能方法是考虑不同的个人依据自己特定的消费模式,具有不同的边际税率;或者从原理上说,具有不同的边际通货膨胀率,然后为样本中每一个家庭求出个别化的实际利率。微观经济数据证明,假定样本中每个人都持有经济中所有各类资产是荒唐的。例如,在美国,"消费支出概览"统计里的消费,有 1/5 是那些既没有国债券也没有股票而且还没有任何其他金融资产,包括储蓄或支票账户的家庭的消费。确实,Mankiw、Zeldes(1991)利用收入动态研究组(PSID)的 1984 年数据估计出,超过 2/3 的食品是由那些完全不持有股票的家庭消费的。他们并且指出,如果我们不研究所有人的消费,而仅仅研究股票持有者的消费,证券贴水之谜至少就能够部分地解决。

我们仍然有着大量的微观经济研究工作要做。对我们的工作来说,美国没有任何一套数据是理想的:收入动态研究组仅仅搜集食品消费资料,而食品消费在美国总消费中的比重不但很低(17%),而且在递减。"消费支出概览"从 1980 年才开始建立在年度统计基础上。它的数据不是面板数据。这一概览是设计用来寻找消费价格指数的权重的,而很难用于经济计量分析。"英国家庭支出概览"数据比较好,但它仍然不能随时间的变化追踪个别家庭。另外,这些数据和其他统计都存在严重的度量误差,尤其是收入的度量误差,因此它们的资料很少能够直接用于经济计量分析。简单的模型仅仅把实际利率的模式,看成决定消费变化的因素。但微观经济数据似乎不可能为这类模型提供强有力的支持。本章第 2.1 节记载了在概览数据中,消费紧跟收入轨迹的一些资料。如果这一点指示了基本生命周期模型的失效,那么利息率,还有收入的作用都必须重新考虑。如果像生命周期模型所要求的那样，消费与收入无关，偏好和利息率的模式就可以自由地决定消费。但如果总有一些其他因素不允许消费脱离收入过远或过长，那么，我们的初步假设必须是利息率并不很重要。

第三章

消费和持久收入

　　Friedman(1957)关于消费的持久收入理论,像 Modigliani、Brumberg (1954,1979)的生命周期假说一样,是20世纪50年代"新"消费函数研究中影响深远的贡献之一。后者视消费由消费者一生的资源价值决定;而前者则视消费由可以特殊地定义为如平均或预期的持久收入决定。如果持久收入可以解释成一生资源的年金价值,那么,两个理论将非常接近;但 Friedman 不会同意这样的解释。同时,这两个理论强调的重点不同。一般地说,持久收入理论更关心消费的动态行为,尤其是超越短期行为的消费动态以及消费和收入的关系。但它几乎不关心消费和年龄、储蓄及财富创造之间的关系。本章和下一章所介绍的很多研究出自宏观经济学家,他们关心的基本问题是消费如何反映收入的变化和消费在整个经济体系的周期波动中的作用。

　　无论我们怎样定义持久收入,我们都能立刻使用这个假说解释消费的许多特征。教科书正是如此做的。首先,既然持久收入并不取决于某一年,而是取决于许多年甚至整个一生的收入,那么,它不大可能对收入的短期变动起强烈反应。持久收入大概比统计的或现期的收入平滑,而事实上,消费也比收入平滑,所以理论和观察是一致的。其次,跨越许多年的持久收入会与同一时期的统计收入相似,所以,在长期中,消费将与收入成比例。

图 3.1 使用 Blinder 和 Deaton 关于消费和劳动收入的数据,比较了消费和收入的平滑程度。使用总收入数据我们完全可以得到同样的图形。在长期中,消费和劳动收入呈现上升趋势,但收入围绕趋势线的波动比消费剧烈。储蓄率是顺周期变量,它在繁荣时上升,在衰退时下降,所以消费在某些程度上是反收入景气循环变动的。根据 1972 年的美元价格,在图 3.1 中,消费变化的标准差是人均 12 美元,而收入变化的标准差是人均 28 美元,超过了前者的两倍。

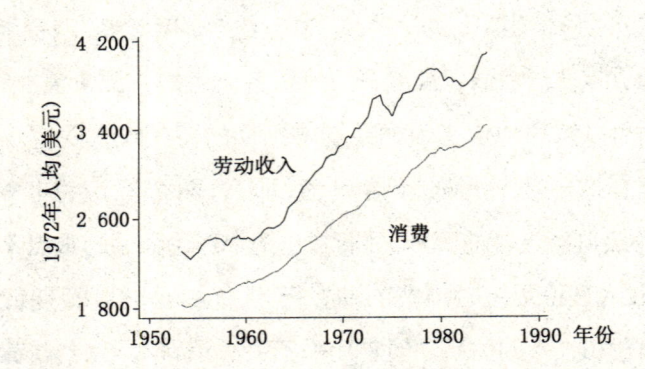

图 3.1　消费和劳动收入:美国,1953 年第二季度到 1984 年第四季度

在开始讨论持久收入模型和生命周期模型的时候,我们应当注意美国储蓄率在长期中的稳定性是一个非常著名的事实。然而,值得提及的是,Friedman 本人曾经指出储蓄率在美国历史上的稳定性多多少少是各种抵消因素的偶然结果。随后展开的对其他国家历史资料的研究,表明美国的情形不是特例。同时，一些其他国家出现了储蓄率随经济增长而呈现上升趋势的现象，参见 Maddison(1992)。

消费的持久收入理论还提出了一系列其他预见，它们和资料的一致性问题在早期文献中受到检验。税收导致的家庭收入变化仅仅在税收改变了持久收入的程度上影响消费。因此，某些财政政策的效力可能比用统计收入估计时小得多。就截面数据而言，由于收入越高，用临时或暂时收入来说明的部分所占的比重越大，持久收入与统计收入之比越低，而储蓄率应当越高。我们观察到，若收入相等，黑人为家长的家庭比白人为家长的家庭储蓄更多。这个事实和理论相符。黑人的持久收入低于白人，所以若收入相等，黑人的持久收入与统计收入之比就越低，从而他们的消费率低于白人。

消费的经济计量学函数

持久收入假说的这些预见既与生命周期假说也与其他消费模型——例如早期的 Duesenberry(1949)相对收入假说——一致。事实上，直到 20 世纪 70 年代，至少在模型化消费和收入总量的时间系列时，宏观经济学家并不去严格区分这些消费理论。在 Friedman 书内的时间系列部分，持久收入被视为历史上统计收入的加权平均数，再加上根据趋势线的修正。后来的许多文献都采用了他的这一明智而特别的方法。直到 70 年代中期，构建宏观经济模型的学者在使用把消费当成现期或滞后收入价值的回归值的总量消费函数时，都经常以持久收入或/和生命周期模型为依据。不过，经济学家把消费更多地当成现期收入和滞后消费的函数。引入滞后消费的理由是习惯形成、缓慢调整，或者说这样一种表述是因为用递减的几何滞后收入代表持久收入，并把消费视为持久收入的一个比例。总量消费函数中常常也包括不同的资产指标,以便获得更精确的持久收入,或者反映流动性限制的影响。假设这些模型能够很好地说明数据,由于不同理论模型得出的估计方差大体相同,理论和数据度量之间或多或少存在足够的联系。读一下有关宏观经济模型的描写,我们能够发现这一时代的消费函数文献有许多很好的例子。例如,Suits、Sparks(1965)在 Duesenberry 等(1965)编辑的著作中研究的布鲁金斯季度模型。Evans(1969,第 2 章和第 3 章)特别详尽和透彻地讨论了消费方程的理论和估计,并且把研究焦点放在宏观经济计量模型上。Stone 和他的合作者,Stone、Rowe(1962),以及 Stone(1964,1966,1973)本人对英国做了同样优秀的实证研究,并且也把重点集中在收入和消费滞后值的影响。当然,他们的各种研究也都发现了政府对信用的控制所起的重要作用。

然而,到了 70 年代中期,一些严重问题开始显现。部分问题仅仅和消费函数有关,其他问题则关系到宏观经济的一般实践。就像我们经常看到的那样,实践的困难突出了。当通货膨胀和失业的共存给凯恩斯主义的新古典综合造成麻烦的时候,原先在所有宏观经济方程中被作为与数据最吻合、最少纠葛的标准消费函数也因为低估了未来消费而造成了麻烦。对此的一个(非常可信的)解释是数据技术落后。到了 70 年代中期,消费函数的估计和大规模凯恩斯模型的构建在专业人员眼中都失去了光环。在每日预测和政策分析中,人们常常不再重视明显地只能充当事后诸葛亮的经济计量问题。经济学家冷静下来观察当时宏观经济模型并且(才)注意到明显的时间序列问题:综合回归量之间的虚假相关,与低 Durbin-Watson 统计相结合的高可决系数,以及几乎完全缺乏的判定检验。

对这一形势做出反应的是 Davidson 等人(1978)的文章。他们估计了英国的消费函数。他们的函数基本保持了当时消费函数的理论基础(但按照今天的标准却是非理论的),但改进了计量技术,强调了防止在早期模型中出现的那些预测错误。他们的工作后来在不同时间得到更新,见 Hendry、von Ungern-Sternberg(1981),Davidson、Hendry(1981)。虽然他们的模型不断重新修正,但即使他们早期的版本也没有因为 70 年代许多常用模型破产而受到不良影响。而且,按照 Evans(1969)的表述,这个模型最近版本(Muellbauer、Murphy,1990)或者它的重新评价(Hendry、Muellbauer、Murphy,1990)的经济学基础,比诸如美国学者最近的各类研究,更加坚实得多。而美国学者最近研究的基本纲领仍然是找出可用于宏观经济建模的稳定的预测方程,而很少关心创立理论连贯的并且与宏观经济也与微观经济数据一致的家庭行为模型。

预期的处理

针对 20 世纪 70 年代宏观经济问题的来自美国的另一种不同反应,相当大程度上也在其他国家主导了消费函数研究。Lucas(1976)的著名批判用消费函数可以作为例证。他坚持认为文献中当作常规假设的消费和收入之间的稳定滞后关系是没有理由的。消费取决于预期的未来收入,但把过去收入和未来预期收入的关系当作经济环境不变特征是不恰当的,因为只要政策变化,或者其他足以使理性的消费者改变自己估计过去收入对未来收入预期影响方式的事件发生,过去收入和未来预期收入的关系就会变化。Lucas 批判的目标是经济政策的不当。我们不否定他的批判的重要性。但他没有解释清楚,他提出的那个特定问题为什么就应当比消费函数研究中大量别的说明错误更严重。当然,就我的了解,预期形成变化的问题在此后的消费研究中也确实没有受到高度重视。此外,Lucas 文章把经济学家的注意力长时间地转到了预期在消费决定中的作用。这样,与宏观经济学大部分其他学科一样,消费研究中也出现了合理预期研究纲领。消费取决于对收入的预期,所以,我们在为消费建模时,必须也为收入建模。而且,如果收入和消费同时建模,它们之间的关联便将成为提供检验和增强经济计量学研究效果的约束条件的丰富源泉。本章大部分内容将用于讨论这一纲领的扩展。

3.1 持久收入假说的数学表述

作为本章的第一节,本节是预备性的,作用是为考察经验证据提供理论基础。持久收入假说可以被视为一个命题:消费是现期金融和人力财富的年金价值。这个命题又是第一章建立的一般跨时选择理论的一个特例。我想首先交代持久收入命题和理论的关系,然后专门阐述持久收入假说和消费遵循(1.47)式和(1.48)式的鞅模型之间的关系。接着,我考虑一个关键问题:如果劳动收入是随机的线性自回归移动平均过程,那么,怎样才能把预期纳入到模型中并导出关于持久收入变化的公式?这些公式将理论转化成一组命题,并能够用数据检验它。

3.1.1 消费和持久收入

持久收入可能有许多的定义。要想定义精确,我们就必须选择。我选的定义把持久收入视为现期金融和人力财富的年金价值,同时消费将等于持久收入。虽然 Friedman 在其书中的不少地方明确表示他不同意这样的定义,但他在后来的著作(Friedman,1963)中对此表示了更多的理解,并提示消费者可能用一个远远高于市场正常水平的比率折现未来。年金模型需要一些特殊假定,但它具有无可比拟的优点,即和第一章的理论相连贯,所以持久收入假说的这一定义能够纳入跨时选择的一般理论框架内,而不落于某种孤立的理论中。第一章特别指出,若偏好跨时可分,二次满足函数,与时间偏好率 δ 相等的不变实际利率存在,则消费遵循鞅模型。回忆(1.47)式,应用时间前瞻公式,对于所有的 t 和 k,有:

$$E_t c_{t+k} = c_t \tag{3.1}$$

一个计划去世时不留下任何遗产的消费者,想在他生命最后时期花费完他的全部资产和收入。根据(1.6)式,他从时期 t 到 T 要实现的消费计划应当满足:

$$\sum_{k=0}^{T-t} (1+r)^{-k} c_{t+k} = A_t + \sum_{k=0}^{T-1} (1+r)^{-k} y_{t+k} \tag{3.2}$$

与先前相同,A_t 表示时期 t 的金融资产,y_t 表示劳动收入,T 表示去世时期。如果 T 无限大,零资产的终点条件将改变为 t 趋向于无限大,$(1+r)^{-t} A_t$ 的极限等于零,这个条件往往又被称为"非 Ponzi 博弈"条件。(参见 Blanchard、Fisher,1989,第 49 页)

令(3.2)式中的预期依赖于时期 t 可用的信息,考虑(3.1)式,预期消费不变,令 T 趋向于无限大,我们有:

$$c_t = \frac{r}{1+r} A_t + \frac{r}{1+r} \sum_{k=0}^{\infty} (1+r)^{-k} E_t y_{t+k} \tag{3.3}$$

如果 T 有限,年金因子 $r(1+r)^{-1}$ 就必须被 $r[(1+r)-(1+r)^{-T}]^{-1}$ 代替,但对于持久收入假说主要涉及的动态问题,这里的区别通常没有重要性。无限尺度模型的数学难度大大降低了。当然,在考虑加总时,我们必须注意生命的有限性。这个问题我将在第 5.3 节再讨论。我们也应注意,现在这个模型并不要求消费非负。这一点的最终原因是二次方的满足函数不排除零或负消费。尽管我们可以设想一个最优化的限制条件,但那么一来,模型就会变得无法求解。不过,忽视这个限制条件,模型却又可能给出荒唐的推论。我们必须记住这一可能性。在后面的第 6.1 节,我将再次考虑这些问题。

(3.3)式就是我所认为的持久收入假说。当然,它和一些文献中的形式不同。那些文献把持久收入模型和生命周期模型作为本质上相同的理论,并把所有从跨时选择理论中推导出来的模型说成持久收入假说模型。但我们这一持久收入假说版本所需要的假设(无限生命,二次方偏好,与时间偏好率相等的不变实际利率)既不是微不足道的,也不是可信的。然而,就这个方程有自己生命、就其生命独立于一般的选择理论而言,这些假定是有意义的。一个人可能干脆断言,或者起码作为工作假设,说消费是人力和非人力财富的年金价值。这样的说法非常符合 Friedman 最初研究的精神,但他不是如此定义持久收入的。Modigliani 曾经断言人们偏好于不变的消费。由于这一断言和预算约束共同导致了(3.3)式,所以,我们的持久收入假说定义和 Modigliani 非常接近。当然,这样的立场要求我们或者放弃跨时选择理论,或者承受使逻辑一致的代价即二次方效用,等等。无论哪种选择,我们都得忽视消费增长和财产收益的关系。就像在第 2.2 节讨论过的那样,我觉得很难说这是一个重大的缺陷。严重得多的问题可能是(3.3)式忽视了持久收入假说中隐含的预防性储蓄动机。对不变消费的偏好与未来的不确定性无关,它也就无法和消费者的谨慎行为相容。正是在这一点上,持久收入模型严重削弱了跨时配置的基础理论。

3.1.2 持久收入假说和消费的鞅性质

从持久收入方程(3.3)式出发,我们可以更深刻地理解(1.47)式表示的消费的鞅性质。我们用两种不同方式改写方程(3.3)式。首先,我们用财产演进方程代替 A_t,得到:

$$c_t = r(A_{t-1} + y_{t-1} - c_{t-1}) + \frac{r}{1+r}\sum_{k=0}^{\infty}(1+r)^{-k}E_t y_{t+k} \tag{3.4}$$

其次,使用(3.3)式的一个时期滞后,并用 $1+r$ 乘各项,整理收入项,得到:

$$(1+r)c_{t-1} = rA_{t-1} + ry_{t-1} + \frac{r}{1+r}\sum_{k=0}^{\infty}(1+r)^{-k}E_{t-1}y_{t-k} \tag{3.5}$$

从(3.4)式中减去(3.5)式,我们有:

$$\Delta c_t = \frac{r}{1+r}\sum_{k=0}^{\infty}(1+r)^{-k}(E_t - E_{t-1})y_{t+k} \tag{3.6}$$

消费从时期 $t-1$ 到 t 的变化在时期 $t-1$ 是不可预见的。但(3.6)式表明这一变化直接和有关收入的"新闻"相联系。时期 t 的新消息通常将促使消费者修改他先前对现期和未来劳动收入的预期,因此他预期的贴现值本身会改变。这就是新消息所欲达到的持久收入变化,而正是后者又造成了消费变化。(3.6)式右侧是鞅过程的变动,但用劳动收入来表示。这种表示方法使我们能够利用我们关于预期劳动收入的所有信息,来对消费可能发生的变化做出推论。

Hall 在其 1978 年的开创性文章中第一个检验了加总消费增长的不可预见性。他用的是带等弹性效用函数的代表性消费者模型,推导出了公式(1.50)式,并用它刻画货币边际效用的随机行为。他的那种模型不能得出(3.6)式,但能够得到和(3.6)式类似的含义,即以滞后消费为条件,用 $t-1$ 或更早时期标识的变量尤其是各个收入滞后变量,似乎对预见时期 t 的消费无所助益。

从今天的角度,我们很难想象 Hall 的同时代人对他的研究的反响。20 年来,经济学家已经把估计消费对现期和滞后收入价值的回归看成是日常工作。每个人都知道,这两个数据序列的动态变化不同,而它又意味着至少有若干滞后是重要的。当然,Hall 的回归和在他之前的学者估计的所有回归都不同,因为他的回归排除了现期收入。现期收入和现期收入的波动 $(E_t - E_{t-1})y_t$ 相关,因此无法包括在对正交性命题的检验中。不过,几乎没有经济学家,包括 Hall 本人,预见到他的检验结果是滞后收入项不显著。事实上,Hall 根据他发现的滞后证券市场价值可能预见消费变化,而放弃了他的模型。即使如此,Hall 文章中的"新闻"仍然是滞后收入与消费变化的正交性,而这一正交性确认了持久收入假说的含义,并打击了这个领域内大多数学者先前的预期。

3.1.3 收入预期的形成

我们暂时承认持久收入假说的一个含义,即滞后收入不能预测加总消费的变化。但这还不完全。根据(3.6)式,消费变化量应当是关于未来劳动收入的预期波动所要求的合意量。那么,如果了解了收入生成的过程,我们便应当能够检查这个推论。

预测收入的一个方法是把收入当成一种随机过程,尤其是线性过程来模拟。关于这种过程,我们有完善的估计、推论和预测理论。确实,不管消费者在实践中用什么方法预测他们自己的收入,我们都很难争辩说,收入的过去值不是消费理论的重要部分。所以,为了把(3.3)式表示的持久收入模型完整化,我们加上一个收入方程。暂时假定 y_t 是一种静态的自回归移动平均过程,均值为 μ,因此,如果 z_t 是从均值的偏离 $y_t - \mu$,我们有:

$$z_t - \alpha_1 z_{t-1} + \alpha_2 z_{t-2} + \cdots = \varepsilon_t + \beta_1 \varepsilon_{t-1} + \beta_2 \varepsilon_{t-2} + \cdots \tag{3.7}$$

或者使用更少的符号:

$$\alpha(L)z_t = \beta(L)\varepsilon_t \tag{3.8}$$

其中,$\alpha(L)$ 和 $\beta(L)$ 是关于滞后因子 L 的两个多项式,ε_t 是(序列无关的)白噪音过程。我们假设这一白噪音过程是高斯分布。若收入过程是静态的,

多项式 α(L) 的各根必须落在单位圆之外。对 β(L) 的同样条件保证了移动平均是可逆的。这样，收入过程可以写成自回归形式。缺乏这个形式，消费者就不可能从收入的现期值和过去值中计算出收入波动。

从一个简短的例子出发，我们能够更容易地看出自回归移动平均模型生成收入预期的方式。假如用 MA 表示移动平均，z_t 是 MA(1) 过程，参数是 β，我们有：

$$(y_t - \mu) = \varepsilon_t + \beta \varepsilon_{t-1} \tag{3.9}$$

因为 ε_t 是白噪音，可以把它看成时期 t 的收入的波动或关于收入的"新闻"，也就是说，它主导了对先前预期的全部修正。但是，时期 t 的新闻是时期 $t+1$ 的滞后新闻，因此现在的好新闻意味着不仅仅是现期收入比先前预期的高，而且也是下期收入预期的修正。如果 β 是正数，下期收入的预期将上调；如果 β 是负数，下期收入的预期将下调。由于移动平均只有一个时期的滞后，所以没有理由调整对未来更多时期的收入预期。这样，在 (3.9) 式已知时，我们有：

$$(E_t - E_{t-1}) y_{t+k} = \begin{cases} \varepsilon_t, & \text{如果 } k = 0 \\ \beta \varepsilon_t, & \text{如果 } k = 1 \\ 0, & \text{如果 } k > 1 \end{cases} \tag{3.10}$$

把 (3.10) 式的结果代入到联系了消费变化和收入变动的方程 (3.6) 式，得到：

$$\Delta c_t = \frac{r}{1+r} \left(1 + \frac{\beta}{1+r} \right) \varepsilon_t \tag{3.11}$$

从这个例子中，我们立即看到了移动平均产生的结果。(3.11) 式包括了无穷阶的情形。根据 Wold 定理，无穷阶情形可用来代表一般的静态时间序列，所以它非常重要。第一个系数 β_1 决定了现期收入变动 ε_t 在时期 t

+1 的影响 $\beta_1\varepsilon_t$；第二个系数给出了 $\beta_2\varepsilon_t$，它是对时期 $t+2$ 预期的变化，等等。因此，如果收入过程是：

$$y_t = u_t + \varepsilon_t + \sum_1^\infty \beta_k \varepsilon_{1-k} \tag{3.12}$$

对消费的合意修正将是：

$$\Delta c_t = \frac{r}{1+r}\left[1+\frac{\beta_1}{1+r}+\frac{\beta_2}{(1+r)^2}+\cdots+\right]\varepsilon_t = \frac{r}{1+r}\beta\left(\frac{1}{1+r}\right)\varepsilon_t \tag{3.13}$$

式中最后一项是滞后多项式。它定义了移动平均过程并且考虑了贴现因子 $(1+r)^{-1}$。这个公式给出了一个非常简单的规则，来通过移动平均代表的时间序列评价消费变化：简单地给移动平均项贴现，然后相加。

如果收入是一般的自回归移动平均过程，我们把这个过程简单地转换为它的移动平均过程，就可以推导出消费公式。根据(3.8)式，z_t 的移动平均等价便是 $\alpha^{-1}(L)\beta(L)\varepsilon_t$，所以，如果收入由(3.8)式生成，合意的消费变化就将由(3.14)式给出，即：

$$\Delta c_t = \frac{1}{1+r}\frac{\beta\left(\frac{1}{1+r}\right)}{\alpha\left(\frac{1}{1+r}\right)}\varepsilon_t = \frac{r}{1+r}\frac{\sum_0^\infty (1+r)^{-k}\beta_k}{\sum_0^\infty (1+r)^{-k}\alpha_k}\varepsilon_t \tag{3.14}$$

其中，$\beta_0 = \alpha_0 = 1$。

从原则上说，一旦我们估计了收入的自回归移动平均过程，就能够预报消费变化，并且把它们和实际情形相对照。

这些公式表明了劳动收入的波动怎样转换为持久收入的变化，从而再转换为消费变化。持久收入假说的意义在于它认为收入变化仅仅在其影响持久收入的范围内影响消费变化。就此而言，这些公式是持久收入假说的中心命题。我们需要探究这些公式后面的直觉。这里的重要之点是，收入波动在劳动收入过程中的影响越是持久，收入波动对持久收入的影响就越大。强持久性意味着一个时期的变动不会在后几个时期造成对立的反应,以至于双方相互抵消。相反,它的影响应当持续或者继续扩大到一个很长时间。正的自相关产生持久性:在某个方向上对均值的偏离会被后来在同一方向上的偏离所继续,使得一次波动的影响会延续到它发生的那个时期以后的很长时间。现举一个具体的例子。如果劳动收入是一阶自回归过程,参数是 ρ,$-1 < \rho < 1$ 是静态,一单位收入波动将导致持久收入变化量为 $r(1+r-\rho)^{-1}$,它随 ρ 而单调上升,当 ρ 趋近于它的上界 1 时,持久收入变化也趋近于 1。最后,这个可能性就是收入为随机游走过程的情形——对未来收入的最佳预报者是现期收入。消费者预期收入变动会永久持续下去。另一个大不相同的例子是当 $\rho = -1$ 时,收入是一个加上移动平均过程的常数,而收入变动将在下一时期被抵消。此时,消费变化为 $r^2(1+r)^{-2}$,是一时期无利息贷款的年金价值。当然,自相关和持久性可以"扎根"在上述公式的移动平均或者自回归部分内,但我们关心的持久性,则是用移动平均过程中的系数和贴现值度量的。在第 4.1 节,我将回到这里的定义和持久性度量问题中来。

3.2 消费的过度敏感性

在本节中,我将考察反对消费变化不可预报命题的若干最重要的证据。上一节说明了持久收入假说指出的消费对收入的反应方式。本节将特别评论利用上一节的结果检验这一方式是否存在的研究工作。在这些研究中,Flavin(1981)的影响很大,我就用它作为讨论后继研究的出发点。

3.2.1 Flavin 对过度敏感性的检验

Flavin(1981)的重要文章第一个执行了利用预期公式并检验它们含义

的任务。她在文章中考虑的零假设是表现为公式(3.6)式,并且和支配劳动收入过程的自回归规定联系在一起的持久收入假说的正确性。所谓的自回归规定可以写成两个方程:

$$\Delta c_t = \gamma + \theta \varepsilon_t$$
$$\alpha(L) y_t = \varepsilon_t \tag{3.15}$$

在这里,我在消费变化方程中加了一个偏离或者生产率增长项 γ。参数 θ 是合意的消费变化。如果(3.15)式正确,应用(3.14)式,我们能够得出 θ。注意,分子中的 β 多项式在本例中就是简单的 1。Flavin 把她的季度数据变成 8 阶的滞后。我在这里将仅仅考虑 2 阶的滞后,以便避免数学的复杂化,而又不至于遗漏任何重要的东西。

Flavin 所研究的假设,即"过度敏感性"假设,是(3.6)式的重要的一般化形式。它考虑了消费对现期和滞后收入变化的反应,并允许这些反应或多或少地不同于持久收入假说所要求的水平。她的扩展模型是:

$$\Delta c_t = \gamma + \beta_1 \Delta y_t + \beta_2 \Delta y_{t-1} + \theta \varepsilon_t + u_t$$
$$y_t = \alpha_0 + \alpha_1 y_{t-1} + \alpha_2 y_{t-2} + \varepsilon_t \tag{3.16}$$

其中,β_1 和 β_2 是过度敏感性参数。新出现的误差项 u_t 代表消费变化的度量误差,消费者可能有一些关于持久收入的信息,但对收入的自回归规定无法捕捉这些信息。这些信息的影响也由 u_t 来代表。下面我们将发现,我们有更好的方法来处理这些高级信息(Superior Information),所以不妨把 u_t 视为纯粹的度量误差。Flavin 让 u_t 和表示收入过程变动的 ε_t 相关。正如我们将指出的那样,这一相关关系对模型的识别问题产生了重要后果。

作为对过度敏感性参数的各个 β 项的说明,在后继文献中出现了一些混乱。显然,若持久收入假说正确,β 项应当是零。然而,若 β 不等于零,例如是正数,消费对收入变化的反应,将大于收入变动所应当导致的合意消费变化。注意,这一点和消费对收入变动过度敏感不是同一件事。根据过度敏感性假设,消费甚至会对可预见的收入变化(Change in Income)起反应,但其时收入波动(Innovation in Income)为零。确实,由于回归中已经允许不可预见的收入成分,那么,通过引入实际收入变化而捕捉到的收入效应是可预见的收入成分。度量过度敏感性是度量消费对先前可预见的收入变化的反应程度。

方程组(3.16)形成了关于消费变化和劳动收入水平变化的两方程联立体系。收入方程本身已经是一种简约形式,我们可以通过代入收入方程到消费方程得到后者的简约形式。方程体系转换为:

$$\Delta c_t = (\gamma + \beta_1 \alpha_0) + [\beta_2 - \beta_1(1-\alpha_1)]\Delta y_{t-1} - \beta_1(1-\alpha_1-\alpha_2)y_{t-2} + u_t + (\beta_1+\theta)\varepsilon_t$$
$$y_t = \alpha_0 + \alpha_1 \Delta y_{t-1} + (\alpha_2+\alpha_1)y_{t-2} + \varepsilon_t \quad (3.17)$$

很容易看出,这个体系能够准确识别。参数 α 可以从收入方程中识别。一旦这些参数已知,参数 β 就能够通过消费方程确定。但也需要注意,由于我们允许 u_t 和 ε_t 相关,联立方程组的误差结构有一个不受约束的方差—协方差矩阵,因此参数 θ 是不可确定的。而不管消费变化是度量误差引起还是高级信息引起,只要消费变化有二阶波动,我们就不再能够发现消费对收入变动的反应,也无法检查消费反应是否符合理论预见。θ 是最令人感兴趣的参数之一。所以无法确定 θ 是一件令人沮丧的事情。但我在这里还是像 Flavin 那样,暂时把这个问题放到后面去。

我们可以估计方程组(3.17)并检查它的过度敏感性。确实,由于这个方程组能够准确识别,由于相同的变量都出现在两个方程的右侧,所以对其中任何一个方程的估计来说,充分信息的最大似然法和普通最小二乘法是等价的。第一个方程是消费变化对滞后收入的回归。这里有两个滞后量，在 Flavin 原文中有 8 个滞后量。从原理上说，这里对过度敏感性的检验，和 Hall 对消费变化和滞后收入之间的正交性检验是相同的。可是 Flavin 和 Hall 不同，她注意消费变化，但不注意消费水平，并把滞后消费系数限定为 1。这个限定条件隐含在我们对持久收入假说的表述中。如果这个限定条件正确，Flavin 的检验便可能更加有效。

在实践中，方程组(3.17)并不能像看上去的那样被估计，如果我们不像我在这里介绍的那样扩展理论，它肯定无法估计。我们碰到的直接困难是，收入的自回归和预期公式都假定了收入的静态过程。但就如图 3.1 显示的那样，劳动收入有其趋势，用模型把它描述成静态过程是荒唐的。在本章后面部分我还要强调这一点，并且指出这里的公式可以扩展为研究非静态的过程。然而，Flavin 对待这个困难的方法，是用指数时间趋势去配合消费和收入，并在回归中用消费和收入的余量代替消费和收入本身。她的做法在理论上和经济计量技术上都值得商榷。我在本章也会再讨论这些问题。

Flavin 应用的数据是从 1949 年第三季度到 1979 年第一季度的非耐用品消费，不包括耐用品和劳务。她在消费方程中用 8 个滞后收入和 8 个过度敏感性参数，来估计(3.17)式的非趋势形式。她发现如果排除过度敏感性参数，对整个方程体系的对数似然估计将下降 27.02。如果持久收入假说准确，这就是自由度为 8 的 χ^2 分布的随机游动，与此联系的概率小于 0.5%。对第一和第二两个 β 系数的估计值(标准差)分别是 0.355(0.275) 和 0.071(0.036)，对第一和第二两个 α 系数的估计值(标准差)是 0.964 (0.092) 和 0.069(0.126)。在这里，β_2 系数是正数，统计学上显著。这个系数联系的是消费变化和收入的滞后变化。当我们把上述 4 个系数估计值代入到(3.17)式,我们发觉 β_2 系数和理论的矛盾最为严重。收入的自回归显示上期收入可以在正方向上预报本期收入变化,因此过度敏感性结果可以解释为我们发现的另一个结果,即消费对可预期的收入变化起反应。注意,这些发现和 Hall 的发现不同,因为 Hall 没有发现消费和滞后收入之间以滞后消费为条件的关联。Flavin 和 Hall 不同的原因部分在于样本时期的选择。Hall 的选样时期开始和结束的都比较早,并且包括了第二次世界大战刚刚结束时期的数据。而后者对他的收入过程估计可能有重要影响(参见 Nelson,1987)。另一方面,Flavin 使用的滞后量比 Hall 多,她在用消费的一阶差分工作时,还有效地把滞后消费系数限制为 1。

Blinder 和 Deaton 在研究中所使用的数据,也可以产生与 Flavin 的发现非常相似的结果。把他们从 1953 年第二季度到 1984 年第四季度的消费和收入数据分别非趋势化,对 1954 年第一季度到 1984 年第一季度数据求回归,我们得到消费方程:

$$\Delta c_t = 0.004 + 0.147 \Delta y_{t-1} - 0.004 y_{t-2} \qquad (3.18)$$
$$\quad (0.4) \quad (3.19) \qquad (0.47)$$

为估计收入方程,令 Δy_t 为因变量,移项得到:

$$\Delta y_t = 0.025 + 0.417 \Delta y_{t-1} - 0.025 y_{t-2} \qquad (3.19)$$
$$\quad (1.54) \ (5.17) \qquad (1.56)$$

消费变化方程的 F 值是 5.36,与此相联系的 p 值是近似于 0 的 0.006,所以滞后收入变化的 F 检验值和 t 检验值对过度敏感性证明的方式,和 Flavin 的证明方式大体相同。虽然(3.19)式做了移项,而且参数估计值由于取样时期不同而相应地有所差别,但这里的收入方程和 Flavin 的收入方程是相同的(从方程两侧减去滞后 y)。然而,在这两种估计中,自回归参数都加到了密切接近于 1 的某种东西上,因此,即使经过非趋势化,收入序列也接近于非静态。此外,(3.19)式还非常清楚地表明了一个时期的收入变化怎样预报下一个时期的收入变化,而(3.18)式则表明了这些可预报的变化怎样影响消费。

持久收入假说不能通过过度敏感性检验的原因也许不少。下面我将讨论其中若干原因。最为人们所提及的原因可能是至少有部分消费者不能够借到他们所希望的那么多钱来消费。这又怎样造成过度敏感性呢?我们假设这样一个消费者获得了新信息,例如任期评估委员会对一位助理教授做出了正面的评价,或者农民看到今年的庄稼比预期的长势好得多,他们将相应地提高对自己未来收入的预期。此时,持久收入假说要求消费现在就增加,而不必等到新增收入实现的时候。但只有在这个消费者有一笔基金可用时,增加现在消费的想法才可能实现。如果他的现款不多,如果放款人因为他缺乏可变现的实物抵押品而拒绝贷款,那么,这位助理教授或者农民就得等到收入增长到手的时候再增加消费。如果这样的话,他们的消费将因为先前预期的收入增长而提高,此时,经济计量学家就观察到了过度敏感性。

3.2.2 过度敏感性和非静态收入

对 Flavin 研究结果的一种可能解释是理论也许没有发生错误,但经济计量学方法错误地把结论引导到拒绝持久收入假设。Flavin 的非趋势化处理程序尤其引起了广泛的注意。从纯粹的经济计量学观点看,我们要问的是,这一程序能否造成虚假的过度敏感性。下面给出的例子虽然可以追溯到 Flavin 实际上已经做的工作,但初创的观点却属于 Mankiw、Shapiro(1985)。

假如持久收入假说正确,(3.15)式便正确。收入遵循自回归过程,消费仅仅反映收入的变动。进一步假设收入是一种随机过程：

$$\Delta y_t - \mu_g = \rho(\Delta y_{t-1} - \mu_g) + \varepsilon_t \tag{3.20}$$

注意它和(3.19)式的估计过程非常相像。(3.19)式配合的是非趋势化数据。但(3.19)式只是在其趋势上下才是静态的。多项式 $\alpha^{-1}(L)$ 的根是 0.49 和 0.91。在(3.20)式里，劳动收入的一阶差分才是静态的。因此，劳动收入本身是"差分静态"或者阶数为 1 的积分。用单位根代替(3.19)式的根 0.91，收入趋势可以部分地归之为偏离项 μ_g，部分地归之为依赖于白噪音积累的积分序列所特别表现出来的至少事后类似于趋势的行为。

如果收入像(3.20)式那样是非静态的，我们就必须讨论适当的预测规则和消费公式。然而，我们暂时假设消费仅仅对劳动收入的变动起反应，所以我们的整个模型是(3.20)式和(3.21)式：

$$\Delta c_t = \gamma + \theta \varepsilon_t \tag{3.21}$$

其中，θ 是可以导出的某个量。经济计量学家将依据类似 Flavin 的回归方程形式来做回归，即：

$$\Delta c_t = \beta_0 + \beta_1 \Delta y_{t-1} + \beta_2 y_{t-2} + \beta_3 t + u_t \tag{3.22}$$

其中，t 是时间趋势。时间趋势用在这里是为了模仿 Flavin 应用的非趋势化程序。尽管她在求回归前对消费和收入做了非趋势化处理，但把时间趋势包括在回归中将产生完全相同的作用。一般说来，应用非趋势化变量将和应用原始变量并考虑时间趋势的做法得出的结果是相同的。在(3.21)式中，消费变化在建模时便没有时间趋势，这样，我们可以想象非趋势化也没有作用。由于时间趋势的一阶差分是常数，线性地非趋势化的序列的一阶差分和原始序列的一阶差分的差异仅仅是一个常数。因此，(3.22)式中的两个滞后收入变化的系数，应当和 Flavin 应用她的线性(而不是指数)非趋势化程序得出的系数完全相同。

我们来观察这一点。考虑蒙特卡罗(Monte Carlo)实验。用(3.20)式生成长度为124(等于实际数据量)的虚拟劳动收入序列数据,其中最先两个数据值是1953年第三季度和第四季度的实际收入数据,同时利用μ_g和ρ的实际估计值,并把收入波动视为独立同分布$N(0,\sigma^2)$,σ是方程标准差的估计值。所估计的方程是:

$$\Delta y_t = 8.41 + 0.44\Delta y_{t-1}; \tilde{\sigma} = 25.3 \tag{3.23}$$
$$\quad\quad (3.3)\ (5.4)$$

消费变化要视为其实际样本均值13.1加上以θ为乘数的收入波动。虽然我们还不知道θ应当取什么值,但由于θ仅仅决定了消费序列的比例或者说回归实验中系数的比例,所以它的取值大小对这些实验不起作用。它也不会影响t或F检验值。我把θ定为1,并且重复这个实验1 000次,便得到了表3.1的结果。

表3.1   关于过度敏感性检验的蒙特卡罗结果

$\lvert t(\Delta y_{t-1})\rvert$	拒绝	$\lvert t(y_{t-1})\rvert$ [1]	拒绝	F	拒绝
1.04	0.14	1.33	0.21	3.51	0.43

注:模型定义见正文。统计量是用1 000个重复样本计算的。第一栏是对滞后收入变化的t检验所取的绝对值的平均数,第二栏是系数显著地不同于5%零假设的系数的比重,第三栏和第四栏与第一栏、第二栏相同,但对应的是二阶滞后收入变化。第五栏和第六栏则分别为平均F检验值和两个过度敏感性参数为零的拒绝频率。

表3.1报告了估计方程(3.22)所得到的统计量,特别是关于每一个收入变量的过度敏感性的t值。表中还有对整体过度敏感性检验的结果,这是让两个系数联合为零的F检验。由于零假设正确,所以结果表明经济计量问题确实存在。整体的F检验应当出现的拒绝是5%,但实际拒绝了43%。对个别变量的t检验值虽然没有超出范围太远,但仍然拒绝了14%

----

〔1〕原文如此,疑为$\lvert t(\Delta y_{t-2})\rvert$。——译者注

和 21%，而不是正确的 5%。因此，持久收入假说显然可能是正确的，参数与在数据中实际出现的情形非常相像，而对过度敏感性的检验却可能拒绝了过度敏感性。

这里出现的问题根源在哪里？为什么看上去很明白的普通最小二乘法回归的结果这么糟糕？问题的根源是积分回归因子 y_{t-2} 和时间趋势共同出现在回归方程右侧。虽然回归参数的估计值并不矛盾，但标准的渐近推断理论不能一般地应用于有积分回归因子的场合。而表 3.1 的结果正显示了对于那里的样本，渐近推断原理的失效是个实际问题。

不过，即使如此，这些单位根问题也不能说明实际发现的过度敏感性。首先，蒙特卡罗实验虽然可以被解释以反映实际数据，但并不能得出与 Flavin 类似的结论。滞后收入变化和二阶滞后收入变化的估计系数都明显是负的。消费变化和滞后收入变化之间没有任何正相关的迹象，而它们的相关却又是实际数据的强烈特征。对此可见(3.18)式。其次，我们也有另外一些过度敏感性检验，它们和单位根问题无关。例如，以消费变化对收入的滞后变化做回归，可以得出：

$$\Delta c_t = 11.39 + 0.121\Delta y_{t-1} \tag{3.24}$$
$$\quad\quad\;(9.7)\quad(3.2)$$

若持久收入假说成立，回归方程两侧的变量就将是静态的。消费变化之所以是静态的原因，在于它是随机游走的一阶差分，而收入变化静态是因为收入本身被假定为一阶积分。因此，解释 t 统计值时不会出现困难，我们将又一次获得 Flavin 的结论，即消费变化可以用滞后收入变化来预测，但这一结论与持久收入假说是矛盾的。

Stock、West(1988)提出了另一个渐近有效的程序。他们为此而考虑的回归方程形式是：

$$c_t = b_0 + b_1 c_{t-1} + b_2 \Delta y_{t-1}^d + b_3 y_{t-2}^d + u_t \tag{3.25}$$

其中，y_t^d 表示可支配收入，它是劳动收入和资产收入之和。从本质上说，(3.25)式是 Hall 那篇开创性论文使用的回归方程。定义 s_t 为可支配收入与消费之差：

$$s_t \equiv y_t^d - c_t \tag{3.26}$$

(3.25)式可重写成：

$$c_t = b_0 + (b_1 + b_3) c_{t-1} + (b_2 - b_3) \Delta y_{t-1}^d + b_3 s_{t-1} \tag{3.27}$$

就像我要在下一节详细探讨的那样，持久收入假说意味着储蓄的静态，或者用时间序列的词汇来表述，消费和可支配收入是"协整"的。因此，若持久收入假说正确，(3.27)式右侧最后两个变量是静态的。Sim、Stock、Watson(1990)证明了，甚至在使用积分回归因子的回归方程中，就如同(3.25)式和(3.27)式那样，滞后消费被积分，或者再把时间趋势包括起来，标准的渐近理论也可以应用于当作静态变量的系数的参数。仔细观察(3.27)式可发现，b_2 和 b_3 是过度敏感性参数。它们满足静态变量系数这个标准，因为 b_3 是储蓄的系数，$b_2 - b_3$ 是可支配收入变化的系数，而储蓄和可支配收入都是静态的。所以，就这两个参数而言，我们能够像通常一样，可靠地应用(3.25)式或(3.27)式来检验过度敏感性。可是，我们在这里面对的情形有些反常。我们希望增加滞后消费的系数为 1 这个有效的约束来提高检验效率，但这一做法却会改变估计值的渐近分布。Stock 和 West 使用蒙特卡罗实验表明，就实践中处理常见规模的样本而言，我们的方法似乎足以行得通。这一方法得出的结果和先前结果相同：可支配收入滞后变化的系数为 0.12[比较前面的(3.24)式]，t 值是 3.6，二阶滞后的可支配收入作用显著，系数是 0.088(5.5)。对过度敏感性的总体 F 检验值是 44.5，非常强地拒绝了假定。

3.2.3 过度敏感性和消费的时机

虽然单位根问题不是过度敏感性的原因,但我们仍然看到其他可能的解释。解释之一认为,我们其实没有任何理由假设,我们用来计算的季度或年度数据,与消费者的决策所针对的时期是相应的。如果我们的数据是若干决策时期的平均数,我们就会遇到特殊的困难。

例如,假如数据是逐年收集的,但消费者每半年做一次决策。那么,我们所得到的诸如消费变化 Δc_t^* 和实际消费变化便有关系:

$$\Delta c_t^* = c_\tau + c_{\tau+1} - c_{\tau-1} - c_{\tau-2}$$
$$= \Delta c_{\tau+1} + 2\Delta c_\tau + \Delta c_{\tau-1} \qquad (3.28)$$

其中,下标 τ 表示半年周期,且 τ 指第 t 年的第一个半年。上一期收入变化的相应公式为:

$$\Delta y_{t-1}^* = \Delta y_{\tau-1} + 2\Delta y_{\tau-2} + \Delta y_{\tau-3} \qquad (3.29)$$

因为 τ 相应于 t,$\tau-2$ 显然相应于 $t-1$。如果持久收入假说正确,那么,(3.28)式右侧的消费变化将有一些波动,而与先前的信息包括先前的收入变化没有相关关系。然而,时期 $\tau-1$ 出现在(3.28)式和(3.29)式两式中。因此,如果 $\Delta y_{\tau-1}$ 总是和其自身波动正相关,如果 $\Delta c_{\tau-1}$ 应当和收入波动成比例,那么,消费的年度变化和前一年的收入变化就应当正相关,就像数据显示的那样。当然,消费者的计划所针对的时期区间可能是任意的,在极端情形下甚至是连续的,一旦获得新信息,觉得需要修改计划,消费者就会修改。可是,连续决策情形下的基本点和这里的分析相同。如果计划时期比数据收集时期短,便有可能出现假的正相关。Christiano、Eichenbaum、Marshall(1991)发现,如果假设计划是连续的,并适当地修正来自季度数据的估计值,过度敏感性就会缓解。

在时间序列数据中,邻近两个观察值是一阶差分。时期内的平均问题将会造成邻近观察值的假相关。但在相距两个或更多时期的差分之间,比如 Δc_t 和 Δy_{t-2},或者与更先前的变化之间没有交迭。所以,由于 Δy_{t-1} 和 Δc_t 的假相关,回归方程(3.24)会导致不一致的估计值,但 Δy_{t-2} 没有这样的问题。因此,我们可以把它当作第一次滞后,或者当作工具变量。把滞后两期或更多时期的变量工具化的另一个优点是它能够容许可能的消费度量误差,也就是说,容许暂时性消费。若消费满足持久收入假说,但其观察值加上了白噪音误差,消费的一阶差分将应当是持久收入波动加白噪音的一阶差分。但这会造成移动平均误差,其滞后部分可能会与滞后收入相关。同样的可能性也出现在白噪音暂时性消费上,它在很多方面等价于度量误差。

把 Δy_{t-2}、Δc_{t-2} 作为工具变量(后者将在下一节进一步讨论,这里需要注意的仅仅是它的二阶滞后,这使它成为有效的工具变量),我们重新估计(3.24)式并得到:

$$\Delta c_t = 10.63 + 0.174 \Delta y_{t-1} \tag{3.30}$$
$$\quad\quad (6.83)\ \ (2.18)$$

可见,使用工具变量会降低显著性,在这里也是如此。显然,即使我们把可能的消费时机问题与暂时性消费问题考虑进来,我们仍然能够看出过度敏感性的存在。消费变化和滞后收入变化的正相关既无法用消费时机,也无法用暂时性消费或度量误差所产生的移动平均误差来解释。

考虑消费变化对当期收入变化的回归,我们也可以(而且可能更自然地)检验过度敏感性。使用上面介绍的同样方法,令消费变化和至少滞后两阶的收入变化作工具,用工具变量法来估计,我们得到的相应模型的回归方程是:

$$\Delta c_t = \gamma + \beta E_{t-1} \Delta y_t + \theta \varepsilon_t \qquad (3.31)$$

式中的 β 表示消费对预期收入变化的过度敏感性。用实际变化替代预期变化,并用 $t-1$ 时的所有信息中的某一项作工具,我们能够估计 β。β 的显著性可以用来检验过度敏感性。同时,如果令所有滞后变量仅仅显现为预期收入变化的形式,那么,只要工具变量事实上如此发挥作用,我们就能够获得一种有力的检验。变量工具发挥作用的方式反过来又可以通过计算识别检验来验证。后一个检验的建立是比较(3.31)式和一个没有限制的最小二乘法回归式在消费变化对所有工具变量的回归上,哪一个公式更合适。

显然,由于时期平均问题,工具变量需要多滞后一个时期。但估计方法本质上是 McCallum(1976)年提出的初始理性预期方法。Campbell、Mankiw(1989,表 1)估计了这一类过度敏感性模型。他们从两期或多期滞后消费和收入变化以及实际和名义利率等变量中,选取了多种工具变量组合。他们的数据从 1953 年第一季度到 1986 年第四季度。根据这些数据,他们又一次发现了过度敏感性的存在。就他们选择的工具来说,他们的结论是强有力的。Campbell、Mankiw(1991)还针对 6 个国家进行了相同的工作。这些国家是美国(数据从 1953 年第一季度到 1985 年第四季度)、英国(数据从 1957 年第二季度到 1988 年第二季度)、加拿大(数据从 1972 年第一季度到 1988 年第一季度)、法国(数据从 1972 年第一季度到 1988 年第一季度)、日本(数据从 1972 年第二季度到 1988 年第一季度)和瑞典(数据从 1972 年第二季度和 1988 年第一季度)。他们论文的表 2 显示,除了日本,所有其他国家的 β 是正数且显著不同于零。对日本来说,Campbell 和 Mankiw 的模型既没有能够预见收入也没有能够预见消费。其他文献也报道了针对美国发现的过度敏感性结论。但日本似乎总是例外。那里的总消费变化至少部分地可以用预测收入变化的变量来预测。Jappelli、Pagano (1989)在一次独立的研究中也针对瑞典、美国、英国、日本、意大利、西班牙和希腊得出了类似的结论。他们并且注意到在过度敏感性参数大小和信贷市场不完全性的各种度量之间存在着跨国的相关性。

3.2.4 过度敏感性、耐用消费品和消费习惯

如果修改偏好含义,使之容纳耐用消费品或消费习惯,我们便能够解释消费变化和滞后收入变化的相关性。令每一时期的效用是习惯存量或者耐用品存量的函数,保持效用为二次函数、实际利率不变并等于时间偏好率等假定,那么,效用函数中出现的其他变量而不是消费将应当表现为鞅过程。在1.3节,我们指出效用取决于量 $\alpha c_t + \beta S_t$,其中 S_t 是耐用品或习惯的存量。它的变化路径是 $S_t = (1-\theta)S_{t-1} + c_t$,因此 $\alpha c_t + \beta S_t$ 是鞅。把(1.62)式重写出为:

$$(\alpha+\beta)\Delta c_{t+1} = \alpha(1-\theta)\Delta c_t + u_{t+1} - (1-\theta)u_t \tag{3.32}$$

其中,u_t 是一种波动。注意参数 θ 度量的是存量的折旧。所以,如果耐用品减少或者习惯减弱的速度很慢,(3.32)式中的移动平均项将有重要性。以(3.32)式为前提,各时期消费变化不再是与自身序列无关的。同时,由于 u_t 由收入波动决定,消费变化也不再和滞后收入变化无关。Δc_t 和 Δy_{t-1} 在数据中体现出来的正相关显然可以用习惯形成来解释。在 Blinder-Deaton 的数据中,(3.31)式的 β 被估计为 0.36,t 值是 2.2。估计应用了工具变量方法,并把两期滞后的消费和收入变化作为工具。然而,若(3.32)式正确,滞后消费变化应当纳入回归方程。如果这样做的话,用同样的两期滞后工具重新估计方程,就不再能够得到过度敏感性结论。这里的原因主要是预期的收入变化和滞后的消费变化高度共线性,因此它们

的参数没有一个能够恰当地估计出来。

考虑"纯粹"的耐用品。此时参数 α 为零,因此只有存量 S_t 出现在效用函数内。Mankiw(1982)研究了这一状况。假如耐用品和非耐用品以及劳务清晰可分,效用函数就可以仅仅用于耐用品。如果这样的话,那么,根据(3.32)式,耐用品购置的变化应当显示出负的一阶自相关。但 Mankiw 发现,与非耐用品和劳务的购买类似,耐用品的购置本身也像是个鞅。在 Blinder 和 Deaton 的数据里,耐用品购置变化的一阶自相关是－0.02。若考虑鞅性质,则耐用品的行为和耐用品存量之鞅性质的关系,比起非耐用品与劳务和消费流之鞅性质,甚至更不清晰。然而,我们有理由假设还有其他因素在耐用品问题上发挥作用。Bertola、Caballero(1990)的论文说明,个体层次上的非凸和不对称的调整成本怎样导致总量缓慢和长时间地调整。Caballero(1990a)还独立指出,在比单个季度明显地长很多的时期内,耐用品购置变化的时间序列数据显示出负的自相关。这个发现和成本调整模型的预言是一致的。

在解释非耐用品和劳务数据时,习惯形成比消费品耐用性更有优点。在 Blinder 和 Deaton 的消费序列数据里,一阶自相关系数是正的(0.27)。这个数字本身和习惯、和时间加总、和这两者的若干组合没有矛盾。Heaton(1990)开展了一项复杂的工作,试图区别这些不同因素各自在说明数据的时间序列性质时的作用。和 Ermini(1989)一样,他注意到季度消费变化呈正的自相关;而月消费变化不同,呈现出负的自相关。这样的现象可能是假的,是由于数据构造方式造成的,对此参见 Wilcox(1991)。但这一现象却和独立误差的存在或者暂时性消费一致,因为这两者的方差都会经由跨时间的加总而缩小。不过,如果计划区间短于一个月,则这一现象和作为鞅的消费是有矛盾的,因此该现象不支持 Christiano、Eichenbaum、

Marshall(1991)提出的连续计划思想。如果消费者的计划周期短于一个月,如果他们按理论办事,时间加总将会使按月和季两者计量的消费变化出现正的自相关。Heaton 建议使用另一种模型,其中存量来自于消费者购买支出的积累。习惯不是通过购买,而是通过使用商品存量而增强。效用则与存量正相关、与习惯负相关。在这样的模型里,由于相邻时间的购买是高度替代物,所以消费品的耐用性在短期内起重要作用,但随着观察区间的延长,习惯将变得重要起来。

3.3 消费和持久收入:初步总结

根据持久收入假说,消费是预期的人力和金融资源之和的年金价值。本章检验了持久收入假说的这一正式表述。持久收入假说的模型和本书第一章建立的一般跨时选择理论一致。但它是一种特殊情形,要求时期效用函数为二次函数、实际利率不变且等于时间偏好率。和选择理论一致是持久收入模型的有利特征,它使持久收入模型免于特殊模型常常会发生的内在矛盾;但它不幸地又使这个模型需要特殊的假设。资产实际收益变化会造成跨时替代,但持久收入假说抽象了这一事实。不仅如此,更严重的是,它所需要的二次型偏好引出的确定性等价,排除了任何预防性储蓄动机,从而限制了它的应用。当然,在过去的 30 年里,这个模型始终是宏观经济学家解释和理解总消费行为的基本工具。

持久收入假说同时也是探讨理性预期对消费影响的方便手段。前瞻的持久收入消费者的消费尤其应当遵循鞅过程,因此,未来消费变化在当前应当是不可预测的。但本章的大部分内容讨论的实证研究不支持这一命题。这些实证研究指出,该命题对美国以及其他地方的总量时间序列数据不成立。这些研究遇到了大量有趣的经济计量学问题，它们都是因检验该命题而出现的。这些研究的结论几乎不可能是人造的统计技术产品。实证研究结果对于宏观经济政策、福利含义等的重要性当然还需要争论。实践和理论预言的偏离不算小。预期收入变化不应当影响消费，但非耐用品和劳务的实际消费大约有 30%～40% 是由预期的收入变化引起的。当然，这些可能是消费时机问题，而非数量问题。经济学家在消费和收入的长期关系上很少存在异议。不过，如果宏观经济政策制定者希望用税收来微调经济，理论和实证研究的不吻合的程度，肯定就足以让不同的经济学家的政策建议之间出现严重的区别。而用税收工具微调经济虽然在美国由于政治制度的限制很少具有可行性，但在大多数其他国家却是可行的。

相反，福利计算提示我们，过度敏感性虽然表示出对最优化的偏离，但偏离的效用成本却微不足道。这一点至少在代表性消费者的研究框架内是成立的。Cochrane(1989) 有力地陈述了这一观点，并且亲自进行了计算。他的基本思路认为持久收入假说的缺陷是消费时机缺陷，消费变化出现得太早或太迟，可是没有完全消失。我们知道，由于效用损失仅仅取决于二阶效应，消费的起伏一般不会造成很大的福利损失。例如，某些消费者为了降低消费的变动性而放弃的部分消费，相当于用相对避险系数的二分之一，乘上变动系数，再求其平方所得到的消费变动程度的下降。对此可见诸如 Newbery(1989)。同时，如同我们已经了解的，总消费不是很容易发生变化的，所以最优配置也几乎不能改善什么。事实上，Cochrane 计算出，假设一个合理的避险系数，一个用 Flavin 的数据定义的环境和该环境中的代表性消费者，则把消费等同于收入的效应损失大体上落在每季度仅仅 0.10～1.00 美元之间。不过，值得注意的是，预期效用理论仅仅把很低很低的成本归因于消费可变性这一事实，不能够让每个人都满意。我们看到这个世界上建立了许多制度来减少风险,许多个人(甚至国家),尤其是农民和其收入依赖于初级产品价格的国家,经常地高声抱怨他们收入的可变性。对收入可变性的抱怨常充当收入补贴要求的幌子,而收入稳定政策的费用与根据标准经济理论计算出来的费用相比是太高了。当然,也有可能是理论需要修正。

与成本估计相联系的另一个重要问题,是这些估计建立在代表性消费者的基础上。我们很难了解这些估计对普通的个人有什么含义。虽然某个个人消费的可变性比平均的可变性要强,但这一点对我们说明怎样把 Cochrane 的估计转用到微观层次却没有什么帮助。确实,对于本章讨论的所有文献来说,加总问题是一个严重的问题。但我们远远没有搞清,过度敏感性问题是个人行为的问题,还是从个人行为到总量行为过程中的问题。在第五章中,我将回到这个问题上。那时,我将报告一些经验证据,表明 Cochrane 估计的低成本,确实可以转用到个体家庭的层次。

但在第五章之前,我想从本章自由地转到另一个题目上。本章第一节花了很大篇幅推导了一些公式。这些公式利用理性预期理论预测消费应当变动多少,以便对关于收入的新闻做出反应。这些公式虽然在 Flavin 的论文里已经推导出来,可是 Flavin 没有使用和检查它们。但它们是了解消费是否如持久收入假说预言的那样变化的关键之一。下一章就来讨论这个问题。

第四章

消费的易变性

　　持久收入假说的一个核心思想是经济主体在决定消费多少的时候考虑到未来情形,并且利用他们在决策时可能利用的所有信息。我们在第三章看到,虽然没有得到数据分析的全面支持,但这样一种假说仍然对跨时消费的性质做出了有力的预言。不过,数据分析主要关心的始终是该假说的否定性预言,即消费变化与滞后信息无关。但持久收入假说也应当提供有关消费应当怎样的肯定性预言。如果我们能够说明如何从被度量的收入引申出持久收入,我们也应当能够根据收入行为预期消费行为。确实,持久收入假说被用来解释而且也确实被设计以用来解释的最重要的事实是,消费比收入更少波动。

　　第三章引出的公式(3.14),说明已知收入波动、消费将有多大变化。但在资料分析中,我们没有研究该公式的结论。Flavin 的文章也包含了类似的公式,但她使用的补充假设促使她去检验消费变化和滞后收入的正交关系。她没有检验实际消费变化是否等于收入波动应当导致的合意水平。

所以,持久收入理论是否精确地预期了消费变化方式的问题并没有解决。本章将讨论这个问题。这个问题有三个方面。首先,在第 4.1 节,我们将进一步思考消费行为,思考持久收入和度量收入的关联,尤其是放宽收入为静态过程的假设。在这之后,我们就能够在 4.2 节探索持久收入理论要确切地引出消费比收入更平滑的预言所需要的条件。然而,第 4.1 节和第 4.2 节都做了一个不大可信、但接近一般化的假定,即消费者的预期和经济计量学家的预期相同。事实上,消费者对自己未来所知道的,几乎肯定比经由虽然精巧、但机械的预期公式引申出来的更多。第 4.3 节将讨论如何把消费者的信息优势结合到对持久收入假说的经验检验中,如何得到关于持久收入假说是否与消费那么明显地比收入平滑的事实一致的判断。

4.1 度量收入和持久收入

4.1.1 预测非静态收入

如果我们承认劳动收入非静态,那么,我们的第一个任务便是说明怎样预测收入和怎样计算消费变化。我们有两种方法来完成任务。第一种方法几乎完全不需要我们自己工作,我们跟随 Flavin,假定劳动收入在短期中是围绕确定性趋势的静态收入,即"趋势静态"。这样,我们写出方程:

$$y_t = \psi(t) + \tilde{y}_t \tag{4.1}$$

其中,$\psi(t)$ 是某种事先确定的非随机的时间函数,例如指数和线性趋势线。由于该函数是确定性的,我们可以事先做出完全的预期,所以对预期的修正将仅仅涉及偏离趋势的数据,而不涉及趋势本身。因此:

$$(E_t - E_{t-1}) y_t = (E_t - E_{t-1}) \tilde{y}_t \tag{4.2}$$

由于 $\tilde{y}_t$ 是静态的,所以能够用模型表现为 ARMA 过程,而消费公式(3.14)无需进一步改动就能继续应用。

第一种方法如此简单,为什么还要考虑更复杂的第二种方法呢?这里的原因是确定性趋势模型在许多方面不可信。尽管对它的可信度没有举行过专业人员的民意调查,尽管很难甚至不可能用统计结论来解决它,但我和其他许多学者都觉得很难相信收入和某一个非随机时间函数相关。这里最有说服力的做法也许是了解对未来收入预期的准确性是否会随时间的延长而下降。例如,即使利用更全面的信息,使用更完善的分析,对20年后收入的预期是否必然比对5年后收入的预期更不可靠呢?根据确定性趋势方程(4.1)式,结论是不会更不可靠。收入与其固定的趋势相联系并且不会偏离很远,而趋势本身不存在不确定性。这个观点难以令人相信,所以我们必须考虑不含有此类意思的其他方法。

一个这样的方法是在第三章内已经介绍的差分静态或者积分过程。依照这个方法,收入的一阶差分是静态的,因此,如果我们采用移动平均过程,便有:

$$\Delta y_t = \mu_g + \sum_{0}^{\infty} \beta_k \varepsilon_{t-k} \tag{4.3}$$

其中,μ_g 表示趋势变化或移动比率,β_0 被视为1。为下面阐述的方便,这里应注意(4.3)式是一个如同(3.8)式那样的自回归移动平均过程,尽管那里的多项式 $\alpha(L)$,即这里的 $(1-L)$ 有单位根。差分静态的特点是既容许非随机的不变移动比率 μ_g,又排除了确定性趋势。虽然作为收入变化的一个部分的收入变化率总是常数,但现在不存在收入必须回复的固定趋势线。例如,如果收入在某个时期正好没有变化,收入就稳定地沿着线性趋势线上升。如果出现正数变化,收入就超过趋势线。不管其后的变化是正还是负,只要它们的期望值为零,收入从那个时期起就将可能始终停留在先前趋势线的上方。当然,随后的变化也可能改变它们的期望值,但不存在任何东西能够把收入拉回到初始趋势线。事后观察,部分由于 μg 的作用,收入呈现上升趋势,但趋势本身是随机的,并且会有许多的变化。

在个体的层次上,(4.1)式和(4.3)式代表了两种相当不同的收入决定过程。让我根据自己的经历举两个例子。我曾在一家英国大学任过很短时间的经济系主任。在那期间,我访问过美国。美国系主任对系里职工薪水的权利给我留下很深印象。因此,当我在英国也有机会向学校提交我自己的薪水提案时,我感到很高兴。然而,当我介绍我的一位年轻同事的学术成果时,我突然被打断,并且被告知与"年龄工资制"的偏离是获得特殊待遇的惟一有效理由。这样的制度大体就是(4.1)式描述的过程。相反,在美国的大学以及现在也在英国的一些大学,薪水的确定过程更类似(4.3)式。人们讨论时关心的是增长,很少注意水平。工资增长每年有个基本比率,个人可以围绕这一比率谈判。我们经常见到教授们因他们的增薪的幅度多少而高兴或气恼,此时他们往往忘记了自己薪水的水准。这样的例子可见 Rosovsky 的描述(1990,第40～41页)。各个系主任可能比他们看上去的样子更会让学校增加本系职工工资,而且某年工资的超平均数增长并不一般地意味着下年增长将低于平均数,即使学校行政部门力图把好处收回,把每一位教授的工资恢复到预先确定的趋势。

我们暂时不考虑这两种方法哪一种与数据更相配的问题。不过,结果现在就可以知道:给定可利用的数据,我们无法可靠地区别它们的优劣。但我们现在需要做的,是观察假如收入为差分静态,收入波动对消费有什么影响。为此,我们先得明确,未来 k 时期的收入是当前收入和从现在开始的 k 次变化的和。依据当前的波动而修正的预期是:

$$(E_t - E_{t-1})y_{t-k} = (E_t - E_{t-1})y_t + \sum_{j=1}^{k}(E_t - E_{t-1})\Delta y_{t+j} \qquad (4.4)$$

我们可以用(4.3)式中的一阶差分的移动平均来估计(4.4)式。若它们是自回归项,我们就把移动平均转换为静态状况。(4.4)式右边第一项便是当前波动 ε_t,而求和号后的各项完全可以用与静态一样的移动平均过程来估计。为此可参见(3.12)式。因此,(4.4)式能够改写为:

$$(E_t - E_{t-1}) y_{t+k} = \varepsilon_t + (\beta_1 + \beta_2 + \cdots + \beta_k) \varepsilon_t \tag{4.5}$$

从(3.6)知,合意的消费变化能够由下式给出:

$$\Delta c_t = \left(\frac{r}{1+r}\right) \sum (1+r)^{-k} (E_t - E_{t-k}) y_{t+k}$$

$$= \left(\frac{r}{1+r}\right) \left[1 \sum_0^\infty (1+r)^{-k} + \frac{\beta_1}{1+r} \sum_0^\infty (1+r)^{-k} + \cdots \right] \varepsilon_t \tag{4.6}$$

这样,代替求和项并移项可得:

$$\Delta c_t = \beta\left(\frac{1}{1+r}\right) \varepsilon_t = \frac{r}{1+r} \frac{\beta\left(\frac{1}{1+r}\right)}{\alpha\left(\frac{1}{1+r}\right)} \varepsilon_t \tag{4.7}$$

其中,$\alpha(x) = 1 - x$。(4.7)式恰好与由(3.14)式表示的静态状况相同。这个结果是 Hansen、Sargent (1981)首先证明的。这意味着,不管自回归多项式 $\alpha(L)$ 有无单位根,我们都可以使用(3.8)式代表的 ARMA 方法和(3.14)式来研究合意的消费变化。

注意,在这里,实际利息率严格为正的条件十分重要。如果 $r=0$,单位根将存在,此时估计的自回归多项式在阶数为 1 时将等于零,(4.7)式也就无法定义。如果我们把持久收入假说限定在有限的生命期内,那么,零或负实际利息率不会造成什么麻烦。利率为正这一(理论上不高明)做法的理由是避免增加数学上的复杂性,而利率为正的条件只是为此付出的很小代价。

4.1.2 历史上的研究

Friedman 和其他学者最初提出来用过去收入的加权和度量持久收入的思想。Muth(1960)探讨了合理预期与以几何形式下降的过去收入加权和的关系。他考虑到随机过程是上述预测非静态收入公式的一个很好应用。Muth 的模型将在本书其余部分多次被引用。

假设劳动收入 y_t 是随机游走 x_t 和白噪音 ε_t 的和,即:

$$y_t = x_t + \varepsilon_t \tag{4.8}$$

所以一阶差分为:

$$\Delta y_t = \eta + \varepsilon_t - \varepsilon_{t-1} \tag{4.9}$$

式中,第一项是 x_t 的波动。为了简化,我们忽略收入的任何移动。Muth 假定消费者没有办法区分(4.9)式内的两种冲击,他们所能做的是把收入的一阶差分视为一阶移动平均过程,即:

$$\Delta y_t = u_t - \lambda u_{t-1} \tag{4.10}$$

其中,λ 是 1 和 0 之间的一个数,它的值可以通过使(4.9)式和(4.10)式的方差和自协方差相等而求出。如果暂时性成分 ε_t 的方差相对于长期冲击 η_t 很大,λ 也会很大,趋近于 1;如果 ε_t 的方差趋向于 0,λ 也将趋向于 0。所以,$(1-\lambda)$ 度量了对收入的复合冲击可能对未来持续发生影响的程度。

在方程(4.8)式中,劳动收入的所有未来价值的预期简单地就是随机游走成分 x_t,因此我们有:

$$E_t y_{t+j} = E_t y_{t+1} = x_t = y_t + E_t \Delta y_{t+1} \tag{4.11}$$

但(4.10)式给出了一个时期之前对变化的预期:

$$E_t \Delta y_{t+1} = -\lambda u_t = -\lambda \sum_0^\infty \lambda^k \Delta y_{t-k} \qquad (4.12)$$

其中,最后一个等式是把(4.10)式"倒转"过来而得到的。所以,u_t 以现时的和滞后的收入变化价值表示。最后,若把(4.12)式代入到(4.11)式,我们便获得方程:

$$E_t y_{t+j} = x_t = y_t - \lambda \sum_0^\infty \lambda^k \Delta y_{t-k} = (1-\lambda) \sum_0^\infty \lambda^k y_{t-k} \qquad (4.13)$$

这样,收入的长期部分,也就是未来收入水平的预期,成为现时和过去收入水平的几何权数和。从(4.13)式很容易验证,持久收入 x_t 可以作为现时收入与其自身滞后价值的加权平均数而计算出来:

$$x_t = \lambda x_{t-1} + (1-\lambda) y_t = x_{t-1} + (1-\lambda)(y_t - x_{t-1}) \qquad (4.14)$$

这里证实了标准的"适应性预期"规则。所以,只要收入过程真的是随机游走和白噪音之和,适应性预期或者说过去收入的几何加权,便是正确的预测规则,而不是什么特殊的方法。这里要注意如下的联系:用$(1-\lambda)$测度的过程持续性;以及在更新预测的时候,多少现时收入被加权。

在这个模型内,消费的最优反应可以用(4.7)式求出。它是:

$$\Delta c_t = (1 - \frac{\lambda}{1+r}) u_t = (1 - \frac{\lambda}{1+r}) \sum_0^\infty \lambda^k \Delta y_{t-k} \qquad (4.15)$$

因此,如果不考虑利率,消费变化便是现时和过去收入变化的加权平均或者说是它自身的过去价值与现时收入变化的加权平均。当然,表示消费变化的(4.15)式依赖于过去收入变化这一点,与消费变化的不可预见性并不矛盾。这里的原因已经由第一个等式清楚地揭示出来,即现时和过去收入变化的几何加权和本身是不可预见的。

4.1.3 差分静态和趋势静态收入

无论收入是趋势静态还是差分静态,我们联系收入波动和持久收入

(或消费)的公式是相同的。但对合意消费变化的预见似乎与我们的选择有关。我们将发现,一旦承认收入是一个积分过程这一相当合理的假定,我们就会得出一些很奇怪的结论。确实,收入是积分过程的可能性将威胁到持久收入假说的本质,即持久收入比度量收入更平滑。

为了观察这个问题,我们考虑上一章中估计劳动收入的两个随机过程。(3.19)式和非趋势化数据有关,(3.23)式和一阶差分有关。两个公式都是纯粹的自回归过程,所以,移动平均多项式以 $\beta(L)$ 为单位。就趋势静态(3.19)来说,自回归多项式为:

$$\alpha(L)=1-1.42L+0.45L^2 \tag{4.16}$$

而差分静态的自回归多项式为:

$$\alpha(L)=(1-L)(1-0.44L)=1-1.44L+0.44L^2 \tag{4.17}$$

两个方程非常类似,即使第一个方程应用到预先排除了趋势因素的数据序列也是如此。显然,消除趋势因素对收入的时间序列性质没有严重影响。而时间序列性质被许多时间序列研究者视为时间序列是积分型的初步证据。其实,即使那样的话,我们也很难相信从两个方程的区别中能够挖掘出很多东西。不幸的是,很难相信的事情往往却是真实的。

为讨论方便起见,我们假定实际利率为每季度1%。利用它,并且利用(4.16)式、(4.17)式的参数估计,我们计算相应于收入波动而出现的持久收入与合意消费的变化。从(4.16)式出发,我们得到趋势静态模型:

$$\Delta c_t = \Delta y_t^p = 0.28\varepsilon_t \tag{4.18}$$

因此,正如常识告诉我们的那样,1美元的收入波动产生了28美分额外的持久收入和消费。消费和持久收入比收入更平滑。然而,如果把同样的公式用于差分静态模型(4.17)式,我们得到:

$$\Delta c_t = \Delta y_t^p = 1.77\varepsilon_t \tag{4.19}$$

它恰好指出了和常识相反的状况。收入波动(1美元)造成的持久收入变化(1.77美元)大于收入波动本身,因此持久收入理论事实上放大了实际收入的波动,消费应当比收入更少平滑。这一切显然完全不符合典型事实;而正是围绕着后者,持久收入理论才得以构造起来!

隐藏在这个结论后面的数学是很直观的。与收入波动相乘以给出持久收入变化的量,对任何与自回归过程中的单位根的微小偏离都非常敏感。例如,假设收入过程是自回归形式:

$$(1-\rho L)[1-(1-\delta)L]y_t = \varepsilon_t \tag{4.20}$$

其中,$\delta > 0$ 且很小。(4.7)式则给出了:

$$\Delta c_t = \Delta y_t^p = \frac{r\varepsilon_t}{(r+\delta)(1+r-\rho)} \tag{4.21}$$

由于当 $\delta = 0$ 时乘数很大,所以我们只需要很小的 δ 正值就能够把它缩小到更合理的、至少更常见的值上。

为搞清这一点,我们回头参考关于趋势静态和差分静态过程之区别的讨论。一位获得没有预想到的加薪的英国学者知道,他的工资最终要回到"年薪工资制"框架内,他得到的这次加薪只是暂时性的。所以,他的消费增加将很有限。相反,一位美国教授遇到这样的加薪会比他乐观得多。美国教授乐观的理由很多。没有预想到的薪水增长意味着他的基础工资永久性地提高了,所以这一年额外获得的1 000美元事实上不是单纯的1 000美元,而是今后每年的1 000美元。如果学者薪水的增长像总量数据那样是自回归的,那么,这1 000美元的价值可能就更大得多。这一年的好运气表示系主任对你的工作感觉很好。因为系主任的感觉变动起来十分缓慢,所以你能够估计明年你的薪水增长也会高于平均水平。在这种状况下,现在额外得到的1 000美元能够在你的一生,或者至少在你退休之前的年份内支撑比1 000美元更多的消费。上面使用实际总量数据做出的计算表明,即使趋势静态序列非常缓慢地回复到趋势上,这两种方案的区别也可能很大。

4.2 太平滑的消费?

我们现在的观点大体如下:如果劳动收入是趋势静态的,非趋势收入遵循(准确的)静态二阶自回归过程(4.16)式,持久收入的变化就将低于收入波动,因此消费本身对有关收入的新信息便不会充分反应。这个观点似乎和数据一致。但对许多人来说,这个观点和扎根于人们头脑的关于决定性趋势的信仰相矛盾。如果劳动收入是差分静态的,其一阶差分遵循(4.17)式(这听起来在智力上非常吸引人),持久收入对收入波动的反应将大于1比1。此时,我们要做我们已经做过的讨论,亦即用持久收入理论揭示为什么消费比收入平滑,就会遇到严重的困难。

当然,智力上的美感不足以替代统计学上的验证。在统计学文献中,我们见到大量关于单位根存在性的验证,例如,Dickey、Fuller(1981)、Phillips、Perron (1988)。这些验证在原则上有能力区分趋势静态和差分静态过程。然而,从(4.16)式、(4.17)式两个估计方程获得的预测非常接近,以至于我们毫不奇怪地认为这些验证不能够区别两种静态过程。若考察时间足够长,这两种过程会变得很不相同;但由于它们太接近,因此所需要的长期必须非常长,必须大大长于可利用资料的时间跨度。

4.2.1 收入持续性的非参数估计

尽管有上面的困难,但经济学家仍然找到了一条更直接的度量途径。这条途径应用一个把趋势静态和差分静态当成特例的模型。根据这个模型,一个理想的程序不是试图估计收入的随机过程,不是对如何非趋势化做出决定,然后再计算波动乘数;而是直接估计乘数,方法是利用数据求出(4.7)式的估计值。当然,我们事实上做不到这一点,但我们能够接近这一点。

重新观察收入一阶差分的移动平均过程,即(4.3)式。虽然(4.3)式是为了替代趋势静态模型而提出的,但只要决定性趋势至少是线性的,或者我们并不需要移动平均多项式是不可逆的,这个公式事实上就和趋势静态模型没有矛盾。现举一个最简单的例子。如果收入是线性趋势和白噪音误差之和,收入的一阶差分满足为:

$$\Delta y_t = \mu_g + \varepsilon_t - \varepsilon_{t-1} \tag{4.22}$$

这个方程就是令 $\beta_1 = -1$ 时的(4.3)式。此时,由于 $\beta_0 = 1$,移动平均项的和趋向于零,这就保证了收入序列回复到它的(线性)趋势。我们可以更现实一些地假定,收入过程和趋势相联系,它回复到趋势的速度非常慢。这样,一阶差分的移动平均表述的系数之和将等于零,但是在序列中,早期将是正数项占优势,负的"拉向趋势"项后来才出现。(4.22)式的简单(1,-1)零和系列现在也延长到一个长得多的时期。这样一个序列很容易被误解为差分静态过程,因为正的趋势偏离项与少数最先的滞后相联系,而时间序列分析者往往正好观察到它们。同时,"拉向趋势"的各项就个别来说是很小的,统计学上可能不显著,并且和高阶的滞后相联系,而我们一般不会去观察高阶滞后。我们所需要的程序应当不但估计最初几个移动平均或者自回归项,而且在一定程度上也能够估计出包括了全部项的统计量。

假如参照(4.3)式,劳动收入的一阶差分是系数为 $\beta(L)$ 的静态移动平均过程,那么,我们希望度量的量是持久收入变化 Δy_t^p。根据(4.7),它可由:

$$\Delta y_t^p = \beta\left(\frac{1}{1+r}\right)\varepsilon_t \tag{4.23}$$

求出。若实际利率为零,波动的乘数将是 β(1)。β(1)也是收入的一阶差分的移动平均表述中的系数之和。这样,可以证明,持久收入的方差能够直接用数据估计出来,而不必要考虑是否满足参数时间序列模型。下述结果有助于完成这个任务:

$$\mathrm{var}(\Delta y_t^p) = \sigma_\varepsilon^2 \beta(1)^2 = \sigma_{\Delta y}^2 \sum_{-\infty}^{+\infty} \gamma_i = \sigma_{\Delta y}^2 V \tag{4.24}$$

其中,$\sigma_{\Delta y}^2$ 是收入变化的方差,γ_i 是它的第 i 阶自相关系数。相关指的是 Δ_{y_t} 和 Δy_{t-i} 之间的相关。(4.24)式中间的等式显然可以用两种方法检验。一种方法是用(4.3)式根据各个 β 值来给收入变化的自相关系数定值。另一种方法是应用 Granger、Newbold(1986,第 1.6 节)生成函数法。因此,若利率是零,V 的平方根将等于持久收入变化的标准差和劳动收入变化的标准差之比:

$$\sqrt{V} = (1 + 2\sum_0^\infty \gamma_k)^{0.5} = \frac{\mathrm{s.\,d.\,}(\Delta y_t^p)}{\mathrm{s.\,d.\,}(\Delta y_t)} \tag{4.25}$$

所以,如果用数据能够把 V 估计出来,我们就可以直接检查消费是否过于平滑,或者消费是否平滑的不足。

上述讨论离不开零利率,但零利率会带来麻烦。因为就部分收入过程来说,至少当我们考虑无穷长时间的时候,我们需要用贴现方法把持久收入的波动变成有限数。此外,如果利率不是非常小,(4.23)式中的乘数就不再仅仅取决于 β 系数的和,而取决于各个 β 系数组成的整个型式。然而,这里看上去无法避免妥协。下面描述的导出 V 的程序不能够扩展以研究非零利率的状况。即使如此,在特殊情形下,如果我们对移动平均系数的型式有一定的想法,例如先是正数,然后出现大量的负数且很小,那么,贴现的作用就会变得很明显,就能够非形式化地引入到分析中。

在时间序列的统计学文献中,V 被称为频率为零时的标准光谱密度。对此见 Priestley (1981,第 432~471 页) 的讨论。最近,V 量子(或者与其密切联系的其他指标)被用于经济学文献中,作为经济学时间序列中的持续性的一般度量指标。这尤其表现在 Cochrane (1988),Campbell、Mankiw (1987)。光谱解释很有用,因为在(或者接近于)频率零点时的光谱密度的质量,是在时间序列里存在着非常长期的成分的度量,所以它也表示波动在长时期内甚至永久存在。这样的解释也启发我们,持久收入假说中的平滑问题,可能恰好具有时间序列的低频或长期特征,而这些特征是无法用有限数量的数据精确度量的。

4.2.2 估计劳动收入的持续性

在估计 V 时,我们有一些标准程序,而不必要对(特别是低阶的)参数时间序列模型做出估计。虽然我们不能够计算(4.24)、(4.25)两式中无限阶次的自相关系数,可是,通过对有限但大量的自相关系数做出的适当的加权平均,我们能够得到 V 的一致估计。我们的标准程序之一(请再次参见 Priestley)是利用数量有限的自相关的加权平均。如同在常见的光谱分析中那样,我们设定一个"窗口",决定把多少项包括进来;设定一套权数,决定如何把它们包括进来。Bartlett 窗口使用的是三角权数型式,对宽度为 k 的窗口,定义 $\hat{V}^k$ 为:

$$\hat{V}^k = 1 + 2\sum_{j=1}^{k}[1-j/(k+1)]\hat{\gamma}_j \tag{4.26}$$

其中,$\hat{\gamma}_j$ 是第 j 阶自相关系数的估计值。我利用了一个事实 $\gamma_i = \gamma_{-i}$。这个估计是非渐近的正态分布,其 t 值仅仅依赖于样本规模 T 和窗口宽度 k:

$$t(\hat{V}^k) = \sqrt{0.75T/(k+1)} \tag{4.27}$$

表 4.1 列出了劳动收入序列数据的最初 20 个自相关系数。最前面 4 个滞后的自相关系数是正的。它们以几乎是几何级数的比率减低。这说明了一阶自回归 $AR(1)$ 是一阶差分的很好吻合。然而,第 5 个系数就变成负数了,而随着滞后阶次的升高,负系数(大部分很小)就占了绝对优势。当然,如果我们想到时间序列可能缓慢地回复到趋势,这样的结果是应当出现的。但这一回复过程是否足以压倒最初的正效应,却最好用持续性指标 V 来判断。这些指标列在表 4.2 内。表内同时列出了窗口宽度和估计的非渐近型的标准差。

表 4.1　　　　　　　　劳动收入的自相关系数

i	γ_i	i	γ_i	i	γ_i	i	γ_i
1	0.45	6	−0.04	11	0.05	16	−0.07
2	0.20	7	−0.01	12	−0.01	17	−0.07
3	0.18	8	−0.09	13	0.05	18	−0.06
4	0.08	9	−0.02	14	−0.12	19	−0.05
5	−0.17	10	0.08	15	−0.22	20	0.08

注:系数 γ_i 指第 i 阶自相关系数。

窗口宽度的选择有实践意义。在理想状态下,它应当无限大,但是,在 k 趋近于样本规模的时候,估计值会以一种纯机械的方式变成零,而这不能显示出序列数据的任何性质。但如果窗口很窄,且存在向趋势回复的动向,这一动向又会变模糊。这里的原因是窗口越窄,包括的自相关越少,低阶次自相关中的缓慢的回复动向便可能显示不出来。在表 4.2 中,对应于最大窗口宽度的数字最低。总的来说,它们都大于 1。窗口宽度为 40 或更小时,它们都大于 2。而且,最初 4 个估计值的平方根,和直接从收入差分的一阶自回归模型计算出来的数值,是相当接近的。表 4.2 中的标准差是大的,并且随着窗口的加宽而越来越大。但这一点应当可以从非参数程序中得出。进一步地,Campbell、Deaton (1989)报告的蒙特卡罗实验表明,如果正确的模型是差分的 AR(1),持续性估计值将非常类似表 4.2 中的数字。如果真正的过程正好是围绕着线性趋势的静态二阶自回归 AR(2),估计值将比表中相应数字小许多。

表 4.2　　　　　　窗口宽度不同时的收入持续性估计值

窗口宽度	持续性	标准差
10	2.23	0.76
20	2.06	0.97
30	2.19	1.26
40	2.12	1.39
50	1.67	1.22
60	1.18	1.95

另一方面,Hall(1989)指出,这些持续性估计值含有向上偏差,而其主要原因是三角形的窗口过分偏重于低阶自相关。不过,蒙特卡罗检验结果并不支持他的看法。同时,用矩形窗口代替三角形窗口,我们得到的大数字的结果几乎不变。排除贴现的因素,也不能够解释这些大的估计值。如果真的存在向趋势回复的动向,负的移动平均项肯定会出现在长的滞后上。所以,即使考虑到贴现因素,长滞后的系数也会很小。当然,如果有更多的数据,我们也许可能发现滞后越长,负的自相关越多,我们上面的结论可能会颠倒。一个无限的序列是无法用有限的观察值来估计的。

上述估计值的不精确不足以决定性地促使我们改变立场。这些点估计支持了劳动收入在美国具有高度持续性的观点。Cogley (1989) 考察了加拿大的更长时间序列资料,得出了和美国情形类似或者比美国更强的结论。如果我们从其表面价值上承认这些结论,以代表性消费者形式出现的持久收入理论,便很难解释消费的如此平滑性。

4.2.3 度量消费的持续性

我们同样能够为消费的时间序列计算出持续性指标。当然,无论这些指标还是它们的标准差,都和表 4.2 中列出的有关劳动收入的数字没有很大区别。但在从 10~60 的全部窗口宽度上,消费持续性指标皆处于 2~2.26 之间。这样一些数字太大,无法和持久收入假说一致起来,因为如果消费是随机游走,其一阶差分是白噪音,消费在任何阶次上都不会自相关,消费持续性指标应当等于 1。Gali(1991a) 指出,我们可以超越这一简单观点,利用消费持续性指标去估计消费变化比持久收入变化更平滑的程度。

从前面的(4.25)式出发,用消费代替那里的收入,重新把方程写为:

$$\frac{1}{\sqrt{V_c}} = \frac{\text{s. d. }(\Delta c_t)}{\text{s. d. }(\Delta c_t^p)} \tag{4.28}$$

其中,Δc_t^p 是

$$\Delta c_t^p = \frac{r}{1+r} \sum_0^\infty (1+r)^{-k}(E_t - E_{t-1})c_{t+k} \tag{4.29}$$

中的 r 趋向于零时的极限。但是,若跨时预算约束有效,Δc_t^p 必须等于持久收入变化 Δy_t^p。(这是很明显的。为了解这一点,可以用 $r/(1+r)$ 乘(3.2)式,考虑 t 和 $t-1$ 时期的预期,然后从一个中减去另一个。)因此,消费持续性平方根的倒数能够被当作消费变化的标准偏差,和持久收入变化的标准偏差之间比率的一种测度。Gali 强调,这样的计算仅仅需要有效的预算约束,而不要求持久收入理论的正确性。同时,由于这样的计算不需要对消费者预测未来的方式做出假设,所以也不需要使用有关收入预测的公式。

Gali 对 V_c 的估计值与用 Blinder 和 Deaton 数据得到的估计值相比,略微高一些。但他的判断,即消费变化中大约只有 70% 和持久收入变化同样可变,是适合这两套数据的。Gali 后来(Gali,1991b)扩展了自己的分析,分别研究了耐用品、非耐用品和劳务,并对美国、加拿大、英国、日本、意大利和法国做了相同的计算。他发现美国和意大利的消费者在非耐用消费品上的支出,比其持久收入更平滑,但日本和法国的非耐用消费品支出不如持久收入平滑,而耐用消费品支出在所有六个国家内都太平滑了。

4.2.4 过度平滑:小结

本节的要点不是表明持久收入比度量的收入更不平滑,而是表明,持久收入的平滑性是一个必须说明的问题。持久收入平滑性既不是不言自明的,也不能从定义引出。普通教科书的标准做法,是提出图 3.1 或者类似的消费和收入关系图,然后把收入序列当成代表性消费者的典型状况,并指出消费和被平滑了的收入成比例。但是,如果持久收入是金融财产和预期人力资本之和的年金价值,如果劳动收入就像在图 3.1 内那样发展,那么,本节的结论表示,对持久收入比度量收入更平滑的观点,以及对认为从度量收入到持久收入的转换能够说明消费平滑性的观点,我们没有任何经验证据可以决定性地支持它们。

我已经描述了两个看上去非常类似、但互相矛盾的时间序列过程。它们同样良好地吻合数据,但对消费行为的含义却很不相同。这里,我们有必要简短地再次考虑,为什么这样一个重要的区别很难在数据中发现。显然,光谱分析对我们很有启发性。我们观看图 4.1。那里的实线表示当频率从 0 到 π 时,标准化了的收入差分的光谱密度的变化。图中的一阶差分是由公式(3.23)给出的一阶自回归 AR(1)。就趋势静态模型来说,我们

假设(4.16)式的自回归参数能够应用于线性的非趋势序列,因此:

$$(1+1.42L-0.45L^2)\Delta y_t = \alpha + \varepsilon_t - \varepsilon_{t-1} \tag{4.30}$$

给出了一阶差分。(4.30)式中的 α 是时间趋势的系数。(4.30)式或者其他差分模型的光谱密度的计算,可以用对应于滞后多项式而转换函数的方法,参见 Granger、Newbold (1986, 第 55～56 页)。(4.30)式的计算结果便是图 4.1 中的虚线。标准化的光谱密度是用 2π 乘、再用方差除的标准频谱,所以在频率为零时,曲线代表了持续性 V 的理论值。

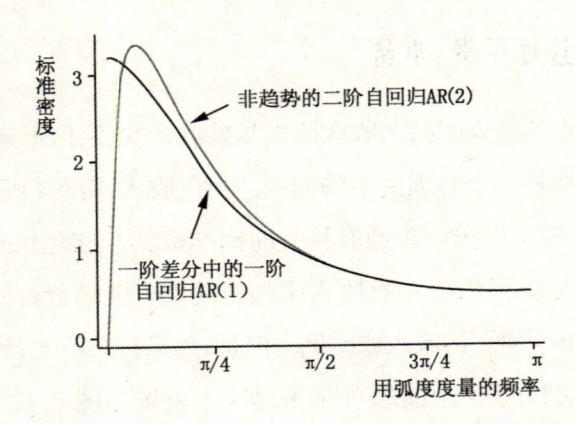

图 4.1　关于劳动收入的一阶差分的两个模型的标准光谱密度

我认为,这个图最为明晰地描画出,持久收入理论为什么在两个模型之间引出了这样的区别,为什么这两个模型要从数据中获得不同结论是那么的困难。在图 4.1 中,两条密度曲线在高阶次时几乎并合,只在低阶次上有差异。在接近零频率时,我们能够决定时间序列的长期特征。此时,两条曲线差异显著。差分静态模型的密度在频率降低时继续提高,但趋势模型的密度在零频率时突然一下子剧烈下降。它的光谱通过原点,而这正是趋势静态序列的一阶差分的特点。因为在趋势静态模型中,最终要回到确定的趋势上,因此波动最终总是要颠倒的,所以,移动平均系数的和以及光谱密度两者在零频率时都等于零。持久收入的易变性依赖于度量收入的长期性质,尤其当利率很低时更是如此。因此,当光谱发散时,只有低频率能够支持持久收入理论。但问题是,数据大量含有频率区间另一端的信息。考虑一下我们在每一个频率上所得到的与频率成比例的有效观察值的数量。在高频率上,如果模型与数据匹配,光谱肯定会非常密集。但在低频率上,我们几乎没有;而在作为极限的零频率时,我们完全没有信息,此时数据本身就不包含什么信息,所以两幅光谱自由地发散。

在实践中,就像在所有非参数程序里那样,由于估计值是用接近或者处于某点的信息构造的,所以表4.2中的持续性参数估计值能够给出若干结论。注意,正数实际利率的作用,是给予波动的长期延迟效应更多的折扣。因此,收入波动对持久收入的效应不取决于零点时的光谱,而取决于大于零的某个光谱。不幸的是,如果我们的观点更精确一些的话,需要的便不仅是有关利息率的知识,而且还是关于反应函数形状的知识。

需要强调的是,我们讨论的这两个时间序列过程没有什么特殊的地方。两个过程的光谱就是图4.1的图像。图像有助于说明观点,但我们还有其他许多可能性来说明观点。Christiano、Eichnbaum(1990)用若干类似于我们的图4.1的图形描绘了一些这样的可能性。经济学文献中也有一些资料,它们也得出类似于趋势静态模型的光谱,即AR(1)在高阶频率的一阶差分中的行为,但它们的研究在低频率时不趋向于零,而趋向于1和0之间的某个数。Watson(1986)证明,GDP能够被模型化为随机游走和静态的AR(2)之和,从而能够用随机趋势代替确定性趋势。Watson的过程是差分静态,但静态过程加到随机游走上,便产生了一个不大于1的持续性度量值。这样一种模型适合于劳动收入数据,也许能够保证持久收入对度量收入的单位波动的反应小于1。最近还有人讨论了"局部"差分过程，并且也发现了持续性，可是程度不高，不能够产生持久收入的矛盾。[进一步的细节请参见 Diebold、Nerlove（1990）, Diebold、Rudebusch（1991）。]虽然这些模型没有产生足够大的持续性以非难持久收入假说，但由于它们用随机趋势而非确定性趋势，因此它们是很有吸引力的。

在这么多可供选择的模型中，我们显然可能为劳动收入选定一个模型。该模型会使一个人继续相信，持久收入假说的代表性消费者的版本能解释为什么消费比收入平滑。我本人决不否认这种可能性。但我持有另一种观点。自从现代消费理论在20世纪50年代建立以来，持久收入应当比度量的收入更为平滑的看法，总是被认为是不言自明的。我则认为它不是不言自明的，而收入数据的时间长度与结构，使我们本质上不可能就持久收入是否能够解释消费的平滑性做出推论。每个人可以依据自己的偏好选择某些解释，但他很难找出经验证据说服其他人同意任何已知解释都是正确的。

4.3　高级信息、平滑性和敏感性

本章关于消费对收入波动敏感性的检验遇到了一个严重的困难，当然，这个困难没有给第三章的正交性检验造成麻烦。在我们用来计算由收入波动导致的合意的消费变化时，我们使用了预期公式。而在这些公式里，出现的是过去收入，并且仅仅是过去收入。虽然我们相当合理地假设消费者在思索自己未来收入时将利用过去收入的信息，但假设他们不再利用任何其他信息，却又是不合理的。每个人拥有关于自己未来的大量个人信息，农场主了解自己作物的生长状况，航运公司和制造业主知道对自己产品的订货情形,拿薪水的职员从经理与校长那里知悉关于自己未来收入的一些事情。一位经济计量学家肯定希望试一试比收入滞后更多的变量,但我们不能指望经济计量学能够恰当地处理这些信息。

消费者拥有高级信息这一点并不会给正交性检验造成困难。消费变化不应当被消费者拥有的任何信息预期到。因此,为了拒绝持久收入假说,我们仅仅需要找出某个变量,它为消费者所知,但又和消费变化无正交关系。不过,如果我们要做出正面的预期,就必须面对高级信息的问题。乍看上去,这个问题不可解。这里要提醒的是,我们前面讨论的 Galí(1991a)的检验并没有假定消费者知道什么信息。我们碰到的现象似乎是,几乎任何个人行为都可以参照其私人信息来说明。在经济学家看来更像一次性横财的收益,在消费者看来也许成了多次性收益的第一次兑现。所以,同样的事件在不同人看来对消费就有了不同的含义。如果消费者真的预期更多,那么,一次看起来对他有利的收入波动,在实际上对他可能就是坏消息。

显然,我们需要细致地处理这个问题,并让持久收入假说能够保持其基本的预言。我们所用的基本方法是,如果持久收入假说正确,消费者自身的行为将足以告诉我们他们掌握的信息是什么,从而使我们在检验持久收入假说时能够控制他们的高级信息的作用。在文献中,这样的检验有好几种版本。Hansen、Roberds、Sargent(1991) 构想了一个仅仅利用消费和劳动收入数据的检验,Campbell(1987),West(1988),以及 Campbell、Deaton(1989)的检验包含了储蓄信息。储蓄是包括资本收入在内的总收入超过消费的部分,因此它能够提供新的信息,尤其是关于财产的信息。这类信息可能有很好的作用。Campbell 和 West 两人各自的检验非常接近,下面我按照 Campbell (1987) 的思路,因为他的程序允许我在正交性检验和过度平滑性检验两者之间建立起联系。

4.3.1 储蓄、消费和收入

Campbell 在他的分析中首先重新表述了持久收入假说的标准公式 (3.3)，以便明确地研究这个模型对储蓄行为的预测。Campbell 的主要观点对于进一步的研究是有用的，但他的分析方法却导致了与他不同的另一些见解。我们也从持久收入假说的基本公式 (3.3) 开始。这个公式是：

$$c_t = \frac{r}{1+r}A_t + \frac{r}{1+r}\sum_{k=0}^{\infty}(1+r)^{-k}E_t y_{t+k} \qquad (4.31)$$

用 s_t 定义储蓄，则：

$$s_t = \frac{rA_t}{1+r} + y_t - c_t \qquad (4.32)$$

如果把可支配收入 y_t^d 规定为 (4.32) 式右侧最初两项之和，我们将获得储蓄的标准定义，即它是包括资本收入在内的总收入与消费之差。[注意，资本收入不是 rA_t，而是 $rA_t/(1+r)$。这里的差异来自于我们关于收入被收到的时机的假定。]

把 (4.31) 式和 (4.32) 式变成消费的表达式并令它们相等，我们得到：

$$-s_t = -\frac{y_t}{1+r} + \frac{r}{1+r}\sum_{1}^{\infty}(1+r)^{-k}y_{t+k} \qquad (4.33)$$

如果把 $E_t y_{t+1}$ 从和式中取出，(4.33) 式便可以重新写成：

$$-s_t = \frac{E_t \Delta y_{t+1}}{1+r} - \frac{E_t y_{t+1}}{(1+r)^2} + \frac{r}{1+r}\sum_{2}^{\infty}(1+r)^{-k}y_{t+k} \qquad (4.34)$$

对 $E_t y_{t+2}$ 以及下续项重复同样的做法，我们就能够像 Campbell 那样，得到下面关于储蓄的方程：

$$s_t = -\sum_{k=1}^{\infty}(1+r)^{-k}E_t \Delta y_{t+k} \qquad (4.35)$$

(4.35)式非常清楚地表明,预期收入对储蓄的作用是下降的。如果预期收入提高,如果持久收入假说正确,消费也应当上升。但消费上升是通过借款或者减少资产支持的,而这两种方式都会降低净资产。假如现在可以预知收入在未来比较低,例如消费者感到未来的失业率更高,或者因为退休后收入下降,消费者现在都将积累资产,以缓解未来的短缺。

从统计学和经济计量学角度看,储蓄方程(4.35)式是很有用的。若收入在增长,收入的一阶差分是静态过程。如果持久收入假说正确,则根据(4.35)式,储蓄也是静态的。所以,把储蓄和劳动收入变化连接起来的持久收入假说的一个版本,避免了把消费变化和劳动收入水平连接起来的这个假说的标准版本遇到的趋势和积分回归因子的问题。储蓄定义的(4.32)式也意味着,消费和可支配收入 y_t^d 是协整性的,它们每一个都是阶次为 1 的积分。消费遵循随机游走,消费和收入存在线性组合,即 $y_t^d - c_t$ 或储蓄。这个组合是静态的。依据 Engle、Granger(1987)的一个定理,在消费和可支配收入之间肯定有一个"误差修正机制"在发挥作用,偏离均衡关系的滞后量将改变变量的现时取值,以便把偏离拉回均衡。因此,消费遵循随机游走,所以消费变化和滞后收入及滞后消费成正交关系,而误差修正机制不能够采取根据消费和收入的滞后差距来调整消费的形式。相反,调整的是可支配收入,而储蓄和收入扮演着维持均衡的角色。若在时期 t,相比于收入,消费很低,则依据持久收入假说,我们知道消费者是预期收入在未来要下降,并且做出储蓄以维持收入短缺时的消费。所以,在后续时期内,我们将观察到收入的下降,观察到收入和消费回复到长期的趋势。下面,我们将看到,正是对这一机制的这种观察,让我们承认,消费者占有的信息比我们能够希望他们占有的还多,而消费者有可能以这些更多的信息为基础做出决策。

4.3.2 高级信息

现在,我们应用以储蓄形式表示的持久收入假说(4.35)式。事实上,消费者比经济计量学家更多地知道有关未来收入的信息。我们现在用(4.35)式来考察这一事实的含义。为了强调信息的作用,我们把消费者在时间 t 掌握的信息集标识为 I_t。重新表述储蓄方程,使 I_t 显明:

$$s_t = -\sum_{k=1}^{\infty}(1+r)^{-k}E(\Delta y_{t+k} \mid I_t) \tag{4.36}$$

经济计量学家的信息集是 H_t。我们必须确定他的信息集和消费者信息集 I_t 的联系。在这里,经济计量学家很可能就某些变量,如宏观经济的总量变量,拥有比消费者更多的信息。我们只有排除这一可能性,才能在研究中取得进展。因此,我们假设经济计量学家知道的每一件事情,消费者也知道;同时,有一些事情仅仅消费者才知道。所以,我们有:

$$H_t \subseteq I_t \tag{4.37}$$

我们还需要一个假设,即经济计量学家观察消费者现时的储蓄决策,所以 s_t 被包含在 H_t 内。以这两个假设条件为前提,我们令(4.36)式的预期值受 H_t 支配,或者说我们把(4.36)式"投影"到 H_t:

$$E(s_t \mid H_t) = -\sum_{k=1}^{\infty}(1+r)^{-k}E(E(\Delta y_{t+k} \mid I_t) \mid H_t) \tag{4.38}$$

依据我们的两个假设,这个表达式可以简化。就该式左边而言,储蓄属于经济学家的信息集 H_t 的假设意味着,受 H_t 支配的对储蓄的预期就是储蓄自身。如果我们了解了 H_t,我们就了解了储蓄。就(4.38)式右边而言,我们可以应用"多重预期规律"。这个规律来自概率论,简单但强大。它指出,如果 $A \subseteq B$,x 是随机变量,那么,$E(E(x \mid B) \mid A)$ 简单地就等于 $E(x \mid A)$。也就是说,如果你知道得比我多,我必须猜测你对一个随机变量的预期,那么,若我的信息一定,我的最优猜测是你的预期就是你过去做出的预期。把这个结论应用到(4.38)式的右边,我们得到:

$$s_t = -\sum_{k=1}^{\infty}(1+r)^{-k}E(\Delta y_{t+k}\mid H_t) \qquad (4.39)$$

这个方程本质上是初始方程(4.36)式的重新表述,但它用经济学家的信息集代替了消费者的信息集。

我们考虑本节开头提出的论点,对经济计量检验来说,高级信息明显具有不可克服的困难。那么,方程(4.39)怎样才能够是正确的呢?用来推导出(4.39)式的这个非常简单的论点,是怎样巧妙地解决了消费者预期和经济学家预期几乎或者完全没有关联的问题的?在回答这些问题的时候,经济学家能够观察到储蓄的假设起了关键作用。如果持久收入假说是正确的,消费者的储蓄行为就能够向经济学家揭示出经济学家就消费者的预期所需要了解的信息,经济学家就可以对消费者比自己知道更多这一事实加以控制。当然,储蓄信息不能揭示每一件事情,经济学家也肯定不能够从储蓄信息推断出消费者预期自己的下一期或再下一期的收入是多少。然而,经济学家能够说出消费者对未来收入的贴现值的预期,而这一信息允许他们在预测消费者收入时考虑到消费者的高级信息。

方程(4.39)式和初始方程(4.36)式之间存在高度的相似性。这一点容易造成误解,以为它们之间的区别在操作上有很大的重要性。其实,任何带有预期的模型总要包含不可观察的变量,这些变量必须以某种方式被替代。因此,在实践中,经济计量学家不可避免地要用自己的预期代替消费者的预期,这也是一种简单的做法。在第三章,我们试图在消费函数研究中应用合理预期方法,当时也遵循了这样的做法。(4.39)式的推导是个很漂亮的练习,但它证明的也仅仅是我们应当在各种情形下已经做过的事情,所以这一推导过程并不具有任何操作的内容。事实上,在别的过程中有更多的操作性内容。回忆一下,(4.39)式的推导假设了储蓄能够被经济计量学家观察到。因此,除非未来收入的预期取决于现时储蓄,否则结论就会失效。从操作上说,这和我们至今做的用单变量的时间序列模型预测收入的做法有很大不同。经济计量学家认识到消费者拥有高级信息,他们便不得不用其他方式来研究消费者,而这至少又提高了获得不同结论的可能性。

4.3.3 储蓄和收入的双变量模型

如果我们认真吸取了教训,那么,前面介绍的程序,其最低有效的扩展,是在预测未来收入的方程内加上滞后的储蓄价值。同时,我们希望遵循过度敏感性检验中的传统,允许消费从而储蓄以一般的方式受滞后收入的约束,以检验理论指出的限制条件。很自然,我们使用的分析工具是储蓄和收入变化的向量自回归。和以往一样,我考虑最简单的一阶滞后的情形,因此我们有:

$$\begin{pmatrix} \Delta y_t - \mu \\ s_t \end{pmatrix} = \begin{pmatrix} a_{11} & a_{12} \\ a_{21} & a_{22} \end{pmatrix} \begin{pmatrix} \Delta y_{t-1} - \mu \\ s_{t-1} \end{pmatrix} + \begin{pmatrix} u_{1t} \\ u_{2t} \end{pmatrix} \quad (4.40)$$

或者用明确的记号:

$$x_t = A x_{t-1} + u_t \quad (4.41)$$

这些方程具有我们所需要的扩展能力。收入变化依赖于滞后储蓄,这样,我们来检验消费和滞后收入的关系。

在向量自回归的前提下,我们使用和过去一样的程序,先引出收入预测公式,把它代入到持久收入假说的模型内,现在是代入到储蓄形式的(4.39)式中,然后推导出矩阵 A 的约束条件。这些条件保证持久收入假说被满足,所以,储蓄水平应当非常准确地被持久收入理论预测出来。这看上去和检验消费变化是否达到收入波动所引致的合意量成了两回事,但这里的区别仅仅是形式的。Campbell 的储蓄方程简单地就是重写一遍持久收入假说方程(3.3)式,但内容没有任何变化。

这里我们不研究一般状况,而只考虑一阶向量自回归方程(4.41)式,则可得到:

$$E_t x_{t+1} = A^i x_t \qquad (4.42)$$

通过(4.42)式可以形成对向量 x 的预期。该公式也提供了对储蓄和收入变化的预期。为了从向量 x 中找出收入变化和储蓄两者的元素,我们需要两个向量,即:

$$e_1 = \begin{pmatrix} 1 \\ 0 \end{pmatrix} \qquad e_2 = \begin{pmatrix} 0 \\ 1 \end{pmatrix} \qquad (4.43)$$

这样,对未来收入变化的预期可以写成:

$$E_t \Delta y_{t+i} = e_1' A^i x_{t+i} \qquad (4.44)$$

储蓄等于 $e_2' x_t$。所以,储蓄方程(4.39)式能够改换成下述形式:

$$-s_t = -e_2' x_t = \sum_{k=1}^{\infty} \rho^i E_t \Delta y_{t+k} = \sum_{k=1}^{\infty} e_1' A^k \rho^k x_t \qquad (4.45)$$

其中,$\rho = (1+r)^{-1}$ 是贴现因子。因为对向量 x 的所有值,(4.45)式必须是正确的,所以我们得到:

$$e_2' = -e_1' \sum_{k=1}^{\infty} A^k \rho^k = -e_1' [(I - \rho A)^{-1} - I] \qquad (4.46)$$

经过变换和移项,我们得到线性约束方程:

$$e_2' = \rho(e_2' - e_1') A \qquad (4.47)$$

这是一个检验过度平滑性的直接程序:估计向量自回归(4.41)式,检验对估计矩阵 A 的两个线性跨方程约束条件。理解这一求解方式的最好途径,是观察约束条件对两个向量自回归方程的影响。在这里,劳动收入变化可写成：

$$\Delta y_t - \mu = \alpha(\Delta y_{t-1} - \mu) + \beta s_{t-1} + u_{1t} \tag{4.48}$$

所以 α 和 β 是 A 的第一行中的两个元素。这样,约束条件就意味着储蓄方程应当采取的形式是：

$$s_t = \alpha(\Delta y_{t-1} - \mu) + (\beta + 1 + r)s_{t-1} + u_{2t} \tag{4.49}$$

收入过程的形式像通常一样表示了对储蓄行为的约束。但由于收入方程包括了滞后储蓄,所以它和本章第一节用以考察过度敏感性的检验方程形式不同。当然,我们推导出这些方程,不是为了检验正交性,而是为了检验过度平滑性。他们是从储蓄方程(4.39)式推导出来的,而该方程明确保证了消费的变化,大小恰好是收入波动所导致的那个合意量。不过,即使如此,在利用储蓄的检验和前面对消费正交性的检验之间,仍然存在着高度的相似。这里需要作进一步的探讨。

我们要寻找一个方程,它用储蓄和劳动收入变化来表示消费。从储蓄的定义方程(4.32)式出发,滞后一个时期,再乘以(1+r),我们有：

$$(1+r)s_{t-1} = rA_{t-1} + (1+r)(y_{t-1} - c_{t-1}) \tag{4.50}$$

而资产的演进过程可以用下式描述：

$$A_t - (1+r)A_{t-1} = (1+r)(y_{t-1} - c_{t-1}) \tag{4.51}$$

把(4.51)式代入(4.52)式并移项,我们便得到联系储蓄和资产的方程：

$$(1+r)s_{t-1} = \Delta A_t \tag{4.52}$$

这个方程在许多场合下都很有用。例如,研究把资产与预期收入变化联系起来的储蓄方程(4.35)式时就可以利用它。对我们现在的讨论来说,可以用它替代定义储蓄的方程(4.32)式内一阶差分中的资产变化,并得到方程：

$$\Delta c_t = \Delta y_t + (1+r)s_{t-1} - s_t \tag{4.53}$$

这个方程使我们能够推断出向量自回归对消费变化的含义,从而能够看出过度敏感性检验和对过度平滑性的双变量检验之间的关系。

把方程(4.48)式和(4.49)式代入到方程(4.53)式内,然后计算消费变化,我们可以立即看到,若对向量自回归的约束条件成立,那么,则:

$$\Delta c_t = u_{1t} - u_{2t} \tag{4.54}$$

因此,消费是一种随机游走,消费变化是一种既不能通过滞后储蓄也不能通过滞后收入变化预测的波动。但消费变化肯定是持久收入变化。这一点可以从下面的方程(4.55)式直接得到证实:

$$\begin{aligned}
\Delta y_t^p &= \sum \rho^k (E_t - E_{t-1}) \Delta y_{t+k} \\
&= e'_1 (I - \rho A)^{-1} U_t \\
&= (e_1 - e_2)' u_t \\
&= u_{1t} - u_{2t}
\end{aligned} \tag{4.55}$$

(4.55)式中的第一个等式来自于(4.7)式,第二个等式应用了预期公式(4.44),第三个等式是约束条件(4.46)式或者(4.47)式的变形。注意,只有(4.54)式和(4.55)式两式共同显示了,消费变化和持久收入变化确实是相等的。同时,(4.55)式也非常清楚地表明了,储蓄行为是如何揭示出消费者收到的新的私人信息。持久收入变化是劳动收入波动减去储蓄波动,而后者揭示消费者刚刚就持久收入所吸取的教训。

如果对向量自回归的约束条件有效,消费变化便成为一种波动。但它也不是任意一种波动。准确地说,它是持久收入的变化。在这一范围内,过度平滑性和过度敏感性没有区别,它们是同一现象的两个侧面。如果消费变化正交于滞后信息,那么它们必须等于持久收入变化,它们不可能过度平滑。相应地,如果持久收入变化和消费变化相等,那么,消费是随机游走,也不可能出现过度敏感性。所以,如果我们承认消费者拥有高级信息的事实,同时由于我们已经知道我们将要发现的东西,我们便不再需要检验过度平滑性。但过度敏感性已经确定下来,因此过度平滑性必然存在。无论如何,消费者对自己的收入,可能比经济计量学家拥有更多的信息;或者,正如 Quah(1990)指出的那样,消费者能够把长期波动和短期波动区分开来。可是,因为消费者的高级信息将表现在他们的储蓄行为中,因为对向量自回归的约束条件不应当放弃,所以,消费者具有更多信息或更有能力区别信息的说法不能够解决过度平滑性之谜。而第三章评论的有关过度敏感性的文献已经表明,消费不是随机游走,那些为此而做出的约束条件确实要放弃。

过度平滑性和过度敏感性出现于不同的研究分支,起源于不同的研究思路。过度敏感性要求消费变化是不可预测的,过度平滑性则要求消费变化恰好是某个准确的量。它们之间更多的差别是什么呢? 比起判断过度敏感性来说,对过度平滑性的判断似乎需要更多信息,需要我们承认消费者拥有高级信息并且对此加以解释。所以,当一个人发现它们是同一现象的时候,是会很惊奇的。对我们来说,重要的是准确理解这一点的含义以及它的产生方式,而这里的关键是跨时预算约束。

如果在持久收入假说框架内,消费不是过度敏感的,那么,消费是随机游走、消费变化是波动这两个命题,便既是必要的也是充分的。但如果消费不是过度平滑的,这一波动就必然受到进一步的限制,必然等于持久收入变化,而后者本身也是波动。这就是为什么对过度平滑性的检验比对过度敏感性的检验看上去更强的原因。但事实上前者并不更强,这是因为在后台发挥作用的预算约束强加了限制条件。假如在事后,消费的贴现值必须等于资产价值与劳动收入贴现值之和,那么,消费变化若是波动的话,它就必须以完全确定的方式和收入波动相联系。而这个方式恰恰是我在第3.1节推导持久收入假说的方式。在那里,我从消费的随机游走,即方程(3.1)出发,用事后预算限制(3.2)式引出持久收入假说(3.3)式,后者反过来隐含了合意消费变化公式(3.6)。如果消费是随机游走,如果需要跨时预算平衡,那么消费变化就是持久收入变化,不存在过度平滑性。

然而,认为"正确的"平滑性排除了过度敏感性的相反观点会如何呢?持久收入变化,也就是(3.6)式的右侧,肯定是波动的,所以若消费变化等于持久收入变化,消费本身将是一个鞅,而不存在过度敏感性。在这个意义上,如果易变性比较是正确的,那么,正交性检验也必须是正确的。可是,我们一定要注意,过度平滑性在这里的定义——或者不存在过度平滑性的定义——比起我们前面在第二节所用的定义强得多。典型的易变性比较是消费变化的方差和持久收入变化的方差之间的比较。我们知道,随机变量的相等意味着它们方差的相等,但反过来的说法却不一定成立。依据这一更宽的平滑性定义,即使消费变化和持久收入的方差完美匹配,诸如过度敏感性还是可能存在的。我们确实见到过一桩这样的例子。Flavin首先发现了过度敏感性问题,她假设劳动收入是趋势静态的。如果是这样的话,易变性问题便不存在,对此可见前面的(4.18)式。

4.3.4 来自双变量研究的其他见解

在双变量模型中,对高级信息的说明是用附加在储蓄上的条件和包含在资产中的额外信息实现的。这个模型在原则上不能够产生和第三章的过度敏感性检验不同的结论。但这一点仅仅在最狭义的角度上令人沮丧,这是因为平滑性和敏感性在事前几乎看不出来。如果它们能够在事前被看出,这些概念内在地包含的混乱早就可以避免了!当然,从双变量回归中,我们还能够获得大量其他有益的见解。首先,对向量自回归的线性约束条件系统地处理了收入和储蓄(从而也处理的消费),而不是像过去研究消费行为那样,把收入过程的参数视为似乎是已知的。这样,统计推断更为容易,不再需要辩称参数估计值是可靠的,或者在它们确实不可靠的时候设法找出特殊情形让它们可靠。其次,认识到消费者拥有高级信息,我们便明白了正交性检验中包括滞后储蓄的重要性。就数据而言,这几乎不造成任何差别。但在大多数情形下,正是消费变化和滞后收入变化之间缺乏正交性,才成为问题。但在消费变化和滞后储蓄之间不存在类似的困难。

我们从高级信息研究中得到的第三个重要见解是,如果消费者知道得比经济计量学家更多,滞后储蓄便可能充任预期未来收入变化的有用指标,即使我们对滞后收入价值做了调整后也是如此。这也是 Campbell 所强调的见解。换句话说,储蓄应当是 Granger 型收入。在最简单的状态下,我们可以希望这个效应为负。正储蓄指示了消费者正在预期未来的收入会下降。然而,对向量自回归的约束条件(4.47)式已经彻底揭示了模型的含义,所以不可能再对系数符号做出一般的假定。Campbell 本人做了实证研究,他的结果以略微不同的模型在 Campbell、Deaton (1989) 研究里重新给出。他的结果证明在总量数据里,储蓄效应是显著且负的。美国调整了滞后收入变化的季度数据表明,若储蓄在几个季度内很低,则收入将在紧接着的季度内更迅速地增长。Attfield、Demery、Duck (1990) 在英国,Campbell、Mankiw(1991)在英国、加拿大发现了同样的结果。但后两位学者发现这个结果对日本不适用,用于法国和瑞典则有很大疑问。持久收入假说的这一预言(至少在大部分情形下)得到了证实,这说明该假说物有所值。虽然这个模型的许多预言落空了,但我们仍然希望它的一些预言可以证实。消费者向前看,消费者储蓄以应付预期的收入下降,他们拥有关于自己收入的高级信息,消费者行为的所有这些方面都可能是正确的,而不管消费是否随机游走。Flavin(1990)曾经建立了一个模型。在那里,消费对持久收入和实际收入起反应。她的模型也证明了,储蓄预见着收入下降,同时,这个结论即使脱离持久收入假说框架也应当成立。此外,对微观经济数据的检验,比对宏观经济数据的检验更有说服力。在总体经济层次上,我们很容易想到其他机制,例如简单的凯恩斯回馈机制。那些机制也会导致储蓄和未来收入变化的相关性。例如,如果正的消费冲击被传播到后续时期的收入增长中,现时储蓄和未来收入就会形成负相关。

4.4 消费的易变性:小结

消费比收入较少变动。消费在其趋势周围的起伏更小,消费在经济周期中的变动幅度更窄,消费增长率的方差比收入增长率的方差更小。就把持久收入视为收入的加权平均而言,我们有理由希望持久收入和度量收入是相等的。如果是这样的话,持久收入假说将对消费为什么比收入平滑提供一种解释。

不过,一旦我们把持久收入假说形式化,上述说法便不再不言自明。如果消费等于财富的年金价值加上未来劳动收入的贴现值,那么,持久收入是否比度量收入平滑,便取决于预期形成的方式。如果预期是理性的并且以对未来收入的数学期望为基础,那么未来收入和过去收入的关系便取决于现时收入的演化方式和消费者所想象的现时收入进一步演化的方式。任何关于持久收入比度量收入更为平滑的假定都是如此;但在一般理论中,我们又没有任何东西能够保证它必须如此。我们在本章中已经发现,一方面我们有简单但合适的模型,证明持久收入比度量收入平滑;另一方面,我们也有简单且同样合适的模型,证明持久收入不如度量收入平滑。持久收入的性质依赖于收入在非常长的时间内的性质,依赖于收入波动的影响持续到未来的程度。但我们的数据数量有限,用这样的数据测度波动持续性,我们很难得到任何令人满意的精确度。所以,我们的结论是,被我们经常视为显明的东西,以及持久收入必须比度量收入平滑的命题,都既不显明,也不是明显正确的。

消费者,或者说代表性消费者比我们经济学家拥有更多的有关未来收入的信息。本章已经说明如何研究这一事实。如果持久收入假说是正确的,或者即使它在某些情形下不正确,那么,储蓄行为包含了人们预计他们的收入会发生的变化的信息。所以,若收入预期以储蓄为条件,我们便可以把消费者的私人信息代入到我们自己的预测中。因为收入的重大变化长时间以来已经知道,收入也早就被贴现了,所以,引入私人信息将允许我们排除消费平滑的可能性。我们知道,消费的过度平滑性是第三章讨论的正交性条件失效的直接后果。如果消费是随机游走,如果跨时预算约束得到满足,那么,消费波动将恰好等于收入波动所要求的合意量。就此而言,本章只是在第三章讨论的观察(和思考)经验数据的方式之外又提供了另一种方式。

教科书在介绍持久收入理论的时候,在提出各种论点支持持久收入平滑性的时候,所举的例子总是微观经济学的。这些例子中的个人有过暂时性收入,或者暂时性的失业。然而,他们使用的实证描述却又总是宏观经济的,典型的做法就是列举像第三章的图3.1。本章(上一章不是如此)没有任何证据表明对个别家庭而言,持久收入没有度量收入平滑。我们要寻找这样的证据,但除非我们承认个人收入加总到总收入的局限性,否则,宏观经济证据本质上与此没有关联。这样,我现在就转入微观经济的实证研究。

第五章

宏观经济学和微观经济学

　　持久收入假说是为说明单个个人或家庭消费行为而提出的。第三章和第四章的许多甚至太多的内容却直接利用这一假说来解释总量数据。现在我们需要改换其他角度,回头来观察微观经济数据,了解在这里的理论进展是否更加顺利,了解如果从微观底层开始研究的话,我们是否能够在理解消费和储蓄的宏观经济学方面取得进步。第5.1节到第5.3节将依据 Hayashi(1987)对文献所做的较早综述,讨论一系列利用消费和收入的微观经济数据,从各个方面考察跨时配置理论的研究。这些研究很难适当地分类。若干研究之间有紧密的关联,有些研究者用完全不同的模型探讨显然同样的经验规则。我只能主观地做一些区分。第5.1节介绍的是用微观数据对持久收入假说做出的检验,持久收入本身的定义方式和第三、第四两章中完全一样,而消费与一生总资源的年金价值相等。第5.2节介绍的研究互相差别很大。虽然许多研究针对的问题相同,例如持久收入模型,它的过度敏感性等,但探讨跨时选择的另外一些研究并不同意持久收入假说，并把重点放在完全不同的其他问题上。第5.3节是三节实证研究评论中最短的一节。它考察不同家庭消费模式的关系，不同家庭的消费是如何联系在一起的，父母家庭和他们正在成长的孩子家庭之间的消费是怎样联系的，人们是否尽力减少风险以保持自己的消费水准。

与上一章主题不同，本章讨论的研究工作没有产生出被广泛承认的典型事实，而这样的典型事实却出现在宏观经济学文献内。本章介绍的一些作者没有发现数据和理论的矛盾，另一些学者则把他们的研究结果解释成是从家庭层次上对利用总量数据得出的理论的进一步否定。至少就短期行为来说，对微观数据的经济计量分析，似乎并没有得出与我们在第三章讨论的理论明显矛盾的结论。但即使如此，人们仍然发现了许多不那么严格的证据，表明流动性限制是重要的；表明如第二章指出过的那样，消费在生命周期过程中紧随着收入。考虑到微观数据严重的模糊和歧义，我们需要探讨，宏观经济问题是不是在微观数据加总过程中，因为微观结果转移到宏观层次所要求的某个假定的失效而造成的。我在第1.3节讨论过若干主要假定，它们是个人（或者至少家庭）会无限期地生活下去，个别消费者了解加总的变量。即使一个消费理论在个人或家庭层次上正确，我们放弃上述两个主要假定中的任何一个后，我们所得到的宏观模型，也会以各种很巧妙的方式不同于其微观模型母体，并且要经过一段周折后才可能解释宏观数据。第5.4节将在持久收入假说的范围内阐明两个加总问题，即有限生命和异质信息。第5.5节简短地总结了本章的讨论。

5.1 持久收入假说和微观数据

为了减少从总量时间序列研究到微观研究的过渡困难，本节先一般化地讨论若干利用微观家庭层次上的消费和收入数据将遇到的问题。不过，我们虽然因此而避免了在前两章里占了那么大篇幅的许多技术困难，却又要处理冒出来的新困难。本节所阐述的最重要、最基本的研究是 Hall、Mishkin(1982)对收入动态研究组(PSID)中食品支出数据的研究。就像 Flavin 的文章代表了宏观经济学文献的许多观点一样，Hall 和 Mshikin 的文章也代表了微观经济学文献的许多观点。这两篇文章是在差不多相同的时间写的，使用了类似的基本概念，并且都为后续的研究工作建立了框架。因此，我也用和第 3.1 节相同的思路来阐述它：先说明初创工作的结论，然后再逐步讨论后继研究提出的不同修改建议。

5.1.1 数据和方法论的一般问题

微观经济研究一下子就吸引我们的原因是它使用的是符合理论要求的数据。第一章的理论框架便是用于个人或者家庭，而不是用于美国或任何其他国家的总量数据或个人及家庭平均数的。然而，这里仍然存在实用的困难。这些困难虽然和有关时间序列数据的困难不同，但严重程度丝毫没有降低。代表性消费者概念的优点之一，就是用加总过程抹煞了所有个人的特征。代表性消费者既非青年又非老年，既非男性又非女性，他们的孩子完全相同，数量也多少不变，并且永远是儿童。人的所有真实特征在经济计量研究中都被忽视了。与此相反，在微观数据中，经济计量学家直接面对着样本中个人的差异。要在理解他们消费的问题上有所进展，经济计量学家就需要控制这些差异。我们可以舒服地想象一种不变的满足函数，其中年龄的作用最多是引入贴现因子。这种函数用于宏观经济数据也许很方便，但在微观层次上却毫无意义。在这个层次上，年龄、家庭结构、民族、受教育水准、居住地、职业等许多可能的变量是有作用的。个人之间的多样性是如此重要,如果一个模型不考虑那些不可测度的个人特征,这个模型将没有意义。个人特征肯定和我们关心的收入和消费变量相关,但引入个人特征有时又会造成棘手的统计推论问题。

加总不但抹煞了个人的特征,而且也消除或者大大减少了度量误差的影响。在一套微观经济数据中,我们观察所记载的消费和收入的逐年变化,肯定会相信大部分变化是度量误差[参见例如 Altonji、Siow(1987)对收入动态研究组中收入和食品消费数据的描述和分析]。在微观经济学数据中,收入变动不论是年度的(MaCurdy,1982;Abowd、Card,1989)还是季度的(Pischke,1991),都很典型地显示了负的自相关。它可能反映了暂时收入的重要性,也可能反映了随机度量误差的重要性。这两者很难分离。进一步地说,正如我们在第三章已经发现的那样,加总的季度收入变化在不同季度间的自相关是正的。这里的差别应当成为任何一个包括了微观和宏观消费与收入的完整理论的一个部分。

许多关于收入和支出的家计概览,还会出现不能引申出可靠的储蓄数据的情形。这个问题最可能和度量误差有关。收入或消费这两个数字很大的量,或者其中任何一个量出现百分比很小的误差,都会给度量它们之间本来就不大的差距,造成很大的相对误差。此外,家计概览数据经常表明家庭尤其是贫穷家庭的花费超过其收入。在许多不发达国家,家计概览数据显示收入分配底层的 50%～80%人口只有负储蓄。这种现象非常多见,我们无法将之归因为家计概览数据的搜集时间正好处在收入不正常地低的年份,参见例如 Visaria(1980),但随机度量误差隐含着这样的影响。消费对错误度量的收入的回归函数的斜率偏向于零,在低收入时造成显著的负储蓄,在高收入时造成显著的储蓄。这正是 Friedman(1957)在用持久收入理论解释典型的消费对收入的"凯恩斯"回归函数时指出的影响。在那类回归函数中,截距是正数,斜率小于1。当然,人们同时猜测收入报告系统地低估了收入,特别是低估了自我雇用者的收入。对这类人收入的定义首先就非常难,更遑论度量了。

最后大概也是最严重的困难,是我们缺乏适合于检验消费理论含义的家计概览数据。理想的数据是追踪调查个别家庭的长期时间序列资料。收入动态研究组从1967年以来记录了一组家庭的收入数据。可是它既不搜集储蓄也不搜集总消费数据。它提供的消费支出资料仅仅是食品消费,而食品消费在国民收入核算中,目前仅仅占总消费的大约17%。我们将会看到,一些学者特别地假定食品消费弹性(或者食品支出的边际倾向)不变,以便用食品消费数据来研究总消费。美国劳工统计局所做的"消费支出概览"(Consumer Expenditure Survey,简称CEX),不是面板数据。劳工统计局的调查者在15个月中访问调查家庭5次,其中2次询问收入,其余3次询问消费。这样一类调查数据也许最为常见,即有时是包括了部分面板数据的单个截面资料,有时是很小的面板数据。但这两部分数据提供的各家庭的观察资料都很少,且常常仅有两个数据。本来,用以确定模型的理想数据是时间序列变动数据,但在现有的资料内,我们只好用截面变动数据代替之。而为此,我们需要额外的并且如我们下面说明的那样危险的假设。

另一个可能性也值得注意。有时,我们可以得到许多年的家庭收入和支出概览资料。这些资料虽然没有追踪个别家庭,但它们是许多独立截面数据的时间序列。英国的"家庭支出概览"大概就是最有名的例子。它从1954年以来,每年搜集大约7 000个家庭的年度数据。遵照Browning、Deaton、Irish(1985)以及Deaton(1985)开创的方法,我们用这些数据可以构造综合年龄组。虽然这些数据中每个家庭或家庭组合仅仅被调查过一次，但我们仍然能够想象一套稳定的家庭总体，其不同的样本是后续调查的对象，例如，可以想象 1945 年出生的男性年龄组。在 1975 年的样本内，所有 30 岁的男性构成了一个子样本。我们可以计算他们收入、消费、工作时间的平均数及我们感兴趣的其他变量。在 1976 年概览中，我们计算 31 岁男性年龄组；在 1977 年概览中，计算 32 岁男性年龄组；等等。用这样的方式，我们能够通过一个年龄组的样本平均数追踪这个年龄组。如果子样本很大，它的平均数很精确，我们为了某些目的也可以把它们当作面板数据来分析。此外，用适当的含误差变量估计量，我们能够明确地说明抽样误差。尽管这样的方式使用了(半)加总数据，但我们仍然无须顾虑通常与加总联系在一起的函数形式问题。因为函数形式虽然对数据有要求，但我们计算出来的平均数对于所有函数形式都是适用的，不管它是对数形式还是水平量形式，甚至其他可能的形式。当然，这里也须注意，我们获得的只是小面板数据，而没有检验消费理论的理想的大面板数据，因此我们会遇到许多经济计量学的麻烦。

5.1.2 Hall 和 Mishkin 的研究

有关微观数据的工作中最常被引用、影响最大的文章之一是 Hall、Mishkin(1982)对收入动态研究组中食品支出数据的研究。他们的总思路和 Flavin(1981)的思路十分相似，但根据数据性质做了适当的修正。在 Flavin 那里，收入趋势被假定是确定性的，消费和收入在估计之前被非趋势化。但在 Hall 和 Mishkin 那里，他们先就消费和收入对家庭特征做初步的回归，然后整理这两个回归方程的残差，得出关于消费和收入的个别分量。他们假设收入变化分量是确定性的，是年龄、年龄平方、时间、家庭中成人和孩子数目变动的函数。相应的消费变化方程包括了像相对价格这样的许多变量。收入回归函数被用来识别家庭可事先计划的持久收入。因此，消费残差波动将仅仅由收入残差的变动所决定。这些问题处理以后，他们能够集中关注我们感兴趣的事情——消费对收入的短期动态反应。

令 $\tilde{y}_t$ 和 $\tilde{c}_t$ 表示劳动收入和消费，不考虑其中的个人特征。Hall/Mishkin 为收入提出了下述时间序列模型：

$$\tilde{y}_t = y_t^L + y_t^S \tag{5.1}$$

式中，上标分别代表长期和短期或长期和暂时。持久收入和暂时收入各有自己的随机过程。令 y_t^L 为随机游走，则：

$$y_t^L = y_{t-1}^L + \varepsilon_t \tag{5.2}$$

而暂时收入是静态移动平均过程：

$$y_t^S = \sum_{m=0}^{M} \phi_m \eta_{t-m} \tag{5.3}$$

其中，$\phi_0 = 1$。假设家庭有能力区别暂时和持久收入，消费便会对这两类收入起不同的反应。尽管我们可以批评这个假设，但它不是完全没有理由的。y_t^L 的波动会立即被综合到基础收入内，而 y_t^S 的波动(至少有时)是暂时的。消费者可以辨认出什么是什么。他们可以清楚地区别收入上升是由于薪水提高还是咨询收入增加，是由于工资级别变化还是加班费上升。

如果持久收入假说正确，消费将一对一地反映持久收入变化，用 β_t 反映暂时收入的波动。这里 β_t 是(3.14)式或(4.7)式中的有限生命因子：

$$\beta_t = \frac{\sum_{\tau=0}^{T-t}(1+r)^{-\tau}\phi_\tau}{\sum_{\tau=0}^{T-t}(1+r)^{-\tau}} \tag{5.4}$$

因此，如果 f_t 为食品支出，食品的边际支出倾向为常数 α，那么，零假设意味着：

$$\Delta f_t = \alpha\varepsilon_t + \alpha\beta_t\eta_t \tag{5.5}$$

Hall 和 Mishkin 考虑了暂时消费,或者说考虑了消费的度量误差,并在模型中将其视为二阶静态移动平均过程,系数为 λ_1 和 λ_2。这样,如果把暂时收入当成一个三阶移动平均数,他们就得出两个方程,一个是收入变化方程,一个是消费变化方程。第一个方程是:

$$\Delta \tilde{y}_t = \varepsilon_t + \eta_t - (1-\phi_1)\eta_{t-1} - (\phi_1-\phi_2)\eta_{t-2} - \phi_2\eta_{t-3} \tag{5.6}$$

在研究消费变化时,他们考虑了暂时消费变化和消费度量误差,其方程是:

$$\Delta f_t = \alpha\varepsilon_t + \alpha\beta\eta_t + \upsilon_t - (1-\lambda_1)\upsilon_{t-1} - (\lambda_1-\lambda_2)\upsilon_{t-2} - \lambda_2\upsilon_{t-3} \tag{5.7}$$

其中,υ_t 是暂时性食品消费波动,β 是常数。他们假定三个波动是互相独立的,并且具有不变方差,最后一个波动作为参数,和 α、β、φ 与 λ 一起要被估计出来。(事实上,这里的方程是 Hall/Mishkin 估计方程的简化形式。他们在建立方程时注意到,家计调查的设计便决定了家庭在报告消费数据时,一年已经过了大约一个季度,所以,家庭已经对"未来"收入有了若干了解。)

至少在理论上,用面板数据估计这两个方程并不费事。数据是 1969~1970 年度到 1974~1975 年的 6 年数据,计算的是截面样本方差和收入变化与消费变化的协方差。另外,用(5.6)式和(5.7)式计算了理论矩(Moments),用最大似然法估计了参数。他们想象估计出来的参数能够最大限度地满足理论和样本矩。两个方程内的所有参数都是可识别的。两类移动平均数都是正参数。暂时收入的参数值是 0.294 和 0.114,暂时消费的参数值是 0.215 和 0.101。食品边际支出倾向的估计值是 10%。暂时收入波动的方差比长期随机游走收入波动的方差大 2 倍多。参数 β 是消费对暂时收入波动的反应,它的估计值是 0.292。但是,只有实际利率非常高,比如高于 30% 时,这个值才能和暂时收入的移动平均参数一致起来。因此,依据这些从微观数据中求出的估计值,消费不是太平滑的,但也不是足够平滑的。很高的主观贴现率和用持久收入假说得到的这一估计值一致。但高主观贴现率表示消费者的眼界有限,而这正是 Friedman(1963)提出的观点。消费者向前看,但并不看到无限远或者不看到整个生命周期,而只看到未来的 3~4 年。在第二章,我们看到消费在每个长于若干年的时期间追随收入的证据。现在的发现也和这一证据一致。但在第六章,我们将用其他概念来解释现在的发现。

Hall 和 Mishkin 的数据有一个重要特征不能为他们的模型所说明。这就是消费变化和前期收入变化的协方差显著且负。根据方程(5.6)式和(5.7)式,这个协方差应当等于零。不过,就像常见的情形那样,如果持久收入假说正确,滞后变量就不应当有能力预见消费变化。这个假说在宏观经济数据的研究中失败了,现在又以同样形式在微观经济数据的研究中失败了:消费变化和收入滞后变化不成正交性。Hall/Mishkin 又估计了另一个方程。他们按固定比例把消费者分成两类:按照(5.6)式和(5.7)式行动的持久收入消费者,以及简单地按照自己收入来消费的流动性约束消费者或"经验法则"消费者。DeLong、Summers(1986), Campbell、Mankiw(1991)后来采用他们的这个模型,用来解释在加总数据中发现的过度敏感性。Hall 和 Mishkin 估计"经验法则"的消费者在收入动态研究组样本中占 20%。他们消费的变化部分等于他们收入的变化部分,而与他们收入的滞后变化成负相关关系。因此,这部分消费者的存在将能够解释负相关的出现。当然,负相关也可以用借款条件或流动性约束来解释。无法借款的消费者常常只能消费他们的收入。不过,这一说法并不就是对的。然而,说这类消费者若估计到自己收入的某次增长,将不得不等到那时再提高消费,大概是正确的。这样,流动性约束的存在将可能引出消费变化与可预期收入变化的相关关系。就微观数据来说,滞后收入变化预示着(负的)收入变化,因此,若存在无法借款的消费者,在消费变化和滞后收入变化之间便可能有(负)相关。

在第三章,我们看到,总消费变化与滞后收入变化正相关,滞后收入变化也预示了正的收入变化,所以,当用流动性约束来解释的时候,我们几乎不可能宣称微观经济学结论会给宏观经济学结论提供任何逻辑一致的解释。不过,尽管如此,Hall 和 Mishkin 的结论也肯定提示了我们,在对消费行为做出的更全面的说明中,流动性约束将扮演有用的角色。

5.1.3 再解释:度量误差

Hall 和 Mishkin 考虑了收入动态研究组错误度量食品消费的问题,因为它包括了可以被视为报告误差的暂时消费项目。然而,在他们的经济计量框架内,他们注意到,收入的度量误差可能导致他们的参数不可识别。例如,即使收入度量误差和其他任何一个量正交,我们也不可能从度量误差中分离出收入波动,因此亦不可能就消费是否过于平滑得出任何推论。持久收入假说在他们数据中的完全或部分失效是否就在于此,是一个更具根本性的问题。Altonji、Siow(1987)探讨了这个问题。

收入度量误差的存在几乎是不可置疑的。Altonji 和 Siow 报告说,如果使用比如滞后收入、工资及其他就业信息做工具,用工具变量估计代替普通最小平方法,食品支出对收入变化的回归系数就会提高 3 倍。问题在于,收入的度量错误对检验持久收入假说可能有什么影响。

考虑一种典型的过度敏感性检验或流动性约束检验。用前期的收入变化预期回归消费变化,有:

$$\Delta c_t = \alpha + \beta E_{t-1} \Delta y_t + u_t \tag{5.8}$$

若持久收入假说正确,则我们有 $\beta=0$。但流动性约束消费者的存在要求 $\beta>0$。如果没有度量误差,同时收入变化与其滞后量相关,我们用标准工具变量程序估计 β:

$$\widetilde{\beta} = \frac{\text{COV}(\Delta y_{t-1} \Delta c_t)}{\text{COV}(\Delta y_{t-1} \Delta y_t)} \tag{5.9}$$

并检查 $\widetilde{\beta}$ 是否等于零或大于零。不过,假如收入水平受制于度量的白噪音误差,我们观察到的就不是真实的收入变化,而是充斥误差的收入变化。后者是真实收入变化与度量误差的一阶差分之和:

$$\Delta y_t^* = \Delta y_t + e_t - e_{t-1} \tag{5.10}$$

将它代入到(5.8)式中,我们有:

$$\Delta c_t = \alpha + \beta E_{t-1} \Delta y_t^* + \beta e_{t-1} + u_t \tag{5.11}$$

所以,虽然真实收入的滞后变化与消费波动正交,但包括了 e_{t-1} 的错误度量的滞后收入变化和(5.11)式中的复合误差不正交,因此它也不能够有效地作为 β 一致估计值的工具。从表面上看,似乎收入的错误度量通过 β 估计值与零的偏离,否定了持久收入假说,但事实上不是这样。如果持久收入假说正确,$\beta=0$,由于(5.11)式的滞后误差不再显现,偏离根本不会发生。只要滞后收入变化继续和现期收入变化相关,在持久收入假说正确的前提下,收入的错误度量就不可能解释 β 的非零工具变量估计值。

不过,当 Altonji 和 Siow 估计一个(更复杂)的(5.8)式变形方程时,发现如果把滞后收入当成工具,持久收入假说将被否定,而流动性约束得到更多支持;如果把决定收入的滞后就业变量当成工具,持久收入假说就不能被否定。可是,正如我们要看到的,除了度量误差外,还有不少原因能够说明为什么这些结论不同于 Hall 和 Mishkin 的结论。

5.1.4 再解释:时间序列还是截面数据

Mariger、Shaw(1990)在他们最近的一篇文章中对 Hall 和 Mishkin 的结论提出了强有力的质疑。他们的一个问题是 Hall 和 Mashkin 最初的结论能否使用收入动态研究组中其他年份数据重新获得。但更重要的是,Mariger 和 Shaw 依据的是 Chamberlain 在综述数据的经济计量学时提出的一个观点。Chamberlain(1984,第 1 311 页)指出,截面矩(Moments)不能和时间序列矩混同,用观察消费变化和滞后变量的截面相关来检验过度敏感性是不正确的。这里将依次讨论这两个观点。

Mariger 和 Shaw 从收入动态研究组的年度资料中选取了 1970～1981 年数据(1972～1973 年没有消费数据,因此没有包括在内),用一阶和二阶滞后收入变化对消费变化做了回归。二阶滞后的回归系数非常小,小于它们的标准差。我们暂时忽略它们。一阶滞后的系数相应于 Hall 和 Mishkin 的过度敏感性检验。它在 1971 年、1974 年、1975 年、1976 年,以及 1980 年是负数,在 1970 年、1977 年、1978 年、1979 年,以及 1981 年是正数。但 Hall 和 Mishkin 的样本只包括了 1970 年、1971 年、1974 年和 1975 年的数据。Mariger 和 Shaw 发现没有任何一个正数估计值大于其标准差,但除了 1980 年外,所有负数估计值都大于其标准差。总的来说,我们可以和 Hall 和 Mishkin 一起得出结论,负协方差比零协方差的证据更多。确实,对整个时期的总估计显示了负系数,−0.005 7,而标准差为 0.005 3。但在 Hall 和 Mishkin 的样本内,1971 年、1974 年和 1975 年的总估计是−0.018 1(0.010 1)。Mariger 和 Shaw 的结论似乎指向了流动性约束。但这一结论似乎不是收入动态研究组中各年数据的特征,而且似乎也没有出现在更迟的数据里。

Mariger 和 Shaw 建议说,这一证据解释了收入动态研究组协方差的逐年变动性,也说明了为什么针对短期的估计会导致不正确的推论。我们利用一个关于个人收入过程的简单模型可以更清楚地得出这一点。假设总收入是随机游走,每个人分享这笔总收入,包括承受它的特殊和暂时的冲击,家庭 i 经历的收入变化可写成如下公式:

$$\Delta y_{it} = \varepsilon_t + u_{it} - u_{it-1} \tag{5.12}$$

其中,ε_t 是随机游走冲击,它对所有人相同;u_{it} 是特殊的暂时收入。假定收入的各个组成部分在各个个人之间并不相关,依据第 1.4 节的一般假定,每个人都了解总量冲击。为简便起见,我们使用无限时期,这样,每个家庭的消费变化是:

$$\Delta c_{it} = \varepsilon_t + \frac{r}{1+r} u_{it} \tag{5.13}$$

现在我们能够求消费变化对滞后收入变化的回归系数。现假设我们以某一年 t 计算。基本计算给出:

$$\plim_{n \to \infty} \widetilde{\beta}_t = \plim_{n \to \infty} \frac{\sum_{i=1}^{n} \Delta c_{it} \Delta y_{it-1}}{\sum_{i=1}^{n} \Delta y_{it-1}^2} = \frac{\varepsilon_t \varepsilon_{t-1}}{\varepsilon_{t-1}^2 + 2\sigma_u^2} \tag{5.14}$$

式中的和式是对 n 个家庭求在这一年的总和。虽然当时期数目倾向于无限的时候,$\widetilde{\beta}_t$ 估计值的时期平均数收敛于零,但我们现在遇到的不是这种状况。对任何一年,或者对很短时间的面板数据,系数将根据那一年发生的总冲击而随机变化。确如 Mariger 和 Shaw 所言,使用随机系数模型,数据显示的系数模式和这样的解释相一致,而看不出流动性约束的作用。他们认为 Altonji 和 Siow 之所以发现了正系数,是因为他们使用了比 Hall 和 Mishkin 还要长的数据时期,因此在他们那里,平均系数偏离零的区间更小。

在上面这一特殊例子内,总量冲击被简单地加在特殊收入部分上,而例子的结论,以我们计算回归时不考虑截距为前提。消费变化和滞后收入变化的均值分别是 ε_t 和 ε_{t-1},所以,即使使用很少几个时期的数据,考虑了各个时期的虚拟变量的回归方程也不大可能揭示过度敏感性。这里应当注意,Altonji 和 Siow,与 Hall 和 Mishkin 不同,Altonji 和 Shaw 在他们的初步回归中使用了时间虚拟变量,这样他们的收入变化和消费变化在各个家庭间的均值便是零。但是,对个人收入的可靠说明表示,时间虚拟变量不能够消除总量冲击的影响。例如,在(5.12)式中加入交互作用项,我们有:

$$\Delta y_{ti} = \varepsilon_t + \eta_i \varepsilon_t + u_{it} - u_{it-1} \tag{5.15}$$

这样,总量冲击就依据不随时间变化的参数 η_i 而对不同个人发生不同的影响。我假定这一参数对总体的均值为零。根据(5.15)式,虽然每个人的收入都有一部分随总体经济而上升或下降,但每个人的总收入受总体经济的影响却是不同的。例如,经济繁荣时,有些人收入的提高超过总体提高的平均数,有些人低于平均数,有些人收入甚至下降。除了一般冲击 ε_t 现在必须和特殊因子 $1+\eta_i$ 相乘外,消费变化将和(5.13)式一样。

我们接着追随 Altonji 和 Siow 的思路,在用截面数据进行过度敏感性检验前,先在初步回归中消除时间影响。这等于从消费变化和收入变化中减去每年的截面均值 Δc_t 和 Δy_t。把(5.14)式中的概率极限用下式代替:

$$\underset{n \to \infty}{\text{plim}} \frac{\sum_{i=1}^{n}(\Delta c_{it} - \Delta c_{.t})(\Delta y_{it-1} - \Delta y_{.t-1})}{\sum_{i=1}^{n}(\Delta y_{it-1} - \Delta y_{.t-1})^2} = \frac{\varepsilon_t \varepsilon_{t-1} \sigma_\eta^2}{\varepsilon_{t-1}^2 \sigma_\eta^2 + 2\sigma_\mu^2} \tag{5.16}$$

这里可以看出消除时期均值并不解决问题。当然,如果我们事先知道总量冲击如何影响每个个人,我们能够设计一个和截面数据一致的估计因子。但我们对如何取得这样的知识并不了解,因此,我们也很难相信总量冲击被消除了。如果它真被消除了,对面板数据的过度敏感性检验至少需要足够多的时期,以便判断过度敏感性参数在时间中的变动性。

5.2 跨时选择的微观经济学的进一步研究

在过去不多的几年中,出现了许多利用家计调查资料估计各种跨时选择模型的研究。我们将首先评论 Zeldes(1989a)和 Runkle(1991)的研究。他们在考察收入动态研究组食品支出和检验过度敏感性的时候遵循了 Hall 和 Mishkin 的思路。我把他们放在这一节评论的原因,是他们使用的是弹性的满足函数,因此不符合持久收入假说的正式版本。我们以后将会发觉,这里的区别比单单选择函数形式要深刻得多。还有一些学者也研究和 Zeldes、Runkle 一样的问题,但他们使用的不是收入动态研究组的食品数据,而是更完整的"消费支出概览"(CEX)数据。"消费支出概览"从 1980 年开始公布,如今已经提供了为可靠分析所需要的足够数据。另外,一些学者使用来源于不同国家的其他数据研究类似的问题。这些研究难以分类,但我们也将对它们加以评论。本节的最后一小节将总结某些暂时性的结论。

5.2.1 对收入动态研究组数据的进一步研究

Zeldes(1989a)和 Runkle(1991)没有应用持久收入假说。他们应用了欧拉方程方法,特别是方程(2.11)。该方程把消费增长率和预期实际利率联系起来。它是欧拉方程在满足函数等弹性、相对避险系数不变时的近似形式。扩大(2.11)式以包括特别的家庭变量,则家庭 i 在时间 t 的方程可

写成:

$$\Delta \ln c_{it+1} = \alpha + \eta_i + \zeta_t + \beta_1 E_t r_{it+1} + \beta_2 age_{it+1} \\ + \beta_3 \Delta \ln FS_{it+1} + z_{it} + \varepsilon_{it+1} \tag{5.17}$$

其中,η_i、ζ_t 分别是家庭和年度影响。age 是家长年龄,FS 是家庭规模,z_{it} 在流动性约束有效时为正数,在该约束无效时为零。方程(5.17)来自 Zeldes 的文章,但它对于我们描述 Runkle 的结论也是有用的。

我们希望家庭规模、年龄和年龄平方出现在满足函数内,以便它们的一阶差分能够和消费变化同时被考虑。家庭固定影响说明家庭决定消费变化的其他特殊因素,而时间影响则说明个别家庭所遇到的所有额外的总量冲击。Zeldes 从欧拉方程中导出了流动性约束变量。在他那里,欧拉方程内不允许借款,如果一个家庭在当前时期不受到流动性约束,欧拉方程就将成立,即使该家庭估计在未来某个时期会受到这样的约束。一个家庭如果乐意借款但借不到,它的本期消费比起下期消费便可能过低,而它的下期消费便可能过高。这一点就体现在方程中的 z_{it} 上。流动性约束不会造成过低的消费增长率,因为即使家庭不能够消费更多,它也总能够储蓄更多,从而它的消费增长率将提高。Zeldes 的方法明确指出由借款人约束导致的家庭行为不对称。他假定流动性约束迫使家庭只是支出它的收入,并由此显著改进了他的研究。另一方面,正像我们在第 6.2 节中将看到的那样,若允许偶然地违反欧拉方程,流动性约束对消费的影响可能十分突出,但如此一来,以欧拉方程为基础的检验,就不是很有力的,包含的信息量也是有限的。

Zeldes 使用了 1968~1982 年收入动态研究组的数据。除去没有消费支出数据的年份,他为每个家庭样本一共获得了 10 个观察值。在实践上,平均每个家庭的观察值在 3~4 个之间,依实际情形而定。在每一年度中,每个家庭以资产和收入比为标准而被列入高资产组或低资产组内,而(5.17)式的变量也就相应地针对每个组来确定。利息率变量被每个家庭在时期 t 时的边际税率工具化。若税率不变,利率影响和年度影响 ζ_t 之间将无法区分。在回归方程中,年度影响用虚拟变量来模拟。通过消除各个家庭的均值,家庭固定影响亦不复存在。这一差分化过程把时间平均数引进误差项,所以不再必然和标识为时期 t 或更早时期的变量正交。不过,如果不考虑固定影响,它们事实上又起着作用,并且一般地和资产相关,那么,用资产水平来给样本分组将带来选择偏倚。例如,特别谨慎的家庭会有高资产和高消费增长率。如果(5.17)式用来估计高资产样本组,而且 z_{it} 应当为零,所用的参数是用来计算低资产组的预期消费增长率的,那么,平均每年的低估值将是 1.7%(t 值为 1.63)。如果我们排除流动性约束变量,但加入 $\ln y_{it}$,再用(5.17)式估计每一个样本组,我们将能得到支持这一结论的证据。这个过度敏感性检验为低资产组引出了显著的负系数。收入越低,不能够借款的影响越大,消费增长率越高。针对高资产组的系数也是负数,但小了一半,而且统计学上不显著。注意,固定影响的处理虽然造成了两个系数的向下偏倚,但我们并没有理由假定低资产组的偏倚比高资产组的更严重,也没有理由反对 Zeldes 的结论。

  Runkle 使用的收入动态研究组的数据是 1973～1982 年的,但他的结论和 Zeldes 差别很大。虽然他讨论了时间影响和家庭影响为什么应当包括在回归方程中,但他的(5.17)式仅仅考虑了利息率和年龄两个变量。他在数据中没有发现期间影响和家庭影响。但他的消费数据中显然有重要的度量误差。误差的出现是因为他在(5.17)式中加入了移动平均的度量误差,并对标准差和检验统计量做了适当修正。他用的也是工具变量技术,但他用了矩估计的一般化方法,并用过度识别检验统计量来测度模型的正确性以及工具变量和其波动之间的正交性。全部工具变量都用时期 t 或更早时期的下标标识。如果检验失败，至少部分工具变量不会和假设的波动正交，我们便得到了等价的过度敏感性。工具变量是一个常数、年龄、边际税率、工作时间、可支配收入、资产收入和流动资产，而且在 $t-1$ 和 $t-2$ 两个时期。他认为检验假设对作为一个整体的样本组和根据资产收入比区分的子样本组都是可以接受的，并把这一点视为对理论的强大支持。和 Zeldes 不同的是，他还发现利率影响十分显著，虽然在他们两人的研究中，利率的估计系数都在 0.45 前后。

我很难把 Runkle 和 Zeldes 两人的研究结论协调起来，而且也很难把他们的结论和我已经讨论过的利用收入动态研究组的资料所用的其他研究协调起来。例如，Runkle 在一次检验中包括了时间虚拟变量，把它作为工具，但得出了不显著的过度识别检验统计量。他把这解释成是总量冲击不重要的证明。如果真的如此，消费增长率在总量数据中便应当是常数，而我们知道这是不可能的。另外，考虑到 Hall 和 Mishkin 的检验结论，考虑到甚至 Mariger 和 Shaw 都证明了工作小时、收入或流动资产会影响检验统计量，以及考虑到 Hotz、Kydland、Sedlacek(1988)关于滞后的工作小时变量强烈影响食品消费的结论，那么，Runkle 排除工作小时、收入和流动资产的影响是令人惊奇的。在他的子样本检验中，除了年龄和边际税率以外，消费变化似乎与任何变量都成正交关系！

正像 Runkle 注意到的那样，我也认为发生上述差异的重要原因是各个学者选定样本的方式不同。Zeldes 使用的观察数量几乎是 Runkle 使用的 6 倍，而 Runkle 选取的 1 144 个家庭只有 2 830 个观察值，只仅仅略多于一个家庭一对观察值。同时，就像前面提及的那样，经济计量方法也有问题。Zeldes 用来消除固定影响的差分化方法可能会潜在地使工具变量无效。Keane、Runkle(1992)讨论了这个问题,指出如何避免这个问题。他们重新估计了方程(5.17)式,删去了家庭规模项。他们还从收入动态研究组的数据中重新整理出一套样本,家庭数目在1975~1982年间为3 762个。根据这些资料,他们应用 Zeldes 的估计方法,复制了他的"过度敏感性"结论,即 t 时期的低收入预示了 $t+1$ 时期的高消费,但他们同时指出,若应用更适当的估计技术,这一效应不会显现。

在这个问题上,Carroll(1991)造成了更大的混乱。他争辩说,如果跨时欧拉方程在微观数据中成立,滞后收入项应当有助于预见消费增长!回顾一下(2.11)式,从那个公式可以看出这一观点,因为它揭示了消费增长率不仅取决于利息率和偏好变量,而且取决于一个方差项。如果下一期消费增长的风险很大,那么若储蓄的预防性动机较强,本期消费便应当较低,结果,消费增长就会较快。然而,准确地说,只有那部分低收入和/或低资产的消费者,最没有能力抵御消费变动,所以必须在现期消费较少。由此,可以像 Zeldes 所发现的那样,低收入和低资产应当推论出高消费增长。当然,利用作为持久收入假说基础的二次满足函数假设,可以消除预防性储蓄效应。而这些效应的存在从一个重要方面说明了,为什么利用等弹性满足函数的实证研究应当和以持久收入假说为基础的实证研究分开。我们需要进一步展开研究,以确定 Carroll 的效应是否很大以至于有重要性。如果有重要性的话,我们便会得到具有讽刺意味的结果:Zeldes 的检验结果被他自己解释为对理论的拒绝,事实上却与理论一致;Keane 和 Runkle 的两个结果原先拒绝了理论推出的效应,现在却不再能被视为证据。

我们还需要更多的工作来分析数据问题。使用像收入动态研究组的数据会带来很多困难。这类数据的搜集本身就是为了其他目的设计的。所以,如果一些学者应用自己先前使用的模型分析其他数据,但不一定得到先前的结果,是不奇怪的。此外,利用收入动态研究组数据的各种研究,特别是对劳动供给的研究,清楚地告诉我们,研究结果与子样本的建立方法密切联系。这是一个需要进一步研究的问题。理想化地说,我们需要像Mroz(1987)对劳动供给那样的研究,因为在他那里,样本选择、经济计量技术和模型形式的作用都被仔细地分开了。

5.2.2 来自"消费支出概览"的证据

美国的"消费支出概览"(CEX)提供了定期的家庭面板数据。这个概览从1980年开始实行,现在已经搜集了足够的资料,并成为收入动态研究组的严重竞争对手。"消费支出概览"的主要优点是消费核算相对比较完整,而不像收入动态研究组那样仅仅包括食品。但相对应的缺点是某个家庭被包括在样本中的时间最多不能够超过15个月,因此,我们不能够像在收入动态研究组那里更长时期地追踪某个家庭。不过,我们有可能为每个家庭引出一个独立的、互相对应的收入和消费变化,然后针对可以预期的收入变化的任何一个组成部分,对消费变化做回归,以检验过度敏感性。Lusardi(1992)做了这样一个实验。她遇到的主要困难是个别家庭层次上的收入变化极其不稳定,因此用"消费支出概览"数据极难预测。为此,Lusardi使用收入动态研究组数据来估计收入预期方程,然后把系数代到"消费支出概览"数据的同一协变量上,得出短期收入变化的预期值。她发现这些预期收入变化在预期消费变化时有显著作用,同时,这些预期值和我们在第三章评述的宏观经济研究文献中的过度敏感性效应相比,是很大的。

Lusardi发现的效应是短期效应。Carroll(1992)考察了更长时期的效应。他从"消费支出概览"和收入动态研究组中整理了数据,用年龄和职业估计了收入曲线,计算了"消费支出概览"中的家庭的预期终生资源的估计值。但这些数值对超过现期收入的消费几乎没有预测力。在他那里,即使一个大学生在其一生中的资源远远多于一个汽车修理工,但如果他们现行收入相同,他们的消费也将相同。除了就很短时期得出的结论外,他的结果既与持久收入假说相矛盾,也与生命周期模型的不变消费的简单版本相矛盾。

Attanasio、Weber(1992)利用"消费支出概览"的数据为1980～1990年的10年时间段建立了年龄组的平均数据。我在本书第2.2节讨论过他们利用"英国家庭支出概览"所做的研究。他们1992年的研究和他们早期的研究遵循的是同一条思路。用"消费支出概览"的数据,他们区分了9个5年年龄组。最大的年龄组人口出生于1915～1919年,最年轻的年龄组人口出生于1955～1959年。他们为这些年龄组计算了季度平均数据。他们用来大量生成季度数据的分组技术,绕开了我们在上节讨论的Chamberlain问题,即对理论正交性限制条件仅仅对时间平均数有意义,而对截面平均数无意义。Attanasio和Weber估计了(5.17)式的分组形式,他们的等弹性模型和Zeldes与Runkle所用的模型一样。然而,他们的过度敏感性检验方法是在回归方程内包括了现期收入变化,然后估计所用的(两时期)滞后工具变量,参见(3.31)式。在仅仅包括实际利率和收入预期增长率的回归方程中,前者难以确定,不过后者以0.25的系数和0.12的标准差,指示了显著的过度敏感性。但Attanasio和Weber强调这一发现基本是不真实的,它的根源是人们不能够恰当地认识其他变量的条件。例如,如果回归的增大不仅由于标准的人口变量,而且由于收入和教育水准的一系列指标的作用,过度敏感性结论就会消失。

这些结果提出了一个重要问题。对于这个问题,学者可能有不同的观点。Attanasio 和 Weber 批评在效用中把闲暇和消费当作两回事的假定。例如,有着较多上班者的家庭会花费更多钱财在上下班交通上,需要更多服装,在外面就餐更多,等等。如果这样的话,消费就会受工作小时和工作者数目的影响,工具变量技术也就要处理可能的内生性。如果这样做,他们的数据中就不存在对过度敏感性的证据;如果不这样做,则存在证据。由于两位学者的这一观点无可争驳,问题便出现了:一旦引入劳动供给变量到回归方程右侧为自变量,过度敏感性基本上就是不可检验的了;换一个说法,任意程度的过度敏感性都可以用不可分性搪塞过去。不过,Attanasio 和 Weber 对美国和英国的实证研究表明,他们相信"过度敏感性在很大程度上能够用加总和不可分性问题来解释"。

5.2.3 对美国、意大利、日本、挪威和象牙海岸数据的其他检验

收入动态研究组和"消费支出概览"并非是用以检验消费理论的惟一数据来源。Hayashi(1985a,1985b)首先开展了对差别很大的数据的虚拟检验。在他的 1985 年第一篇文章里,他应用了由美国联邦储备系统主席委员会发表的"消费者金融资产概览"资料。该资料是在 1963~1964 年搜集的,是一套单独的家庭截面数据。这套资料不含有消费数据,但从收入和资产交易资料中我们可以估计出消费。考虑到家庭很可能低报收入和资产,这样一种估算总的来说是不应当提倡的。但 Hayashi 没有其他途径可走。他的基本思想是把样本家庭分成两个组,一个组的家庭可能受着流动性约束,另一组家庭几乎肯定不受这类约束;然后,可以就第二组家庭估计消费函数,再观察这一函数是否能推演出第一组的行为。Hayashi 按照家庭的储蓄率来分组。他假定有正数储蓄的家庭没有受到借款约束,并用资产、收入、年龄和交互作用项对消费作回归,用 Tobit 程序来修正可能因

为根据内生变量来选定样本而产生的偏倚。利用 Hausman 的检验方法，他比较了所得出的参数估计值和使用全部家庭样本所得出的估计值。如果消费理论是准确的，后一类估计值应当有同样的概率极限，但更有效。然而，他的研究结果表明参数值不相同；而利用从高资产样本家庭得到的参数，会使对低资产家庭的消费预测，高于这些家庭的消费，特别是高估了年轻人家庭的消费。而年轻人最可能受到流动性的约束。当然，这些（早期）的结论与 Zeldes 的结论非常相似。Jappelli、Pagano(1988)使用意大利1984 年的截面资料做相应研究，也得出了同样的结论。他们的结果再一次指出，最不能够满足自己意愿消费的是由年龄在 30 岁以下的人当家长的家庭。不能够满足的量比 Hayashi 的估计更成比例地增大。Jappelli 和 Pagano 解释这一点说，尽管数据搜集的时间相隔 20 年之久，但这里的差距反映是由于比之于意大利，美国有着更为发达的消费信贷制度。

Hayashi 也考察了在日本家庭的短期数据中反映出来的消费行为。日本家庭的数据搜集于 1981~1982 年，每个家庭被调查四次，一个季度一次。他们不仅要回答自己的消费和收入，而且要回答他们对自己下一个季度消费和收入的期望。Hayashi 由此直接获得了关于预期的资料，这使他能够避免时间序列的截面问题。他使用的估计技术能够容纳任意的总量冲击。他把消费支出做了七重分解，每一重消费品都有一定的耐用程度。他所使用的模型是 Mankiw(1982)最早提出的。我们在第 1.2 节讨论过它。在这个模型里，满足不取决于食品购买，而取决于积累的食品量，参见(1.51)式和(1.52)式，其中 $\alpha=0$。所以，边际效用是食品存量的函数。如果我们遵循确定性等价的持久收入假设，如果不变实际利率等于时间偏好率，那么，不是消费购买支出，而是消费品存量将显示出随机游走性质。因此，如果消费存量变化是 ε_{t+1}，在 $t+1$ 时的消费支出将等于 $t+1$ 时期的存

量减去 t 时期存量与 $(1-\theta)$ 的积所得出的差。这样,比较(1.62)式,我们得到:

$$\Delta c_{t+1} = u_{t+1} - (1-\theta)u_t \tag{5.18}$$

Hayashi 在(5.18)式中加入一个随机项,以说明偏好在两个时期内发生的变动,并考虑消费支出报告值的度量误差。他像 Hall 和 Mishkin 一样,把按照"经验法则"消费其收入的消费者看成是一个固定比例。他利用这些方程推导消费的预期和未预期变化与可支配收入的预期和未预期变化之间在理论上的各种协方差。如果收入不存在度量误差,这些协方差就足以确定模型的参数,而无须假设比如个别家庭波动的均值为零,或者这些波动在截面上与收入等滞后变量无关。此外,这些协方差可以和模型的其他参数一起在每个时期被估计。为了把收入度量误差的影响保持最小,Hayashi 从他的样本中略去了所有其他工作者,只留下工资劳动者。

除了食品,Hayashi 为所有商品组确定了某种使用期。他估计"经验法则"消费者的比例是 15%,并发现了过度敏感性的证据。Hayashi 对食品做了标准的过度敏感性检验。食品没有使用期,因此不那么复杂。他的检验方法是用预期和未预期的可支配收入变化来求每一季度截面食品变化的回归。对于三个季度差,他所得到的系数分别是 0.014(0.004)、0.015(0.005) 和 0.025(0.006)。所有这些系数都很小,但都显著地大于零。当然,这些结果和早先的结果不同,能够用适当的总量冲击模式来解释,但它们与由对收入动态研究组和"消费支出概览"数据的流动性约束研究得出的结果并不矛盾,而且,作为它们基础的数据中存在着过度敏感性,这可以从很强地排除总量冲击问题的检验中看出。

在第 3.2 节,我们已经讨论过,商品的耐用性能够解释消费变化和滞后收入变化为什么出现负相关。现在我们也可以从(5.18)式中得出这一结果。在(5.18)式中，Δc_{t+1} 受存量的滞后波动影响，而存量滞后波动又反过来受滞后收入影响。如果满足函数依赖于商品存量，那么存量遵循随机游走，时期 t 的收入变动将促使消费者在该时期增加购买，从而增加时期 t 的存量。但因为时期 $t+1$ 的存量应当和时期 t 的存量同样大，所以时期 $t+1$ 的预期消费将仅仅限于补充商品在该时期的物质折旧。因此，若一个时期的收入波动是正数，我们便可预期下一时期的消费将下降。当然，这不包括食品消费，因为它的存量和购买通常十分相近。然而，值得我们注意的是，尽管 Hayashi 考虑了使用期影响，他仍然发现了过度敏感性的证据，而使用期影响一般会降低过度敏感性对于解释微观数据中的负相关的作用。

Flavin(1991)找到了一套先前没有发掘的数据，即在 1967 年"消费者金融概览"(Survey of Consumer Finances)中的被连续三年所调查的 1 600 个家庭。像过去一样，这些数据又不直接包括消费，但它们包括收入和详细的资产结构资料。Flavin 根据样本家庭对未来预期收入的报告值构造了一个工具变量，并借此来用收入变化求储蓄变化的回归。她发现预期收入变化中只有 20%～30%用于储蓄，而不像持久收入假说预见的 100%。不过，如果把家庭按财富数量分组，过度敏感性对富裕家庭和不富裕家庭的显著差别便会消失。所以，人们还是不能说她的发现可归因于流动性约束的作用。

Mork、Smith(1989)利用挪威的面板数据检验了类似 Hall/Mishkin 建立的模型。他们有两套互不关联的两年数据，一套是 1975～1976 年，一套是 1976～1977 年。被调查的家庭报告他们在调查之前一年的消费和收入，因此所获得的数据是每个家庭连续三年的观察值。但是，像在收入动态研究组的资料内那样，所报告的消费时间和所报告的收入时间的相配是个问题。这个问题不解决，即使持久收入假说正确，消费变化也将一般地和滞后收入变化相关。Mork 和 Smith 因此把他们的正交性检验建立在消费变化和两个时期之前的收入水平无关的假定上。因为 $t-2$ 时期的收入肯定在 t 时期已知，所以它应当和 t 时期的消费变化正交。在数据中，相关是负的，但不显著地小于零。Mork 和 Smith 认为自己的结果支持了假设。但是，我们不清楚如果流动性约束真的存在的话，他们的检验是否可能有力地发现这些约束的影响。流动性约束可以导出消费变化和预期收入变化的关系，但我们很难相信预期收入变化和先前的收入水平有很强的联系。

笔者(Deaton, 1992a)考察了另外一些数据。它们是象牙海岸的家计调查数据。这是两套互不关联的面板数据，分别是 1985～1986 年和 1987～1988 年搜集的，但对每个家庭只有两个年观察值。根据这种状况，我们很难就消费说些什么，除非我们做出很强的假定。不过，象牙海岸这个国家，尤其是那里的农村，最近 20 年几乎谈不上任何实际的经济增长。但是，如果假设那里的家庭收入过程是静态的，也就是说，不考虑趋势升降问题，分析那里的消费行为还是有意义的。我们可以形象地考虑在象牙海岸占绝大多数的农村家庭：许多农民靠树上果实为生，年年不同的气候、瘟疫、火灾给他们的收入造成了剧烈的波动，而他们竭力保持逐年消费的某种平稳。

处理这些数据的基本经济计量学问题，是至少考虑到各个家庭在收入过程中某些最低的差别，并估计动态模型。这里的窍门是利用静态收入假定对储蓄的含义。我们特别考虑 Campbell 的储蓄方程(4.35)式。这个方程显示，根据持久收入假说，储蓄是预期的未来收入降低值的贴现值。因此，如果收入静态，则每个家庭储蓄的无条件均值等于零，而不管平均收入水平的大小。我们排除了其他任何各个生命周期储蓄动机，把储蓄仅仅看成家庭平滑自己收入起伏的手段。家庭不会无理性地长期积累资产。如果每个家庭的收入 y_{it} 围绕自己的均值 f_i 是静态的，由于每个家庭的储蓄均值等于零，那么，消费也将围绕着相同的家庭均值而成为静态的。考虑固定影响，一个适当的过度敏感性检验应当是求下述回归方程：

$$c_{it} - f_i = \gamma + \alpha(c_{it-1} - f_i) + \beta(y_{it-1} - f_i) + \varepsilon_{it} \tag{5.19}$$

并检验 $\alpha = 1$ 和 $\beta = 0$ 两个假设。困难的是，没有最低要求的三类观察值，我们没有办法从这个式子中消去不可观察的固定影响。因此，最后我只能够多求一次差分，而且把固定影响项放入误差项，以便简单地对滞后消费和滞后收入求消费的回归。这样得到：

$$c_{it} = \gamma + \alpha c_{it-1} + \beta y_{it-1} + \varepsilon_{it} + ((1-\alpha) - \beta) f_i \tag{5.20}$$

这个回归方程在一般情形下会给出互相矛盾的两个参数估计值。不过，如果持久收入假说正确，系数与回归中固定影响的乘积将等于零，矛盾现象可排除。如果 α 不是 1，β 不是 0，无论考虑或不考虑固定影响，持久收入假说都不正确。实际上，人们在考虑收入度量误差时检验持久收入假说得出的结论和这里同样，参见上面围绕(5.11)式展开的讨论。

和其他所有研究一样，这里也需要对度量误差做出一定的考虑。我对此的做法是把与收入相关的不同因素当成工具，例如各种作物的区域、工作时间、气候条件等。所有这些因素都没有直接出现在收入和消费的计算中。很容易看出，只要持久收入假说正确，无论普通最小二乘法还是 IVE 法，固定影响都是不重要的。但我的估计不支持这个假说，至少不支持表现为这种形式的假说。虽然数据和 β 等于 0 的假设一致，但它们和 α 等于 1 的假设不一致。习惯和缓慢调整虽然可用来解释这里的不一致性，但由此我们又得怀疑工具化没有完全消除度量误差的影响。此外，估计自我雇用的农民的收入非常困难,我们并没有找到标准的过度敏感性证据。最后,我们对自己的结论应当非常谨慎。

5.2.4 暂时性总结

上面比较详细地介绍了实证研究的结果。可以看出,这些结果的差别非常之大,要利用消费的微观数据所必须克服的困难非常之多,从这些结果中很难引出任何很可靠的结论。我们大概没有理由希望从不同的数据中取得同样的结果,但是,即使从同一套数据中,我们也可能得出十分不同的结果,就像我们在利用收入动态研究组数据的研究中已经看到的那样。同时,我们似乎可以可靠地说,比起总量数据的情形,微观数据中的否定理论的证据更弱也更模糊一些。把持久收入假说用于有代表性消费者所遇到的否定结论,要比把该假说用于个别家庭遇到的否定结论更多。这一点不但适用于持久收入假说,而且也适用于建立在等弹性模型上的欧拉方程推论上。不过,我自己的判断是微观数据提供了某些否定持久收入假说的证据,而且问题在于,如果我们对至少一部分消费者在某些时间施加借款条件,我们将碰到困难。一方面,我坚信,如果我们更努力地工作,我们将能够解释那些相矛盾的结果;另一方面,我认为关于流动性约束的若干形式的证据是说得通和可信的。这样的有力证据出现于 Hayashi 对美国和日本的两个研究以及 Jappelli 和 Pagano 对意大利的研究中。就收入动态研究组的数据来说,我们必须承认食品消费变化和收入的先期变化的负相关在各时期间既不稳定,也不能免受可能的总量冲击的影响;但这种负相关在绝大多数年份是存在的,而且存在于流动性约束要求的方向上。同时,它和来源于"消费支出概览"数据的证据是一致的,至少当我们像 Attanasio 和 Weber 那样不考虑非可分性影响的时候是一致的。

应当强调的是,应用面板数据对欧拉方程反例的验证和对过度敏感性的验证,都不能够很好地揭示流动性约束的作用。我将在下面的第 6.2 节构造一个急躁消费者的例证。一个消费者非常愿意为他生命早期的高消费借款,但受制于借款禁令,他的消费计划被迫成为静态过程。但是,跨时最优配置的欧拉条件在人一生的大部分时期是满足的。这样,流动性约束将促使消费者缩短其有效的计划尺度。所以,Hall 和 Mishkin 关于即使他们的收入持久,消费者的计划尺度也只有未来几年的发现;以及 Hayashi (1982)关于只要劳动收入的贴现率大大高于市场利率,很多时间序列证据就都和理论一致的发现,都很值得重视。在第六章,我将讨论一些案例,其中欧拉方程对每个时期皆成立,但收入不确定性和预防性储蓄动机交互作用导致的行为,将更像流动性约束下的行为,而不大像持久收入假说预见的行为。当然,这里又需要强调,预防性动机的存在与否是跨时选择的等弹性模型和二次效用模型的一个重要区别。

除了对面板数据的经济计量学检验结果外,我们还有一些其他的和非形式化的证据。这里我们应当特别重视下述发现,即消费在生命周期中,在不同职业间和不同国家里都紧密地跟随着收入。由于我们了解消费和收入的职业曲线与国别曲线在时间进程中相当稳定,我们可以用未来收入曲线预测比如一个 30 岁左右的汽车修理工的消费在未来 20 年的增长,将低于一位受过训练的医生或者律师;或者一个 30 岁左右的象牙海岸人的消费在未来 20 年的增长将低于一个韩国人或泰国人。消费变化和可预期的收入变化有关,但如果理论正确的话,它们便不应当有关。消费紧随收入的现象没有出现在使用收入动态研究组或其他数据的检验结果中。但这一点表明的更可能是这些检验的短期性质,而不能否认该现象的存在。

我们在第三章指出了过度敏感性检验的歧义性。但有一些直接的时间序列证据不受制于这些歧义性。从第二次世界大战时期配给制度的结束到 20 世纪 60 年代末,英国政府管制着消费者为购买耐用消费品而借款的条件。管制依耐用品类型例如轿车、收音机、家用电器、家具和地毯等而不同。这些管制规则仅仅针对各个"租—购金融公司",而不适用于银行和其他金融机构。这些规则规定了最低预付定金和贷款必须在其间归还的最大期限(月)。但即使如此,市场有时会找到方法降低这些规定的效力。在许多年内,预付定金百分比的变化,对消费者总支出产生了重大影响。英国财政部也利用这个工具来对宏观经济控制作微调。关于这个制度的描述,可参见 Dow(1964,第 246~248 页,第 278~282 页);关于它对消费影响的(非常有说服力的)证据,可参见 Stone(1966,1973)。信贷限制,即使仅仅实行于不大的局部市场,都会对消费者行为产生很大的影响。消费者经常报告说他们储蓄的一个原因是为了能购买某些物品。这也表明了借款限制的存在,或者至少表明了消费者不愿意借款。在美国,Wilcox(1989)发现了大量证据,说明即使提前几个星期通知社会福利基金的支付,消费支出在通知了提前支付时并不会增加,而是在支付支票到达消费者手中后才增加。当然,在这种情况下,人们可能不相信他们读到的通知,或者他们没有得到通知。对此,我将在下面讨论。Wilcox(1987)的其他证据进一步支持了这种"知识"解释。例如,他发现所得税的退税显然和同时的消费增长没有联系。

最后,我们没有理由否定非形式化的证据。我们在自己周围的环境中常看到这样的证据。例如,至少对我个人来说,我不可能无限地借款,那些比我更穷的人借款的机会更少。一个年轻的消费者,一时困窘,但又急躁,他在未来的预期收入会增加,但他希望年轻时的负净资产很大。我不能不相信这样的人很多,而且我不相信他们没有抵押的财产就能借到他们希望的数额。确实，Jappelli(1990)报告认为在美国的"消费者金融概览"中，12.5%的家庭在1982年认为金融机构在过去的几个年头里压低了他们的借款请求，另有6.5%家庭说由于相信自己的请求会被否决，他们没有敢申请借款。

我们不应当错误地理解实证证据与理论不一致的严重性。这一点很重要。如果一些人真的想借款而借不到，那么，它也不意味着许多其他家庭甚至大多数家庭能够借款；或者能够把他们的消费流和收入流分开，即使他们不能借款或很少可能借款。持久收入假说不是说明所有消费行为的理论，但这一点并不能够否认它的重要性。本节的实证研究结果完全没有表示每个人花费他或她的全部收入，没有表示收入和消费的动态过程是同一的，也没有否定跨时配置理论的基本观点。

5.3 居民间消费的相互影响

我在第1.3节中讨论了如果存在对偶然债务的完全市场将会有的情形。我说明了，在这样一种状态下，各种异质风险能够集中起来，各个家庭消费的边际效用能够一致起来。如果爱好同一，偏好等弹性，每个家庭都能参与市场，他们的消费增长率就将相同。更一般地说，他们之间的消费增长率不同仅仅来源于他们各自的满足函数在时间中的变化，而不是来源于他们预见或没有预见到的资源变化。不同家庭消费水平的增加也不会出现异质变更。后一点看上去像一个几乎没有必要验证的命题，尽管许多人可能对下述更弱的预见有兴趣：即以总资源为条件，个人消费的变化应当正交于个人资源的变化。更令人感兴趣的是，人们在某个小组织内保险的可能性。这些组织诸如扩大的家庭、家族，没有亲戚关系的若干个人也可能由于职业和生存条件特点而彼此组成密切和知心朋友关系的组织。可以相信的是,这类正式或非正式的组织能够为保证消费而有效地防范某些冲击,但不能防范另一些冲击。败德行为对某些风险是个问题,对另一些风险却不构成问题。所有这些不同的命题都在最近的文献中有了验证。

Mace(1991)提供了最简单的验证。他十分勇敢地去检查上述命题中最强的一个:完全市场存在(假定在某种不可穿越的面纱之后);他也验证把美国经济作为整体时,如果以总量消费变化为条件,"消费支出概览"数据中的个人消费变化就应当对个人收入变化不敏感。他所要做的检验和对持久收入假说的过度敏感性检验十分类似。对于后者来说,如果消费对任何可以事先预见的收入变化成分起反应,过度敏感性便存在。而对完全市场检验来说,如果个人消费对特殊的收入变化成分起反应,过度敏感性便存在。检验的尺度对持久收入假说是时间,对完全市场则是其他家庭。Mace对消费变化和消费增长率都做了回归。在后一个回归中,他发现一些例子表明特殊的收入增长有作用;但在大部分例子中,他不能拒绝完全市场模型的预测。但是,正如我们先前多次看到的那样,家计调查数据很可能存在度量误差问题。即使市场远远谈不上完全,收入变化中的度量误差也偏向于使回归系数靠近零,也就是明显地支持完全市场模型。Attanasio、Weber(1991)真的重复了Mace的研究。他们使用"消费支出概览"中的年龄组数据,把组数据平均化当成减少收入增长方差中的度量误差成分的工具变量技术。他们的结果是可想而知的:如果市场不完全,度量误差很重要。以消费总量的季度增长率为条件,年龄组消费的增长率对年龄组收入增长率有反应,系数是0.23,标准差是0.03。

Townsend(1991)在比Mace更小一些的规模上检查了风险分摊问题。他的家庭数据来自于印度南部的三个贫穷的村庄。他的思想是这类村庄在历史上常常是稳定的,来自农业和气候的风险是静态的,村民已经很好地理解了它们。村民相互之间的长期了解已经管理好了败德行为。三个村庄分别有 33 个、34 个和 36 个家庭在 1975~1984 年间报告了有关的资料。Townsend 发现个别家庭消费和相应村庄的平均消费之间的联系,比类似的收入联系强烈得多。这无疑和风险分摊观点相一致。但也可能和每个家庭各自自给自足的消费平滑相一致。和 Mace 一样,他也几乎没有发现拒绝消费变化对特殊收入冲击不敏感性的证据。但也和 Mace 的情形一样,收入的度量误差在他这里几乎也肯定是重要的。Ravallion、Chaudhuri(1992)比较详细地指出了 Townsend 所用数据的错误度量问题,并重新整理同样的数据后,得到了拒绝风险分摊模型的证据。

Cochrane(1991)利用收入动态研究组中的 1980~1983 年家庭食品消费增长率的数据,检验了截面变化独立还是不独立于所报告的对家庭的各种外部冲击。由于他的资料里只有一个时期区间,总消费的增长只能表现在截距项中。Cochrane 发现消费变化与收入变化的关联很强。这一点和 Mace 的结果不同,但是和 Attanasio 和 Weber 的结论相一致。Cochrane 把他的发现归因于收入的非外生性。这个看法相应地在持久收入假说检验中把过度敏感性归因于消费和闲暇的非可分性。长期疾病、非自愿地失去工作都会导致消费下降,但失业时期、与罢工有关的工作损失或者非自愿的迁移可能不会导致消费下降。在这里,我们有理由担心削弱相关联系的度量误差问题,虽然这个问题的严重性在使用诸如疾病那样的离散数据时不那么突出。

Abel、Kotlikoff(1988),Altonji、Hayashi、Kotlikoff(1989),Hayashi、Altonji、Kotlikoff(1991)的一系列文章考察了在扩大的家庭内分摊风险的含义。这些文章也探讨了完全市场和利他主义的关联。在一个家庭或者扩大的家庭内,每个人的消费水平应当接近的说法,比起在整个经济体系内各个人消费水平接近的说法要可信得多。许多不同模型都可以引出这一结果。父母和孩子间的利他主义就是一个例子。Becker(1974)曾证明,如果一个家族的"族长"关心家族其他成员的福利,把自己的资源转给别人使用,以实现自己的利他主义效用函数的最大化,那么,即使其他成员不是利他主义型的,他们每个人的行为也会是最大化族长效用的行为。特别地,只要族长对其他成员的资源转移是正数,个人资源就不影响个人消费,因为差距会通过调整资源转移而抵消。这个例子有力地说明一个家族内的个人消费水平独立于个人资源。这样结论隐含的弱推论是消费增长率或消费变化独立于个人资源变化。它允许个人资源影响个人的消费水平。影响过程可能是家族内部谈判,但风险在家族内是完全分摊的。

不过,这些模型没有一个能通过实证检验。Abel 和 Kotlikoff 的检验最弱。他们注意到如果每个家族的年龄结构相同,则每个家族内消费增长的平等化将表示总体经济内所有年龄组的消费增长同等。这个命题显然不能成立,因为在截面和时间尺度上我们都有公认的消费年龄曲线。大部分年龄变动都可以用人口学解释。因此,Abel 和 Kotlikoff 发现他们不能拒绝预见。不过,Attanasio 和 Weber 从"消费支出概览"得出的年龄组结果不但拒绝了经济体系的完全市场,而且也拒绝了 Abel 和 Kotlikoff 的看法,其原因在于一个年龄组的消费增长率取决于与其他年龄组不同的许多因素。

Altonji、Hayashi 和 Kotlikoff,以及 Hayashi、Altonji 和 Kotlikoff 的文章利用了父母和孩子分离的家庭的资料。因此,他们有最好的运气发现利他主义和家庭风险分摊的关系。收入动态研究组提供了从 1967 年以来的数据,这些数据不但追踪了最初的被调查家庭,而且追踪了家庭的"分裂"

和由最初家庭的成员另外建立的新家庭。家庭的分裂可能由于离婚,也可能由于孩子分家另建家庭。这样,到 1985 年,收入动态研究组可能有 2 000 多个独立的孩子家庭,超过 1 000 个父母家庭。不过,他们的结果强烈地拒绝利他主义模型的命题:"在一个扩大的家庭内,资源在各小家庭间的分配是消费在大家庭内分配的有高度显著(统计学和经济学)作用的因素。"甚至更弱的家庭风险分摊命题,即消费增长率独立于家庭收入增长,也被这些数据所拒绝。对于局部的风险分摊,我们也没有看到很多的证据。反之,一旦我们控制了个别家庭的收入变量,关联家庭的联合资源对各个家庭各自的消费便几乎没有预测力。

从家庭行为角度看,这些模型为研究不同家庭消费水平的互相作用提供了一个有用的开端。这些特别设计的模型被拒绝本身并不重要,重要的是它们推动了对家庭如何通过正式或非正式机制分担风险的研究。但是,从宏观经济学角度看,否定的结论有很大的重要性,因为它们表明,代际利他主义和完全市场结合起来能够形式化地证明代表性消费者概念的合理性的观点,没有得到实证研究的支持。这样的假设(荒唐地)很强,他们的含义也被数据很强地拒绝了。

5.4 微观和宏观证据的协调

如果我们认为,家庭数据基本上支持了持久收入假说,或者至少更一般地支持了跨时选择理论,那么,我们还是不能理解,为什么总量数据拒绝了这个理论。或者,如果我们承认(至少偶然地)有利于流动性约束的观点,我们不会奇怪总量数据拒绝理论,我们仍然面临着如何准确地协调宏观经济和微观经济的实证研究结论的问题。加总的收入和消费的时间序列性质，与它们在宏观经济中的对应性质似乎大不相同。在这两套数据中，消费变化的可预见性的同时出现好象仅靠运气。家庭数据通常显示的是收入变化和消费变化两者各自负的自相关，所以消费变化和滞后收入变化的负相关可以看成预期收入变化和消费变化正相关。在加总数据中，消费变化和收入变化两者都是正自相关的。因此，像前面一样，消费变化和滞后收入变化的正相关可能揭示了，可预期的收入增长可以引出消费变化。如果我们知道了除了最后结论以外的所有这些区别，我们很难说这样的结果对用代表性消费者概念解释数据的人是值得庆贺的。

第一章的最后一节包含了对加总问题的初步讨论。它很有用，是我们进一步努力协调微观和加总证据的出发点。根据 Grossman、Shiller(1982) 和其他学者的研究，我们知道如果偏好相同，下述三个条件满足，欧拉方程将能完美加总：(a)人们的寿命无限长；(b)二次方效用函数(或时期间隔非常短)；(c)个人了解所有加总信息。在这三个条件中，(b)大概最不重要。但如同在第一章证明了的那样，即使不考虑(b)，我们也可能定义一个消费加总量，使它的变化很类似微观消费的变化。如果条件(a)和(c)，即无限寿命和个人掌握加总信息不能满足，我们就必须探讨是不是正由于此，微观和宏观的研究结论可能才出现了差异。我将分别讨论这两点。

在本节中，我有一个基本假定，即经济理论对于微观个体数据是正确的。据此，我讨论加总假设失效所造成的后果。如果人们受到流动性约束，加总分析将更困难得多，我在下面的第 6.2 节将介绍几个分析结论。注意，我在这里关心的是鞅过程性质的加总，我们看到即使掌握现期信息，某些消费函数也不能够预见未来的消费变化。有些学者把消费增长和金融资产收益率及金融资产风险联系起来预测。我不关心这样的预测，因为我相信这样的观点即使在微观经济学层次上都没有足够的基础。在美国，一部分消费者根本没有支票账户,更不用说生息资产了。美国 1/5 的消费要归之于这些消费者。因此,假设他们能够以和美国联邦政府一样的条件借款消费,从而把他们的消费决策模型化,那就太轻率了。进一步地,即使用这种错误的模型代表现实,那除非我们不顾我们所知道的所有证据,除非我们把人们都视为邪恶之人(见第二章末的讨论),否则我们没有任何理由假设这样的模型能够加总到宏观的层次(见第二章末的讨论)。

5.4.1 有限生命条件下的加总

如果一个世界是由生命有限但根据生命周期理论计划消费的消费者组成的,那么,这个世界的总量消费将出现两个性质:对现期收入的过度敏感和对现期收入波动的过度平滑。这是 Clarida(1991)和 Galí(1990)的研究结论。本节的讨论以他们的研究为基础。我们采用 Clarida 模型中最简单的情形。每个工作者的寿命是三个时期。他们在生命的前两个时期工作,在第三个时期退休赋闲。在第 t 年,每个工作者若工作便获得同量的劳动收入 y_t,若退休则一无所获。y_t 这个公共量是带偏离 g 的随机游走,而平均劳动收入则是偏离为 $2/3g$ 的随机游走。在这里,每个工作者得到平均劳动收入的 $2/3$(因为第三代人处于退休状态)。假定利息率为零,每个人都是纯粹的在生命周期内计算持久收入的人。现在,拿时期 t 和 $t-1$ 相比,并观察不同人群的消费情形。本期退休但在上一期是最年老工作者的人现在没有收入,但他们先前就了解这一点,所以他们的本期消费没有变化。本期的年老工作者的收入是 y_t,在上一期他们作为较年轻的工作者的收入是 y_{t-1},所以,他们的收入变动是 ε_t。他们把增加的收入的一半用来在本期消费,所以他们消费的变化是 $\varepsilon_t/2$。新生工作者的本期收入是 y_t,预期下一期收入为 y_t+g,因此,在时期 t 他们的消费是 $(2y_t+g)/3$。最后,我们再看先前退休、现在刚刚去世的一批人的消费。他们生命开始的时期是 $t-3$。他们的消费将是 $(2y_{t-3}+g)/3$。在时期 $t-2$,他们的消费会相应地增加 $\varepsilon_{t-2}/2$;他们生命的最后一个时期 $t-1$ 的消费与此相同,因为退休后他们的收入不会有奇迹发生。由于:

$$y_{t-3}=y_t-3g-\varepsilon_t-\varepsilon_{t-1}-\varepsilon_{t-2} \tag{5.21}$$

所以,若所有消费可加,我们获得公式:

$$\Delta c_t = 2g + \frac{7}{6}\varepsilon_t + \frac{2}{3}\varepsilon_{t-1} + \frac{1}{6}\varepsilon_{t-2} \tag{5.22}$$

因为平均收入是总收入的 2/3,同时已知收入偏离 $\widetilde{g}=\frac{2}{3}g$,收入波动 $\widetilde{\varepsilon}_t=\frac{2}{3}\varepsilon_t$,若用平均消费变化、平均收入的偏离 $\widetilde{g}$ 和波动 $\widetilde{\varepsilon}_t$ 来表示(5.22)式,我们有:

$$\Delta c_t = \widetilde{g} + \frac{7}{12}\widetilde{\varepsilon}_t + \frac{1}{3}\widetilde{\varepsilon}_{t-1} + \frac{1}{12}\widetilde{\varepsilon}_{t-2} \tag{5.23}$$

可见,平均消费变化现在有了一个等于平均收入偏离值的偏离项。平均消费变化成了加权的平均收入波动的分布滞后和,权数和等于 1。消费与滞后的收入波动不正交,即使后者是一种随机游走,它与现期收入波动之间也不存在一对一的反应。虽然每一个消费者没有发生任何事情,但加总仍然产生了过度平滑和过度敏感性。Clarida 的文章还探讨了更一般的情形,例如工作时期和退休时期的长度,正的实际利率。她的结论在所有这些情形中依然成立,只是系数的数值有所不同。有两个因素在她的研究中起了作用。第一,由于消费者仅仅在其工作的时期获得收入,他们必须为其退休时期储蓄,所以,若收入增加,他们也不会把收入增量全部消费掉,即使他们明白这一增量在他们余下的工作时期里都不会再消失。就平均的意义而言,消费对加总收入波动的反应本质上是对波动增量反应的平均数,而且将显著低于 1。第二,人们不断去世或被新出生者替代。新的人不从刚去世的人那里继承他们的经验,因此刚去世的一代人的收入经历将影响消费变化。此外,由于收入在增长,新出生的一代人的前景好于他们去世的前辈,因此消费会有一种向上偏离的倾向。我们可能设想,这些代际效应在诸如季度和年度的短时期内可能会很小,但算术计算显示不是这么一回事。确实,Clarida 的模型可以用于连续时间的情形,并且得出非常类似的结果。

Galí 的研究强调了这些结果的另一个特征。加总方程(5.23)表示平均消费和加总劳动收入是协整性的,它们在长期中共同波动。我们可以通过两个方法检验消费和收入的这一算法。第一,从(5.23)式的消费变化中减去平均收入变化,同时注意右侧得到的移动平均数仅仅包括收入波动的一阶差分;第二,明确加总模型以发现平均消费,证明它和平均收入的差距是一个静态的量,我们就可以揭示这个特征。

我们可以回忆第 4.3 节的内容,那里说明对于个别消费者,持久收入假说隐含了消费和包括财产收入的总收入是协整性的,但是消费和劳动收入在微观经济层次上不存在长期联系。假设无借款约束,消费和劳动收入不存在长期联系便是跨时选择理论的核心命题。在加总时,代际转换把收入增长传递到消费增长。消费和收入的差距是静态的,我们无需荒谬地相信,意愿消费在加总量中比实际收入高多少倍,以及(4.35)式的含义,即当人们预期劳动收入会增长时,储蓄将很大并且为负数。

在第三章中,我们把加总数据的一些特征视为对理论的疑问。我们的实证问题是根据上述研究所修正的加总模型是否能够说明加总数据的那些特征。Clarida 和 Galí 的结论都是不能说明的。显然,收入效应的作用方向是正确的,但这些效应要经过一个过程才能解释过度平滑和过度敏感两个问题。Clarida 根据合理的利息率取值、寿命与退休年份长度做了计算。但她始终假定收入过程相同。合意的加总消费的变化对随机游走收入的波动的比应当在 2/3 上下,但它仍然太大,不能够说明加总序列的实际平滑程度。Gali 的研究结果与此类似。在他那里,很清楚的是,即使尽可能用了实际量,加总消费和加总劳动收入的协整性也是长期现象,不能够说明造成了过度敏感性的消费和收入在短期的一致。注意,如果我们承认这些结果,而且我相信我们应当承认,那么,我们必须找到其他解释来理解 Attanasio、Weber(1991)在研究英国数据时的发现,即一旦我们应用固定成员的年龄组的均值,排除了会员进出的可能性,过度敏感性就消失了。

5.4.2 个别居民和加总信息

我们对加总还需要加以解释的主要问题,是个人并不关心加总信息。这个问题的出现部分地因为个人难以获得信息。关于加总收入和其他宏观经济变量的信息,人们总是在这些信息很有意义的时期过后才得到它们。问题的另一方面是信息的有用性。如果加总信息可以获得,那么,这些信息对个别消费者是否有足够的价值,以至于他们要费力去得到它?大公司要购买经济预测报告,但个人很少买。即使报纸和政府出版物上有现成信息可用,许多人要想理解它们并从中引出对自己未来的含义,也先得接受培训并且积累经验。在现实中,甚至许多经济学专业的研究生也不知道美国国民生产总值的大致数量范围。如果说理解和记住增长率还比较容易,那么,假设一个没有受过经济学训练的人能够注意,甚至能够理解最近的宏观经济冲击,则是完全不可信的。Goodfriend(1992)和 Pischke(1991)分别研究了加总信息滞后和无加总信息产生的后果。Pischke 构造的例子最为简单,但巧妙地揭示了问题,所以我在这里介绍他的研究。

假设平均收入是带有偏离的随机游走,每个消费者的收入是平均收入加上特殊波动。特殊波动纯粹是暂时性的,可以用白噪音来代表。Muth(1960)分析过这样的过程,对此,本书第 4.1 节有所讨论。个人收入的一阶差分是包括了偏离的随机游走的一阶差分,再加上白噪音的一阶差分,因此有:

$$\Delta y_{it} = g + \varepsilon_t + u_{it} - u_{it-1} \tag{5.24}$$

式中下标 t、i 区分了与个别家庭的收入成分不同的加总的公共成分。在(5.24)式中区别这两类成分需要掌握有关宏观经济冲击的加总信息。Pischke 假设家庭并不去寻求这些加总信息;相反,每个人仅仅观测他自己的收入总和。后者可用移动平均过程来表示:

$$\Delta y_{it} = g + \eta_{it} - \lambda \eta_{it-1} \tag{5.25}$$

合并(5.24)式和(5.25)式,使最初过程和后继过程的自相关系数相等,我们可以得到一个二次方程式。解这个方程式,就能求出参数 λ。然而,我们从对收入动态研究组数据与其他数据的研究中知道,总量冲击几乎完全不能够解释个别家庭收入的变化,所以 λ 必须接近于 1。如果我们不得不选择的所有东西就是白噪音和随机游走的某种结合,那么,家庭实际收入将更接近于白噪音反映的特殊成分,而不是接近于随机游走。

现在,我们可以直接计算家庭的和加总的消费变化。在这里,我们再次假设每个家庭要满足本书第三章中的无限寿命的持久收入模型,并抽象掉上一小节所说的有限生命时的加总现象。依据方程(4.7),个别家庭的消费遵守条件为:

$$\Delta c_{it} = \left(1 - \frac{\lambda}{1+\gamma}\right) \eta_{it} \tag{5.26}$$

由于 λ 接近于 1,所以个人的消费变化远比个人的收入变化平稳。消费者会知道自己的收入波动中有一部分来源于持续的总量冲击,但这绝不意味着消费者知道这些总量冲击到底是什么,因此,比起纯粹暂时性收入冲击的情形,消费的反应只会稍微强一点。(5.26)式对总体求平均数,我们将得出加总的消费变化。去除表示个别家庭的下标,平均消费变化为:

$$\Delta c_t = \left(1 - \frac{\lambda}{1-\gamma}\right)\eta_t \tag{5.27}$$

然而,如果我们比较(5.24)式和(5.25)式的总体均值,并考虑收入的特殊成分的总体均值为 0,我们得到结论:

$$\varepsilon_t = \eta_t - \lambda \eta_{t-1} \tag{5.28}$$

因此,依据(5.27)式,总消费变化将遵守自回归过程:

$$\Delta c_t = \lambda \Delta c_{t-1} + \left(1 + \frac{\lambda}{1+\gamma}\right)\varepsilon_t \tag{5.29}$$

有限寿命的效应将给(5.29)式加上一个截距项,并且加上滞后的其他一些消费波动项。当然,这些项不像在把所有收入视为同一收入的 Clarida 的例子中那么重要。

加总消费变化不像白噪音。它的自回归很强,对加总收入波动的反应却很小。如果(5.29)式在实证研究中真的成立,加总消费将仅仅对加总收入的波动起反应,而且反应的滞后期很长,所以加总消费将确实非常平滑。虽然这仅仅是为了说明问题而举的一个例子,但它抓住了实际生活的若干特征。收入动态研究组、MaCurdy(1982)、Abowd 和 Card(1989)以及"收入和规划参与概览"、Pischke(1991)的数据资料提示我们,虽然一阶移动平均 MA(1)是比较好的近似,但在 MA(1)和 MA(2)之间,个别家庭的收入变化更像二阶移动平均 MA(2)。总的说来,家庭收入的特殊部分能维持很长时间,这便可能降低上例中的参数 λ。不过,可以应用对宏观和微观数据更一般的程序来重新设计模型,但保持他们基本点不变;Pischke 确实也估计了相互协调的微观和宏观的收入过程,试图把它们的结论和加总消费的行为一致起来。他发现个人事实上几乎完全没有动力去获得加总信息。如果他们有了信息,他们能够更好地计划并提高自己的福利。Pischke 把这提高了的福利折算成现金,并以此来计算一个消费者为获得信息而付出的成本,得出的结果是每季度的福利和成本少于 50 美分。Cochrane(1989)应用有代表性的消费者模型计算总量数据。他求出的估计值的范围,包括了这个 50 美分。这样,若人们从来就不了解加总冲击,Pischke 得到的最适模型就如上述简单例子那样,预见的消费平滑性不会太弱,而会太强。

人们从来不了解总量冲击,这个事实的重要性值得关注。在 Goodfriend 的模型里,冲击经过一个时期的滞后而变得众所周知。前一个时期的变量对本时期来说实际上就是"新闻",因此,总量消费的变化虽然和前一个时期的变量无正交性,但和前第二个时期或更先前时期的变量有正交性。Campbell、Mankiw(1991)发现消费变化和根据两个时期以前的信息而预期的收入变化相关,因此,滞后的学习不能够解释他们的结论。考虑到消费者了解总量的收益微不足道,而成本却值得重视,个别消费者决定不去了解总量,也就相当可信了。进一步地,如果 Pischke 的模型正确,那么原则上我们就可能根据微观数据拒绝欧拉方程。这里的原因是即使消费变化正交于消费者实际了解的信息,它也不会正交于先前知道的信息,即上期的总量冲击。但使用本章第一节讨论的截面检验,我们无法做出这样的发现。只有关于个人或个别家庭的长期时间序列数据,才能揭示出个体层次上的消费变化是否和公共的总量冲击成正交。诸如 Attanasio、Weber(1991,1992)文章中的年龄组数据,不可能检验出过度敏感性。个别家庭就像不大可能了解总量冲击那样,也不大可能了解年龄组层次上的冲击。

不完全信息条件下的加总所产生的效应，和习惯形成的效应很接近。总量冲击比微观冲击更持久，但更是只能不完全地被感觉，因此总量消费对总量收入的反应很慢。在个体层次上，习惯对消费变化发挥着直接的压抑作用。如果没有习惯，消费的可变性将大大加重，对好运气的过度反应只会带来更大的不幸。在总量层次上的影响也很类似。方程(1.63)表示了某个消费者的行为，他的现期效用与上期消费成反比。而这里由简单的加总理论推导的方程(5.29)式，正好和(1.63)式完全相同。

5.5 宏观经济学和微观经济学：总结

我已经试图总结了本章的最初两节所评论的经验研究。与利用微观经济资料检验理论相联系的经济计量问题，和利用宏观经济的时间序列资料检验理论相联系的经济计量问题之间，如果有什么区别的话，那么前者则显得更为艰难。因此，对某一经验研究结果的含义，学者之间更缺少一致意见；几乎没有任何学者能够心悦诚服地放弃自己的最初观点。当然，我也是坚持我自己的认识。对我来说，实证资料既不支持持久收入假说的形式化版本，也不支持生命周期模型的通俗版本（下一章将说明这里的"通俗"到底是什么含义，"不通俗"的生命周期模型到底是什么）。从20世纪50年代以来，我们就知道消费者的反应会高度地平滑消费。在非常短暂的时间间隔之间，消费和收入没有关联。星期五的消费和星期五的收入之间没有关联。虽然1990年的消费和1990年的收入之间有更多的关联，但它们之间仍然是有差距的。只有在若干年的时期间两者差距才会微不足道。在生命周期中，消费紧随着收入。而在短期和长期中，预期的整个生命周期的收入变化，将有助于预见消费变化。

我的这些认识听起来非常像本书第三章评论的宏观经济的研究结论。它们在定性比较上确实很类似,但细节却完全不相对应。微观经济的收入过程与宏观经济的收入过程大不相同,家庭层次和加总层次上一阶差分的自相关型式的正负号截然不同。因此,即使在这两套数据中,可预见的收入都和消费相关,家庭数据中的可预见收入和加总数据中的可预见收入也完全是两回事。也许这两个层次有同样定性结果这一点会使我们感到安慰,但如果是这样的话,假想这两个层次是两个国家甚至两个星球,我们不需要把一个层次的详细结果和另一个层次的详细结果协调起来,我们是否能感到更大的安慰呢?

在第 5.3 节我评论了最近有关完全市场和利他主义影响的文献。人们正在这个大有前景的领域内工作。然而,就像本书介绍的其他事情那样,本书介绍的关于这两个影响的检验结果最终都是否定的。正如 Hayashi、Altonji、Kotlikoff(1991)强调的那样,证明代表性消费者存在的一个方式是把完全市场和代际利他主义结合起来。完全市场集中信息并协调参与者的边际效用,代际利他主义则让人们通过他的家庭而将生命无限延长。但是,收入动态研究组中有关父母和孩子的数据没有提供任何证据支持这两个因素中任何一个的预见。但这不是正好令人惊奇的东西。常常令我们惊奇的是,即使非常明显的、荒唐的模型也很难被拒绝。这不但是因为它们偶然也是正确的,而更是因为对它们的检验不是十分有力的。[相反的观点可见 Cochrane(1991)。他把对风险集中假说的拒绝与 20 世纪 50 年代时对持久收入假说和类似模型的早期拒绝等同起来。]

如果代表性消费者不存在,加总不会成为麻烦,而会成为对数据的各种解释的沃土。Clarida 和 Galí 的文章证明了,若排除代际利他主义,出生和死亡将促使消费和劳动收入的运动在很长的时期间逐渐靠近,生产率的增长率则由此而从后者传递到前者,并导致弱形式的过度敏感性。虽然这些见解很难解释加总数据中的短期过度敏感性,但它们仍然很重要。另一条更有前景的协调微观和宏观数据结果的方式是 Goodfriend 和 Pischke 在各自的文章中讨论的不完全信息。如果消费者不能把特殊变动和总量冲击区别开来,他们在自己的消费选择中便可能犯微小的个人错误。如果他们反应的正确部分主要是特殊变动,那么,加总留给我们的就是一个犯很大错误并且对加总收入波动反应迟缓的代表性消费者。这是一个值得继续研究的题目。当然,继续的研究不是对信息肯定已经挖掘完了的宏观数据的研究,而是对微观数据以及对微观数据加总方式的研究。从事这一研究的大有希望的工具是对年龄组数据的分析。这类数据已经部分加总,所以既具有家庭数据也具有加总数据的某些特征。在这个方面,Attanasio、Weber(1991,1992)对来自美国和英国数据的研究是特别有前途的。

第六章

新方向：超越持久收入假说

在本章中，我们将返回在第一章内已经提到过的两个重要问题——预防性储蓄和流动性约束。第一章只就这两个问题的基本现象做了一些简单描述，并未做深入讨论。目前，这两个专题已成为众多研究的核心主题；因此，本章比前几章无疑有着更多的前沿研究内容。本章的技术性讨论篇幅也会更多一些，阅读时跳过这些讨论对连贯地理解全文内容不会有太大影响。

储蓄的预防性动机与关于资源跨时配置的基本理论是内在一致的，只是在持久收入模型中，确定性等价假定排除了这一动机存在的可能性。确定性等价的假定使分析在技术上更为便捷，放弃这一假定将大大增加理论分析及其应用的难度。但即使如此，放弃这一假定的意义也是毋庸置疑的。许多经济学家认为，正是持久收入假设削弱了生命周期理论的说服力；而且，这一假设带来的任何数学推导上的便捷，都无法补偿由它所造成的理论内容的损失。另一方面，流动性约束是被生命周期模型中的假定排除掉的。正如我们已经看到的那样,经济学家常常将该模型缺少经验数据支持的原因,归结为事实上存在着的各种流动性约束。的确,就理论本身而言,即便不考虑流动性约束,持久收入假说依然存在其他问题。我们将发现,若精确而合理地设定劳动收入的形式,比如说是一个常数加上一个自变量再加上一个同分布的随机冲击,该理论预言资产将遵循一种随机游走过程。在此假定下,只要消费者的生命持续足够长的时间,其债务将会超过任意一个预先设定的极限水平。当然,要辨清这一偶然出现的事件的发生机制,却也不是一件易事。本章的第二节建立了一个消费者没有任何赊借行为的模型。尽管这只是一种极端情形,但该模型不但有助于解释经验数据中存在的至少部分问题,而且提供了若干有益的思路,尤其是保留了持久收入理论的诸多优良特征。

6.1 预防性储蓄

在经济学文献中,关于储蓄为未来各种不确定性环境提供保障的论述由来已久;但关于储蓄预防性动机的正规讨论却颇为鲜见,至少到最近仍是如此状况。正如我们在第 1.3 节中看到的那样,若边际消费的效用函数是递增且凸的,则在未来消费不确定的条件下,消费者将倾向于减少当前消费并增加储蓄。凸的边际效用不仅仅意味着在消费水平较低时的消费的边际效用更高,而且还表示在消费水平较低时,消费不足状态下边际效用的增长率比消费水平较高时要来得大。如果的确如此,不确定性的增加将提高未来消费的价值,因为未来可以包括更多消费价值高的可能状态,储蓄的激励也因此而增加。但在持久收入模型中,满足函数为二次型函数,其边际效用函数为一线性函数,边际效用的期望值等于期望值的边际效用,从而,未来不确定性的增加本身并不影响储蓄。

我们很难先验地判断边际消费的凸效用函数的合理性。尽管基本商品处于真实或想象的短缺时,它们的价格通常急剧地上升至最高点,但这一现象本身还是与随消费水平降低而渐趋陡峭的需求函数相一致的。常数弹性需求函数也是凸的,与满足函数取标准的等弹性形式时的消费 $c^{-\rho}$(为确保其凹性,要求 $\rho>0$)的边际效用函数相一致。在等弹性效用函数的情形下,风险回避程度和预防性储蓄均由相同的参数 ρ 来控制;风险回避程度越高,边际效用函数曲线的曲率就越大。在这个例子中,以备未来不虞之预防程度与风险回避程度表述的是同一含义,但在一般情形下,该命题并不成立。风险回避程度由效用函数(在此为满足函数)的凹性质参数决定,而预防程度则由边际效用函数的凸性质参数决定。风险回避程度取决于效用函数的二阶导数,而预防程度则取决于效用函数的三阶导数,只有在一些非常特殊的函数形式下,两者才可以相互推出。Kimball(1990)在一篇非常优秀的论文中,探讨了风险回避与他所称的谨慎之间的相似性与差异性,并建议以边际效用函数斜率的弹性作为谨慎的一种度量,而风险回避的度量指标则是边际效用函数的弹性。

一部分经济学家至今仍然置疑这样的思考对说明效用函数的三阶导数有多少意义。但许多经济学家已经发现,就直觉而言,预防性动机也很有吸引力。支持持久收入假说的二次型满足函数在分析上可能非常容易处理,但这类函数不但排除了预防性动机存在的可能性,而且还隐含着其他许多不能令人满意的结论。例如,这类函数存在一个"极乐"效用水平,超过这个水平后,消费的边际效用将变为负值。依赖于欧拉方程检验的模型,包括 Hansen、Singleton (1982) 研究加总数据的模型(见第 2.3 节),以及 Zeldes (1989a) 运用等弹性满足函数研究收入动态研究组数据的模型

(见第 5.2 节),实际上都已经考虑了预防性储蓄。但是,欧拉方程本身不能提供研究预防性行为的途径。这些途径只有在确定性等价假定下求出欧拉方程的显式解后才能得到,而这些显式解在一些更为引人关注的模型中通常无法求出。

6.1.1 近似与特殊情形

引入了预防性储蓄的模型通常很难求解,因此,我们不妨讨论某些特殊以及近似情形,这同样可以为我们的研究提供若干启示。在第 2.2 节,我们用等弹性满足函数的欧拉方程及一阶泰勒展开导出了(2.11)式,这里再重复一下:

$$E_t \Delta \ln c_{t+1} = \rho^{-1}(E_t r_{t+1} - \delta) + \frac{1}{2} \rho \omega_t^2 \tag{6.1}$$

其中,ω_t^2 为方差项,其下标为时间 t,该方差项依赖于预期的后一期消费和实际收益的增长率的变化,参见(2.12)式。尽管(6.1)式只是一个近似式,但该式已经显示出,在未来不确定的情形下,人们对未来所持有的谨慎程度是如何控制其消费延迟程度的。这里的谨慎程度由等弹性效用方程式中的风险回避系数 ρ 来表征。Carroll(1991)指出,方程(6.1)式还阐述了一条重要性质,即任意一个有助于预测未来消费变化的变量,比方说某些当前资产等,同时也可以用来预测未来消费增长率的变化情况。这一性质为带预防性储蓄的模型所特有。它并且表明了,将(6.1)式视为持久收入假说的一种对数形式的随机游走表述是多么地混淆视听。等弹性满足函数模型可以考虑储蓄的预防性动机,但由于持久收入假说以确定性等价为基础,所以这个模型和持久收入假说有着根本的差异。

另一个值得注意的特殊情形是满足函数为负指数形式的函数,此时绝对风险回避系数为一常数。Blanchard、Fischer(1989,第 6.3 节),以及 Caballero(1990b)假定满足函数为 $-\alpha^{-1}\exp(-\alpha c_t)$。他们证明了,若实际利率为零,则对一个在时间 T 终止其有限生命的消费者,劳动收入将遵循一种随机游走过程,该过程的波动项是服从正态分布、方差为 σ^2 的变量。消费者在时间 t 的消费为:

$$c_t = \frac{A_t}{T+1-t} + y_t - \frac{\alpha(T-t)\sigma^2}{4} \tag{6.2}$$

在随机游走过程及零利率假定下,上式的前两项可由持久收入假说得出,第三项则表征了预防性动机。收入过程的方差调低了生命早期的消费轨迹,因此,像前面得出的结论那样,不确定性诱使消费者延迟消费,从而创造了额外追加的消费增长。方程(6.2)式还蕴涵着一个推论,消费遵循随机游走过程,但带一个偏离项 $\alpha\sigma^2/2$。由于偏离项为一常数,负指数形式的满足函数模型没有(6.1)式中的相关性质,不能由先前已知并决定方差的变量来预测(除常数外的)消费变化。

指数函数不失为一个很好的例子,但其全部意义也仅限于为我们的研究提供某种启示;负指数效用函数模型依然无法排除负消费的存在,在生命早期资产水平较低且收入波动较大时尤其如此,参见(6.2)式。

更进一步地,我们希望找到其他方法以探讨预防性储蓄具有重要影响条件下的消费所具有的性质。最近的研究工作试图通过数值解法来做相关模拟,在下面的小节中,我们将就已有的数值求解方法展开一次形式化不强的讨论。讨论材料取自 Skinner(1988)、Zeldes(1989b)、Carroll(1991)以及 Deaton(1991)所做的相关研究工作。对数学推导不感兴趣的读者可以直接跳到第 6.1.5 节。在那里,我将总结我们从这些模拟计算中所得到的知识,并就我们对消费问题的思考方式提出若干结论。

6.1.2 无确定性等价条件下的消费计算

我们希望找到一个可以求解消费者跨时配置问题的程序。跨时配置问题是第一章的一个基本问题,我们的讨论从欧拉方程(1.50)式开始,先将欧拉方程重述如下:

$$\lambda(c_t) = E_t \left[\frac{1+r}{1+\delta} \lambda(c_{t+1}) \right] \tag{6.3}$$

在此,我们只讨论实际利率为常数的情形,并且仅仅考虑在时间偏好贴现率 δ 上有所区别的满足函数。与前面的讨论一样,$\lambda(c)$ 仍是边际满足函数 $v'(c)$。不确定性无疑增加了问题的难度,(6.3)式中的期望算子也因此而难以处理。如果能将期望算子移至函数之中,则所有问题都将迎刃而解,但这一做法只在边际满足函数为线性函数时方才成立,线性边际满足函数又直接排除了预防性动机的存在性,而预防性动机恰恰正是我们的研究重点。由 Jensen 不等式知,对凸边际满足函数,函数值的期望大于期望的函数值。欲理解预防性动机,我们必须重视 Jensen 不等式的性质。

预算约束蕴涵的资产演进方程为:

$$A_{t+1} = (1+r)(A_t + y_t - c_t) \tag{6.4}$$

我们假定不但存在一个初始资产水平 A_0,而且还存在一个期末的资产水平。在这里,我们讨论生命有限这一最简单(也是最安全)的情形,消费者在时期 T 将去世,从而 A_{T+1} 为零。以下讨论的不同地方也将涉及无限生命的情形,那时可将 T 视为充分大。我们在这里关于配置问题的讨论非常一般化,没有对凸性或边际效用函数的其他性质做任何假定。换言之,这里不但考虑了预防性储蓄行为,而且也允许确定性等价和持久收入假说,以及 $\lambda(c)$ 为单调递减这个一般化条件所包容的所有其他情形。我们必须牢记的是,确定性等价为一个极限情形,模型在该情形下存在解析解即持久收入假说,因而可以用来验证我们从即将讨论的更为繁难的其他情形中所得到的结论的正确性。

我们的研究目标是导出一个在既定资产和收入水平下的消费函数。需要提请读者注意的第一点是,这个函数的形式及其自变量不能与收入过程的形式无关。例如,在确定性等价情形下,持久收入假说(3.3)式的解与收入过程无关。然而,一旦将函数运算中的期望收入换为其他的可观测变量,消费便成为资产以及过去和当期收入的函数,而这些变量在数量及形式上都依赖于收入过程。若收入是一阶自回归的,且消费者知道这一点,则消费成为资产、收入以及滞后收入的函数;若收入是二阶自回归的,收入则与自身的二阶滞后项相关;其余可同理类推。在更为一般化的情形中,类似情况也会发生,只不过有关细节更加复杂一些而已。特别地,我们有必要假定一个人的生命早期满足某一收入过程,进而以此求解跨时配置问题。我们的讨论将从收入在时期间的独立同分布这个最简单明了的情形开始。由此,每期消费只是资产和当期收入的函数。同时,由于货币是资产和收入之间的完全替代物,消费可以仅仅视为资产与收入之和的函数,我们将该总量称为"手持现金",并记作 x,则:

$$x_t = A_t + y_t \tag{6.5}$$

我们要求的是形如 $f_t(x_t)$ 的欧拉方程 (6.3) 的解。该函数无疑将随时间 t 而变化,因为即使掌握同量的手持现金,不同年龄的消费者愿意支出的比例亦各不相同。因此,我们需要找到一系列函数 $f_1, \cdots, f_t, \cdots, f_T$。这些函数可称为策略函数,它们定义了每一年龄的消费者基于各期状态变量值所应遵循的最优消费策略。在这里,状态变量为手持现金 x_t。从 x_t 的定义及预算约束 (6.4)式,我们有:

$$x_{t+1} = (1+r)(x_t - f_t(x_t)) + y_{t+1} \tag{6.6}$$

由于收入过程为独立同分布的,这个方程是一阶马尔科夫过程;除 f_t (·)为线性函数这一特殊情形(持久收入模型中即如此)外,(6.6)式通常不是一个线性自回归表达式。注意 $c_{t+1} = f_{t+1}(x_{t+1})$,将(6.6)式代入欧拉方程(6.3)式后有:

$$\lambda(f_t(x)) = \int \frac{1+r}{1+\delta} \lambda(f_{t+1}((1+r)(x-f_t(x))+y)) \mathrm{d}F(y) \tag{6.7}$$

其中,$F(y)$ 为收入的分布函数并已略去 x 的下标,因为在其出现的所有地方其含义相同,同时,x 就是我们要求解的函数的(虚拟)变量。

我们将(6.7)式视为关于一系列函数的差分方程,而不仅仅是某个量。给定函数 $f_{t+1}(x)$,对任意的 x,(6.7)式定义了函数 $f_t(x)$,从而,只要解存在并惟一,(6.7)式建立了一套将一个函数转换为另一个函数的法则,例如由 f_{t+1} 转换到 f_t。乍看上去,(6.7)式比较复杂,但实际上计算并不困难。给定函数 f_{t+1} 以及任意数值 x,我们可以通过(6.7)式求出另一个惟一的数值 $f_t(x) = z$。由于(6.7)式的左边关于 z 单调递减,而只要 f_{t+1} 是单调递增的,(6.7)式的右边关于 z 便单调递增,因此,我们可以通过标准的两分法或分割法求出方程的惟一解。此外,容易看出,只要 f_{t+1} 是单调递增的,则 λ 单调递减便蕴涵着 f_t 是单调递增的。因此,如果我们能找到最后一期的函数来启动迭代程序,并假定函数是单调递增的,我们即可以用后向倒推的方法求出要找的一系列函数。每一个这样的函数定义了消费者在不同生命时期的最优消费水平。最后一期的消费函数很容易导出。在第 T 期,消费者花完他的所有财产,消费量为资产与收入之和,因此我们有:

$$f_T(x) = x_T \tag{6.8}$$

它肯定单调递增,所以我们找到了我们想要的全部东西。

在某些情形下,我们可以从(6.8)式开始,根据(6.7)式向后倒推,以了解推导出的函数具有什么特征。后推方法对 $r=\delta$ 且确定性等价情形下的求解的确很有启发意义。在确定性等价情形下,λ 为线性函数。容易看出,线性运算法则可由一个函数传递至另一个函数,同时,线性函数的系数随着迭代的进行、逐渐远离最后一期而发生变化。在这种情形下,迭代过程是收敛的,因此,由第 T 期倒推至初始的第一期,可得:

$$c_t = f(x_t) = \frac{r}{1+r}\left(\frac{\mu}{r} + x_t\right)$$

$$= \frac{r}{1+r}\left[A_t + y_t + \sum_{i=0}^{\infty}(1+r)^{-i}\mu\right] \qquad (6.9)[1]$$

上式的确就是在劳动收入独立同分布且均值为 μ 条件下的持久收入假说。对更为一般的情形,这里通常无法求出解析解,即便由第 T 期往回迭代一步的公式也无法求解。此时,我们只能求助于计算机。

我们可以用多种方法计算此类问题中的系列策略函数。在这里,我们仅讨论一种最简单的方法。把状态变量 x 的各个值想象为一个"网格"中的各个节点,我们将得到由一系列等空间分布的数值构成的向量:

$$m = (x_1, x_2, \cdots, x_N) \qquad (6.10)$$

从而,我们的问题产生的状态变量的任意值都比 x_1 小、比 x_N 大。当然,在求出解之前,我们很难知道状态变量在 x_1 至 x_N 之间的取值范围有多大。但我们通常能够先做一个大致的猜测,然后在必要时再一步一步地细化和精确。我们的目标是根据所需要的网格点之间的数值,采用适当的插值方法求出策略函数在每个网格点上的值;我们将根据需要计算出一组关于策

---

[1] 原文为(6.7),疑有误。——译者注

略函数的数值"表"。

由(6.8)式可得到第一个函数；f_T 就是网格向量 m 本身。接下来，参见(6.7)式，通过解：

$$\lambda(z) = \int \frac{1+r}{1+\delta} \lambda((1+r)(x-z)+y) dF(y) \qquad (6.11)^{[1]}$$

求出 f_{T-1}，z 与网格上的每一个 x 的值相对应；从而，z 的值就是 f_{T-1} 在网格的每一点上的取值。根据边际效用函数以及 y 的密度函数，我们可能求出(6.11)式的解析解（例如，若 $\lambda(z) = e^{-az}$ 时，即不变绝对风险回避系数或负指数函数的情形，以及若收入为正态分布时），但在一般情形下，只能通过试错迭代程序来求解，运用数值积分方法来求该积分。在第 $T-2$ 期及由此后推的各期，需要求解的方程为：

$$\lambda(z) = \int \frac{1+r}{1+\delta} \lambda(f_t(1+r)(x-z)+y) dF(y) \qquad (6.12)$$

与(6.11)式相比，上式只不过在数值运算上增加了些许难度；先前被估计的函数现在出现在积分内，因而，为作数值积分运算，我们必须先求出函数在网格点间的取值。一种简单的解决方法是，在任意两个网格点的值之间补值。只要网格点足够多，插值工作不难完成。同时，即使在每一个网格点上函数都出现折点，从而如此计算出来的近似函数不可微，也无关紧要。当然，我们还可以更经济地利用网格点，运用更精巧的插补程序以排除不可微的函数。此时，一个自然选择就是采用三次样条插值函数。

当倒推至足够远的各期函数值都计算出来之后，我们就可以将其用来模拟可能的消费路径。根据 y 的分布和初始资产水平，我们可以随机地指出特定的一条一生收入变化轨迹线。某个消费者最初的手持现金为其第

---

［1］ 原文为(6.9)，疑有误。——译者注

一期资产与收入之和,他的消费水平即可由第一期策略函数算出。第一期消费还决定了第一期的储蓄从而第二期的资产水平。之后各期可同理类推。反复做实验,求各条轨迹线的平均后可以得到期望的消费轨迹线。然后,根据这些模拟过程和计算出来的资产路径再检查资产轨迹线是否落在网格之内;若否,则改用一个更大的网格来继续模拟计算。相反,若网格还有大量空余,则可以在一个更小、更细的网格内更精确地重复模拟计算。

这里(至少)有三个实际问题值得注意。

第一个问题是求数值积分的成本,这是模拟计算中单项成本最高的项目。在多数情形下,通常假定收入(或至少其波动过程)为正态分布,当然,这一假定并不现实,但主要是出于习惯并方便计算的考虑。可是在我们所讨论的情形中,正态性假设却又变得非常不方便,特别是与离散分布假设相比尤为显然,因为在离散分布假设下,可以用累次加总来代替积分运算。例如,若随机变量的可能取值有 10 个($\pm 1.28, \pm 0.84, \pm 0.52, \pm 0.25, 0$),每一个值的取值概率都为 0.1,则所得到的分布就是 $N(0,1)$ 随机变量的合理近似,这可以大大降低积分运算的成本。

第二个问题更加困难。我们已经知道,各个参数有多种配置组合,这些组合都能够产生众所周知的具有生命周期特征的资产路径。那些耐性不足的消费者在生命的早期赊借,以后偿还债务。那些在生命早期进行储蓄的消费者累积了资产,构成其生命后期的花销来源。就整个生命周期而言,资产价值的变化范围很大,因而用来计算策略函数值的手持现金 x 的变化范围也很大。更进一步地说,生命周期越长,x 取值的可能变化范围就越大,因而问题也会越复杂。一般来说,网格越细,数值计算的精度越高,从而 x 的变化范围越小,在计算成本一定时的精度也越高。若网格范围很大,我们便无法用适当的成本获得高精度的计算结果,对生命周期长的情形而言尤其如此。

第三个问题出自这样一个事实——把先前的策略函数转换为另一策略函数本身需要对解进行迭代,因而,若针对许多年龄组来计算,则全部计算量会过大。减小计算量的一个办法是,不去求策略函数的值,转求各期的值函数(Value Function)。在许多情形下,例如在计算福利时,值函数本身有其意义,因此,即使计算量不成问题,这一替代方式依然值得考虑。

对前述模型,值函数通过下述方程建立相互迭代的联系:

$$V_{t-1}(x) = \max_c [v(c) + (1+\delta)^{-1} EV_t((1+r)(x-c)+y)] \quad (6.13)$$

而最后一期的值函数由下式给出:

$$V_T(x) = v(x) \quad (6.14)$$

从最后一期的函数开始,像前面那样利用一有 m 个节点的网格,我们可向后倒推地求出(6.13)式的解,获得各期值函数,而且,计算的期数可根据需要任意选取。这个操作的简单办法是,将消费 c 定为一 n_c 个元素网格,并求(6.13)式右边小括号中表达式在矩阵 $n_c \times n$ 所有单元中的值,这里矩阵 $n_c \times n$ 由两个网格相乘而得。对 m 中的每一点,取每列元素中的最大值为新的值函数的取值,与这些最大值对应的消费值就是策略函数的取值。

系列函数 $f_T, f_{T-1}, \cdots, f_t, \cdots$ 的一个有趣问题是,如果时间可以回退得足够远,这些函数是否会收敛到某个不再发生变化的函数 f? 若回答是肯定的,我们将会有一个静态策略;并且,若无限系列问题的解存在,静态策略将自然地成为可选解之一。当然,函数也有不收敛的情形。由于年龄通常是决定消费与资源之间关系的重要因素,所以对绝大部分生命周期理论的消费问题来说,系列函数是不收敛的。不过,即便如此,我们仍有必要讨论一下静态策略的情形,因为该策略包含很多信息量。

在考虑静态策略的时候,我们必须认识到,(6.7)式实际上是一个泛函差分方程,该方程将函数 f_t 转换为函数 f_{t-1},将此转换记作:

$$f_{t-1} = T f_t \tag{6.15}$$

可以将极限函数的存在性问题归结为另外一个问题,即映射 T 是否存在一个不动点,使函数 f 满足:

$$f = T f = \lim_{n \to \infty} T^n f_T \tag{6.16}$$

我们没有任何理由推断(6.16)式在一般情形下成立。虽然我们已经看到,当 $r = \delta$ 且偏好为二次型函数时,极限策略即为持久收入假说。但这是一个特例。一般而言,(6.16)式存在一个不变解的充分条件是 T 为一压缩映射,从而对任意两个策略函数 g_1 和 g_2,不断应用转换(6.7)式或(6.13)式,两函数之间的距离将逐渐减小。对我们的问题来说,条件 $\delta > r$ 似乎足以使 T 成为一个压缩映射。如果的确如此,那么,极限策略不但会存在,而且它满足(6.7)式,从而是惟一的不受时间(或年龄)影响的函数。只要收敛是相对迅速的,这样的极限函数将很有用,因为它给出了一条法则,可以刻画消费者在其大部分生命阶段行为的特征,我们也就可以避免计算不同生命阶段的不同法则。

注意,策略函数的自变量——手持现金——随着时间推进而不断变化,所以静态策略的存在并不意味着消费本身是常量。$\delta > r$ 的假定指消费者不想忍耐的情绪强于等待以获取未来收益的愿望,而这意味着在不存在不确定性的环境内,消费者的典型行为将是让消费下降。欲证明这一点,我们可以做一个简单但很有启发意义的练习,在等弹性效用函数、不变实际收入条件下,消费与手持现金之间的线性(且不变)关系将给出一条最优(呈下降趋势的)消费路径。

6.1.3 复杂性：自相关与增长

上一小节假定收入在时期间独立同分布，进而在这一最简单的假定下展开分析。但在实践中，这个假定没有很大作用。经济社会总处于增长过程中。尽管与平均收入相比，个人收入的自相关特性要弱得多，但个人收入仍然具有序列相关特征。个人收入和平均收入自相关这两个问题是可以处理的，当然，分析需要增加一些新的假定。

若收入序列相关，消费便不再只是手持现金的函数，而将分别受资产和收入的影响。例如，若收入遵循静态的一阶自回归过程且自相关系数为正，则今天的高收入不仅意味着今天的手持现金数额大；而且意味着在给定的手持现金额下今天将支出更多，因为今天的高收入是明天乃至以后更高收入的一个信号。相似地，若劳动收入遵循一阶移动平均过程 MA(1)，则状态变量将是手持现金和当期收入波动，而后者再次包含了关于明天收入的信息。弄清此中道理之后，我们可以很容易地对(6.7)式进行修正。以一阶自回归 AR(1) 为例，假定 $z_t = (y_t - \mu)$ 遵循 AR(1) 过程 $z_t = \phi z_{t-1} + \varepsilon_t$，则可由函数 $f_t(x_t, z_t)$ 确定时期 t 的最优消费，将(6.7)式改写为：

$$\lambda(f_{t-1}(x,y)) = \frac{1+r}{1+\delta} E\lambda(f_t((1+r)(x-f_{t-1}(x,y)))+\mu+a, a)$$

(6.17)[1]

其中，$a = \phi(y-\mu) + \varepsilon$，并且预期项是关于 ε 的。MA(1)过程可做类似处理，我们留下给读者作为练习。在这里，理论拓展的困难不在于写出策略函数或值函数的迭代式，而在于解的计算。对收入为独立同分布的情形，函数只有一个自变量，我们需要对网格上的每一点计算一次函数值。

---

[1] 公式中的 $(x - f_{t-1}(x,y))$，原文为 $(x - f_{t-1}(x,y))$，疑有误。——译者注

若有两个自变量 x 和 y,它们有各自的网格,并组合成一个矩阵,从而需要计算的次数就是原先次数的平方。两阶自回归情形将有三个自变量,需要计算的次数就是原先次数的立方,更高阶自回归则依同理类推。要完成这些计算并非不可能;但为此,我们在收入独立同分布时建议的收入离散化,现在却成了必须采用的方法。而且,已经有学者提出了用离散化方法近似自回归过程的技术,以解决与我们这里的类似问题,参见 Tauchen(1986);以及 Tauchen、Hussey(1991)。

允许收入增长同样要求对上述程序做较大调整,并且,调整似乎只在某些特定情形下方才可行,其中最值得注意的情形是满足函数等弹性。满足函数等弹性时,才有可能以变量的比率,如收入与前期收入的比率、手持现金与收入的比率来推导关于消费与收入比率的策略函数。将 z_{t+1} 定义为:

$$z_{t+1} = y_{t+1}/y_t \tag{6.18}$$

假定 z_t 为一个静态过程。正如宏观与微观的实证研究(以不同方式)提示的那样,若收入遵循一个带或不带偏离项的对数随机游走过程,z_t 将是独立同分布的;但若收入增长是自相关的,z_t 将序列相关。我们分别以 w_t 和 θ_t 表示手持现金和消费与收入的比率。预算约束表示 w_t 的变化规律为:

$$w_{t+1} = 1 + z_{t+1}^{-1}(1+r)(w_t - \theta_t) \tag{6.19}$$

并且,欧拉方程为:

$$\theta_t^{-\rho} = \frac{1+r}{1+\delta} E_t(z_{t+1}^{-\rho} \theta_{t+1}^{-\rho}) \tag{6.20}$$

其中,与前面一样,ρ 为相对风险回避系数。现在,我们可以像前一小节那样讨论,将消费比率视为手持现金与收入比率的函数并求其解,并且根据我们处理收入增长过程中的系列相关所需要的变量数目,在函数中增加收入增长或收入增长波动等其他变量。

6.1.4 有预防性储蓄的消费演进

图 6.1 显示了根据前一小节所述原则计算得出的几条消费演进路径。计算的前提是收入遵循不带偏离项的对数随机游走过程。[1] 这一前提意味着我们认为未来收入比当期收入高,因为,若增长冲击是正态分布的,则:

$$E_t y_{t+k} = y_t \exp(k\sigma^2/2) \tag{6.21}$$

其中,σ^2 为对数收入波动项的方差。注意,(6.17)式的含义是,即使收入不出现与趋势的偏离,预期未来收入与当期收入的比率也将随时间的推进而不断上升;凸函数或这里的指数函数的期望,大于期望的函数。图 6.1 中的消费路径都假定了相对风险回避系数为 3,利率和时间偏好率都为 5%,且对数收入波动的标准差为 0.15。所有消费路径也都假定消费者的初始资产为零,且计算的是 20 年的"生命",不考虑退休行为。

具有二次型偏好函数的持久收入消费者预期其消费为一常数,从而,通过令一个常数消费流的贴现值等于当前资产与由(6.21)式给出的预期未来收入之和的贴现值,可计算得出持久收入消费者的消费值。五条下降的轨迹线是对具有 20 年生命的持久收入消费者消费路径的随机模拟。给定 (6.21)式,预期未来收入随时间推进而上升,消费—收入比率则不断下降。谨慎消费者试图使自己在未来不确定环境中拥有从容回旋余地,他们的消费—收入轨迹线具有上升趋势。在对这两类消费者所做的模拟中,我采用了相同的随机收入数据,从而,谨慎消费者的每一条消费路径都有相应的

---

〔1〕 该句与图 6.1 纵轴标示不符,疑有误。——译者注。

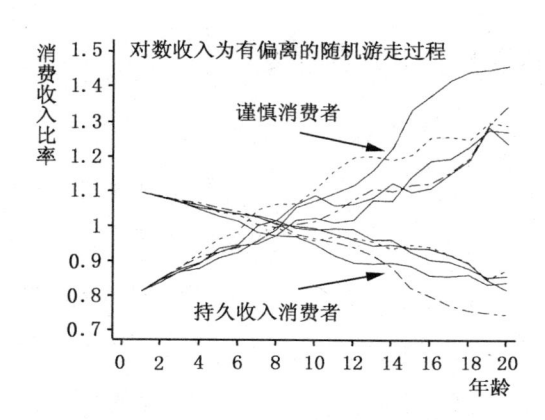

图 6.1　模拟的持久收入消费者和谨慎消费者的五条消费路径(20年生命期)

持久收入消费者的消费路径,二者拥有完全相同的收入路径。在上述参数值下,谨慎消费者在其生命的 20 年中,预防性储蓄占收入的 20%,由此积累的资产允许他在生命后期的消费大大超过他的收入。很明显,我们可以找到一些例子,表明预防性储蓄在数量上很重要。时间越长,所产生的储蓄可能越多,这与我们从微观数据中发现的收入波动项方差越大所导致的储蓄越高的结论相类似。然而,所有收入波动会永久持续下去的假定,将夸大预防性储蓄数量。在微观数据中,某个时期变化的方差非常有可能比我们例子中所用的方差大,但生命周期收入则可能比我们例子中的变化小,更进一步的讨论参见 Skinner(1988)。

图 6.1 中 10 个消费者的初始资源量相同,并拥有相同的随机性未来收入,但仅仅 20 年的非静态收入行为,就对他们之间消费与财富不平等的局面产生了极为重大的影响。当然,偏好不同是其中原因之一,持久收入消费者不可能像预防性储蓄者中年时那样富有。偏好差异与运气是在时间进程中造成并扩大不平等状况的两个重要原因。

6.1.5 预防性储蓄为什么重要？

图 6.1 中的例子说明,家庭在生命的早期将倾向于进行比持久收入假说预言的更多的储蓄,这是预防性动机的几大效应之一。它有助于解释,为什么消费和收入常常在生命周期的早期同步上升。尽管年轻人知道自己的收入一般来说会上升,但他们通常不愿意为消费而大量过度赊借,因为不是所有人的未来都很幸运,很可能事情的进展并不像预想的那样顺利。当前额外消费获得的效用比不上在未来遭厄运打击时因拥有资产所产生的满足感。(请注意,这一结论不能应用到房产抵押贷款上,因为那时消费者手中握有实实在在的房产。)还须注意的是,在我们为说明标准生命周期理论而绘制的图 2.1 中,储蓄贯穿整个年轻和中年时期,如果这个图示正确,那么储蓄积累的财富可视为养老基金,也可充任应付短期厄运之预防性缓冲资金。Modigliani(1986,1990)曾援引上述结论作为无须特别研究预防性储蓄动机的理由,尽管他也曾指出,虽然养老基金和社会保障体系代替了个人财富积累,但由于它们不具有流动性和不能充当贷款抵押保证,所以个人的预防性储蓄需求反倒可能上升。

经济学家很久以来也认识到,储蓄的预防性动机还有助于解释为什么老年家庭的负储蓄数量不像生命周期模型中持久收入假说所宣称的那么多。老年人寿命长短的不确定性、健康和医疗费用的不确定性以及老年贫困给人带来的极端凄凉的感觉,使得老年人对自己资产数量的减少极为敏感。此类行为至少部分地有助于解释财富转移中偶然性遗赠所扮演的重要角色。

最近一些文献研究了预防性储蓄的其他相关后果。许多作者,如 Zeldes(1989b)、Skinner(1988),尤其是 Carroll(1991)特别强调个人在某些环境下绝不赊借。例如,考虑消费者收入底线非正值且收入为零的概率为正数的特殊情形。许多满足函数具有消费渐近于零时效用趋于负无穷的性质,我们可以从中任取一个函数作为研究工具,但我们依旧选取相对避险系数大于1且等弹性的满足函数。很明显,消费者永远不会自愿选择一个在生命最后时期消费很可能为零的消费计划。由于资产在最后一期结束时必须为零,且收入在这一期也可能为零,从而在倒数第二期结束时,消费者拥有的资产应大于零。相似地,在倒数第三期结束时,消费者资产拥有量也应大于零,依同理可倒推至生命的初始期。因此,预防性动机起到了类似禁止赊借的作用,这是一种自我约束。还须指出的是,尽管赊借从不发生,但跨时的欧拉方程依然成立。不过,若存在正式的流动性约束,该方程不再成立。这是下一节将要讨论的内容。

学术界就是否应当严肃看待上述结论尚未达成广泛共识。实践中常常存在某种最低消费水平。一个人可以从家庭、朋友或公共福利机构获得这样的消费水平。当然,人们很难用赊借的方式从公共福利机构获得消费(或被认为是一种非法行为)。有了此类最低保障,消费者可能在生命的早期大量赊借,并且一开始就不打算偿还债务,并在以后就靠最低生活保障度日。

预防性储蓄者与持久收入或(常见的)生命周期消费者的行为差异还会在许多其他方面表现出来。他们对收入变化的反应可能完全类似于所谓的凯恩斯反应。若像持久收入假说所预言的那样,消费依赖于收入的贴现值,则当前税率的降低一般而言将不会影响消费,因为当前的降税需要政府以后用其他融资政策来补偿。但正像 Barsky、Mankiw、Zeldes(1986);以及 Kimball、Mankiw(1989)所指出的,若消费者具有预防性储蓄动机,且税收是收入的增函数,则较低当前税收对此后较高税收的替代将减少未来收入的不确定性,进而降低对当前预防性储蓄的需要。即便消费者做出了最优的跨时选择,即使他们知道当前的降税要在他们有生之年再通过增税来抵消,当期税收减免仍然会促使消费者增加消费。这样,预防性储蓄动机就成为李嘉图等价命题不成立的一个原因(或众多原因之一)。

Engen、Gale(1991)曾建立了一个预防性储蓄模型,他们通过该模型说明为什么家庭愿意持有个人退休账户以及其他形式的储蓄,其中,个人退休账户的收益率和提前取款的罚金率都比其他储蓄高。Hubbard、Skinner、Zeldes(1992)观察了社会保障计划(如美国的有子女家庭补助计划 AFDC)的存在对财富积累所产生的效应。AFDC一类社会保障计划的实施对象是资产在某一水平之下的家庭。对穷人来说,他们从不打算积累很多财富,同时也必须面对健康及收入状况的不确定性,所以他们的最优对策是不去尝试积累任何财富。只有那些拥有大于某一临界财富水平的家庭才应当储蓄以备退休和医疗之需。结果,在值得去储蓄的临界财富水平之上,消费反而随财富水平的上升而下降。Hubbard-Skinner-Zeldes 的模拟提示,消费者的这些行为至少可以部分地解释他们观察到的美国财富分布的若干特征。

宣称最为支持预防性动机的恐怕要数 Carroll(1991)所做的研究工作。Carroll 认为,带预防性动机的模型可以解释消费与收入在整个生命周期内的演变轨迹,解释所存在的过度敏感性,乃至解释支持持久收入而非度量收入的传统证据。Carroll 采用标准的等弹性满足函数,选择适当的偏好和适当的劳动收入随机过程,得到了他的研究结论。他根据收入动态研究组的数据指出,消费者的收入的确有可能为零,这一点又保证消费者(自愿地)不发生赊借行为。他还假定消费者比较缺乏耐性,至少达到 $\delta > r$ 的程度。在没有不确定性的环境中,这类消费者倾向于在生命的早期赊借,并任消费水平在随后的时间逐渐下降。但实际上,消费者面对的世界充满了太多的不确定性,谨慎与不耐心两种情绪的较量时时在他们心中激荡。他们需要资产,以防止在低收入和失业时陷入窘境;但从根本上讲,他们又不喜欢资产,将其视为被浪费的消费机会。依据 Carroll 所采用的参数值,消费者将选择一种折衷状态,持有少量资产,但永远不会太多,足够应对收入冲击即可。由此他得到消费紧随收入变化之结论。

这样的结果似乎违背了无赊借约束下最优跨时配置的所有结论,它们也否定了生命周期模型的基本思想,即消费的演进独立于资源的演进。这里的关键问题在于不确定性与凸边际效用的组合。泰勒近似式——(6.1)式——有助于我们辨清,Carroll 的结论怎样才可能是正确的。与收入高或资产多的消费者相比,在生命早期收入低和资产少的消费者的未来消费不确定性更大,其中道理很简单,他们拥有的资源少,得到的保障少,从而也就自然地选择延迟消费。正如我们已经看到的,这一结论在原则上可以说明过度敏感性。但它同时也意味着,若收入在生命周期中发生变化,消费的生命周期曲线也将随之变化。当然,资产的存在意味着消费可以免受收入短期频繁变化的影响,但缺乏长期积累的资产则意味着,在长期范围内,消费又追踪收入的变化。

毫无疑问,Carroll 的工作很重要,我们研究跨时配置的方法将肯定因此而发生改变。Carroll 的工作再次指出,将具有确定性等价的持久收入模型与考虑预防性动机的模型,如等弹性满足函数模型区分开来的重要性在此之前的确被低估了。即便如此,并且尽管 Carroll 认为他选取的所有参数值都是合理的,但到目前为止,他所做的工作也只能算是涉及了相关研究的一点皮毛,要完全说明他的结论与我们就消费与储蓄行为所掌握的其他事实都没有逻辑矛盾,我们还需要做大量工作。

6.2 流动性约束

无能力赊借常被援引为质疑生命周期模型一般适用性的一个可能理由。这是贯穿本书的一个理由。该理论无法取得经验数据的支持常常也被归因于流动性约束。即便如此，经济学家也几乎从来不去尝试建模以精确分析流动性约束对消费所产生的诸多效应。Hall、Mishkin(1982)所做的一部分消费者只是花光其收入的假定很有用，可用来从赊借约束的角度检验理论的偏离程度。但我们也很难把他们的假定认真地视为不赊借消费者的模型。无能力赊借并不对称地表示无能力储蓄，并且，像我们将在下面看到的那样，我们有大量理由说明为什么受流动性约束的消费者都希望持有资产。Zeldes(1989a)对不能赊借的消费者做流动性约束检验时，适当修正了欧拉方程。这使得他发现，生命周期模型失效的原因可以特别地归结为消费者无能力赊借。Zeldes 的检验比 Hall 和 Mishkin 更精确一些。但就通常情形而言，关于受流动性约束消费者行为的信息，欧拉方程中包含的并不多。的确，像我们将看到的那样，赊借约束只是偶然地使方程不能成立。在这一章的最后一节，我们将详细而准确地讨论流动性约束有哪些效应，并试图建立所得结论与前面相关章节中经验证据之间的联系。

6.2.1 信用约束的若干理论观点

任何经济学家都不会断言说每个人总是希望自己借入物品的数量大于别人愿意借给自己的数量。正如我们已经看到的那样，人们或许有在任何场合下都不愿意赊借的偏好；还有其他许多人像标准的生命周期理论消费者那样，希望先积累资产，然后再慢慢使用它们，从而赊借问题永远也不会发生。对那些想赊借的消费者,他们通常也可以获得有限的信用借款,例如,通过信用卡贷款或银行的限额贷款,但消费者能够获得的信用贷款总量会受到严格限制。正是那些收入随年龄增长而逐渐增加、但偏好于在生命的早期多消费的不耐心的消费者,常常无法获得无担保贷款以实施自己的消费计划。

信用市场无法出清可以有多种理论解释。Stiglitz、Weiss(1981)认为,我们不能希望贷款利率像其他普通商品价格那样,以不断上升的方式来使借贷市场出清。借方有可能违约而不偿付借款;同时,正是那些最可能还款的人受到利率上升的影响最大,所以在利率水平高时最不愿意借款。结果,高利率实际上提高了贷方贷款组合的总风险。因此,为保证贷款质量,贷方更愿意把利率维持在低水平,并用其他方式分配贷款。如果的确如此,一部分想借款的消费者将借不到款。此外,还有许多其他机制可能导致信用约束,Hayashi(1987,第4节)对其中部分机制作了评论。

持久收入假说关于资产行为的解释既可能为其他学者留下质疑该假说的把柄,也可能表示赊借约束至少在特定情形下是一个破绽。回忆(4.52)式,对一个满足持久收入假说的消费者而言,其资产变化由下式给出:

$$\Delta A_{t+1} = (1+r)s_t = -(1+r)\sum_{i=1}^{\infty}(1+r)^{-i}E_t\Delta y_{t+i} \qquad (6.22)$$

讨论 y_t 为独立同分布的最简单形式,从而有 $E_t\Delta y_{t+1} = -\varepsilon_t$,且此后所有变化都可以预期为零。代入(6.22)式后有:

$$\Delta A_{t+1} = \varepsilon_t \qquad (6.23)$$

这样,资产变化将遵循随机游走过程,从而只要消费者的生命期限足够长,资产水平将超过任意一个给定的大的正数,或者将低于任意一个给定的大的负数,最终将使消费变为负值。此时,要么消费者自愿停止这种行为方式,要么是赊借约束阻止了这一行为的发生。但上述解释终究不能令人满意。为此,Schechtman(1976)和 Bewley(1979)建立了其他持久收入模型版本。在他们的模型中,消费者不能赊借。模型分析的结果是,在某些具体环境下,即使消费者无法赊借,消费也将最终收敛于静态收入过程的均值。下一小节的主要内容是关于 Deaton(1991)模型的一个总结,而这个模型大量地得益于 Schechtman 和 Bewley 的开创性工作。

6.2.2 作为缓冲存货的资产

我们假定赊借行为不可能发生,且资产水平永远是非负的。没有这两个假定,本小节模型将与前面的模型完全相同。消费者最优化其可加的跨时偏好,时间偏好率为一常数,且资产实际收益率也是常数。此时,跨时配置的欧拉方程与前面的方程不再相同,其表达式改变为:

$$\lambda(c_t) = \max\left[\lambda(x_t), \frac{1+r}{1+\delta}E_t\lambda(c_{t+1})\right] \tag{6.24}$$

其中,与前面一样,x_t 为手持现金,等于资产与当期收入之和。

流动性约束意味着,消费者可能的最大支出为 x_t,从而货币的边际效用不会小于 $\lambda(x_t)$。当然,消费者是否花完其全部手持现金取决他自己的自由选择。因此,若无须赊借即可实现所希望的跨时配置,且贴现的未来边际效用期望值大于 $\lambda(x_t)$,欧拉方程将恢复标准形式,括号中的第一项不产生任何作用。然而,即便赊借约束对经济行为的限制并未发生,从而此时的欧拉方程貌似于标准方程貌似,但一般而言,此时的消费者与不受赊借的约束消费者的行为已经不再完全相同。即便赊借约束不影响今天的消费,它也可能影响未来的消费,因而,对明天消费的期望应当把赊借约束考虑进来,就像明天的消费应考虑可能在未来出现的流动性约束一样。这听起来会觉得复杂,但只要我们正确地考虑动态规划问题,上述复杂性将自动消失。不过,这里需要注意的是,我们能从欧拉方程本身获知的信息少之又少;我们在下面将发现,赊借约束的存在从根本上改变了消费者的行为方式,即使消费者真正受到赊借约束的时间在其一生中微乎其微。只注重消费边际效用大于其期望边际效用贴现值的消费者人数,将会低估流动性约束对纠正消费者行为的重要性。

由于存在流动性约束,上一节讨论的储蓄预防性动机将得到进一步的加强。至少对某些消费者来说,背运之时的赊借能力是一种保险工具;排除这一保险工具,消费者便必须为万一的背运之时做其他保险。如果没有外部保险工具,消费者必须自我保险,也就是积累更多的资产来保险。我们已经知道,储蓄的预防性动机通过一个凸的边际效用函数而产生,即随着消费不确定性的增加,期望边际效用将上升。若存在赊借约束,与低消费水平相比,消费者更不愿意高消费,从而期望边际效用更趋上升。即使偏好仍是二次型函数,且利率和时间偏好率相等,但只要不允许赊借,预防性储蓄动机就将依然存在。此时,方程(6.24)式可以简化为:

$$c_t = \max(x_t, E_t c_{t+1}) \tag{6.25}$$

未来不确定性的增加将降低期望的未来消费,因为随着未来不确定性的上升,因无力赊借而破产的消费者占消费者总数的比例将越来越大。

为进一步地描述消费行为的特征,我们有必要对偏好及收入行为做一些特别的假定。这里求解欧拉方程的技巧与前一节描述的求解关于预防性动机的欧拉方程的方法相似。为了考虑预期因素,我们需要知道今天的收入状况是如何隐含收入未来变化趋势的。我们假定消费者的偏好是特别地希望赊借。这一假定的精确形式取决于收入过程。若已知收入将逐渐增长,消费者会比已知收入将逐渐下降时更愿意赊借。若收入是静态过程,且 δ>r,同时没有其他约束,则最优消费将是各期逐渐下降的消费,消费者的最优消费计划将是在生命早期赊借消费。当收入是一个不断上升的过程时,更弱的假定也可以得到相同结果。我之所以对偏好做如此假定,并非因为我相信它们的普遍有效性,而是因为用这些假定能够分辨出那些行为受到流动性约束影响的消费者。耐心消费者的收入围绕一个常数均值波动,他们自然成为金钱的贷出方,而非借入方,他们不会受到流动性约束的影响。然而,我们应当注意,若所有人的时间偏好率相同,但只有部分人受到流动性约束的限制,那么,在均衡状态下,贷款的超额供给将会把利率压至时间偏好率之下。

在这里,我们使用与上一小节相同的方法,从收入为独立同分布的情形开始,然后进一步讨论自相关及非静态的情形。与前面相似,若收入是独立同分布的,消费将是手持现金的函数,因此,我们可以将 $c_t = f_t(x_t)$ 代入到带流动性约束的欧拉方程(6.24)式,得到泛函差分方程:

$$\lambda(f_{t-1}(x)) = \max\left[\lambda(x), \frac{1+r}{1+\delta}\lambda(f_t((1+r)(x-f_{t-1}(x))+y))\right] \quad (6.26)$$

给定 δ>r,且收入总是不小于某个(严格的)正数,则货币的边际效用为一有限值,方程(6.26)总有惟一的时间不变解:

$$c = f(x) \quad (6.27)$$

[证明过程参见 Deaton、Laroque(1992,定理 1)]。因此,若消费者生命持续足够长的时间,我们就可以通过(6.6)式和(6.27)式来描绘其消费行为所具有的基本特征;前一个式子描绘了手持现金 x_t 的演变路径,后一式子则将手持现金转换为消费。

函数 $f(x)$ 的性质如图 6.2 所示。图中作为例子的几条轨迹线是根据上一节所述方法计算得出的,但我们所讨论的函数性质具有一般意义。对图中画出的所有情形,满足函数均为等弹性函数,相对风险回避系数都取 2 或 3。收入为独立且同为正态分布的随机变量,均值为 100,标准差为 10 或 15,但偏离均值 5 倍标准差以上的部分均被截去。同时,实际利率均为 5%,时间偏好率均为 10%。一般而言,消费函数沿着 45 度线开始,该线表示所有收入全部花光。在手持现金达到的某个临界水平上,消费者的最优策略是储蓄部分收入以备未来之需。在这之后,储蓄的比重将随手持现金增加而提高。在这里,储蓄得以开始的手持现金的临界水平的精确值依赖于我们给相关参数的赋值。在时运不济、除此之外的收入来源几近断绝之际,这些储蓄将成为消费者赖以生活的全部希望所在;此时,即使最后一单位手持现金在当期的价值,也比其在未来的期望值大。因此,如果可能的话,消费者肯定愿意赊借。但由于不存在赊借可能性,他们的消费将仅限于自己目前所拥有的手持现金。随着消费者流动性状况的改善,他将愿意为未来储蓄,并积累资产以应付因未来收入波动且无法赊借而出现的尴尬局面。未来收入越不确定,储蓄便越多,而支出越少。如果比较谨慎与不很谨慎的消费者之间的行为差异,我们可以得到同样的结论。由于这里使用的是等弹性效用函数,我们以风险回避系数来度量谨慎程度的大小。

若消费遵循最优消费规则,我们还可以从图 6.2 中发现资产数量的变化规律。根据描绘手持现金演进的方程(6.7)式,可以很容易证明当且仅当:

$$\frac{y_{t+1}-\mu}{1+r} > f(x_t) - \frac{rx_t+\mu}{1+r} \tag{6.28}$$

这时, $x_{t+1} > x_t$。(6.28)式的右侧为图 6.2 中函数与向上倾斜的直线之间的距离。该距离总在扩大,从而只要收入分别存在上限和下限,手持现金

图中显示:

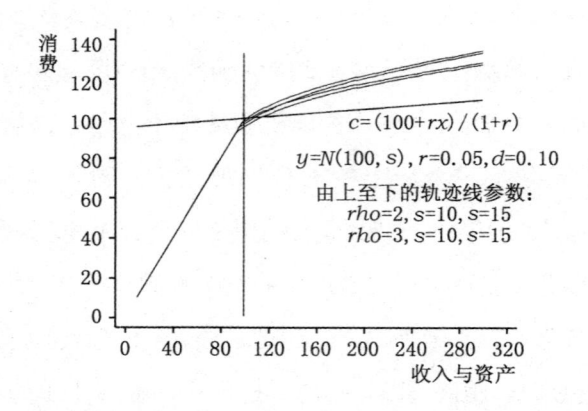

消费纵轴 (20–140),横轴为收入与资产 (0–320)。

$c=(100+rx)/(1+r)$

$y=N(100,s), r=0.05, d=0.10$

由上至下的轨迹线参数:
$rho=2, s=10, s=15$
$rho=3, s=10, s=15$

说明:d:时间偏好率;r:实际利率;rho:相对避险系数;s:收入标准差;y:收入。

图 6.2 不同风险回避参数及收入标准差时的消费函数

将无法永远上升,它最终必须回落。在下一期手持现金等于收入的条件下,很难证明资产最终将降至零。然而,Schechtman、Escudero(1977)证明了,若对偏好附加约束,并满足二次和等弹性满足函数等条件,资产可以在有限的时间范围内降至零。就像一个打开了龙头的蓄水箱一样,资产总有耗尽之日。资产存量就像水箱中蓄存之水,本身对不耐心的消费者并无价值。但在一个不允许借贷的不确定世界中,资产的确具有派生价值。

图 6.2 中有 4 条轨迹线。我们对相对避险系数为 3、收入标准差为 10 的那条轨迹线做 200 年的模拟,得到图 6.3。该图最上面曲线表示收入,是直接从 $N(100,10)$ 中独立抽取 200 个随机数后绘制的。中间曲线表示消费(其值减去 40 以便各曲线之间相互分开),最下面曲线表示资产存量。需要指出的第一点是,与收入相比,消费的变化平滑得多。消费的标准差只有 4.9,还不到收入标准差的一半。即便不能赊借,且只能依赖自己,消费者也有可能不通过借贷市场而简单地以资产作为抵御收入变化的缓冲

来充分平滑自己的消费。还须指出的是,消费的分布是非对称的。在整个模拟期内,消费有几次低峰值,但没有高峰值。这是赊借约束非对称性的直接后果。由于消费者永远可以储蓄,因而消费中潜在的高峰值会因储蓄而削平,新增资源将储蓄以备未来之用。与此相反,消费者可通过运用资产来抵消其遭遇到的收入下降冲击。这里的前提当然是他有资产可用。如果他的资产全部用完,他将别无他法,惟有降低消费。图6.3中出现的低消费情形很有启发意义。最严重的消费下降要数第108年,该年度的资产水平虽然不为零,但非常低,其原因是前两期和三期的收入水平很低;而恰在该年,消费者的收入又出现了剧烈的下降。正是持续的低收入,或因稍有起色的收入而刚刚缓和的持续低收入,使消费异常脆弱并容易走低。但需要注意的是,图6.3中也有几次收入水平较低、消费却几乎不受影响的情形,这是因为消费者拥有的资产为消费提供了必要的保障。缓冲资产不是绝对完善的保险工具。由于资产隔一段时间可能会耗尽,由于各时期的收入变化相互独立,所以最糟糕的收入状态完全可能发生于资产耗尽之时,从而常常拥有缓冲资产的消费者也会像不拥有这些资产的消费者一样,陷入最糟糕的消费困境。实施资产管理的目的就在于尽可能地避免这样的困境。

由图6.3可以发现,虽然资产不时地落到零值,尽管所取的值不很大,但它一般都取正值。因此,在所模拟的大部分年份里,标准欧拉方程是成立的,各年里预期的消费边际效用也都相等。但是,图6.3中的消费曲线与允许消费者按需赊借时所能够产生的、围绕一条下降趋势线波动的消费曲线有很大区别。正是这一比较使我们产生质疑,即除发现流动性约束的小部分后果外,欧拉方程检验有无能力揭示更多的东西。图6.3中的消费像收入一样呈现为静态过程。由于资产储备隔一段时期会耗尽,所以消费和

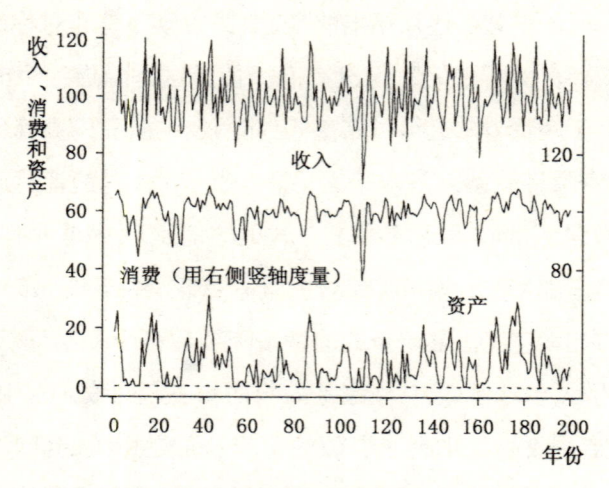

图 6.3 收入、消费和资产变化的 200 年模拟

收入两个时间序列不可能长期分离。在给定的消费平滑程度下,并在消费比收入更平滑的情况下,资产持有的平均水平在收入的 7% 左右,或者说在数值上小于收入的标准差。这是一个值得重视的特征。美国的数据表明,在 20 世纪 80 年代早期,美国家庭持有的流动性资产价值的中值小于 1 000 美元。很明显,这个数字很小,但就像图 6.3 中的资产那样,它已经足以使消费变化比收入平滑得多。

和诸如最优缓冲资产策略有关的一个经常出现的问题,是经济学家对消费者为其自身利益采用这些策略的希望是否有意义。生成图 6.2 中函数的动态规划技术需要大量的计算,因此要求在计算机上进行中等程度的投资。但动态规划技术肯定超出了大多数公众的智力范围。当然,这并不是说他们不愿意很好地模仿动态技术。一个玩台球的人往往也还试图学习如何应用物理学法则来赢球。但不管怎样,在当前情形下,只要人们理解了最优策略的一般原则,他们用一些简单的经验法则即可产生与图 6.2 大

体相同的结果。例如,假定图 6.2 中的消费法则如下式:

$$c_t = x^* + \alpha(x_t - x^*)\mathrm{I}(x_t > x^*) \tag{6.30}$$

其中,若 e 为真,I(e)等于 1,否则等于零。这是简单的分段线性近似,体现了简单的消费规则:困难时期花光所有收入;收入超过某一"最小必须量"时便储蓄固定比例的收入余额。若简单地取 x^* 为平均收入 μ,α 取 0.3,那么,与图 6.2 中收入序列对应的消费和资产序列与图 6.3 中的序列将不会有什么本质区别。参数 α 的任何合理估计都会使消费比收入平滑得多。Deaton(1992b)进一步讨论了上述及其他经验法则。他还研究了这些法则在消费者福利方面所得出的推论。他发现,若根据预期效用理论,消费波动的一般成本不大,那么,用很敏感的(6.30)式取代最优策略也不会造成显著的福利成本。当然,这一结论并没有什么出人意料之处。

6.2.3 序列相关的收入

若收入过程在时间序列上相互独立,我们的数学讨论将方便得多,但我们离开我们要描述的现实却遥远得多。除非我们的讨论对象是一个停滞经济中的农户,否则,我们就应当考虑更为一般的情形,使讨论更具有现实意义。与前面相似,具有现实意义的讨论所带来的复杂性主要表现在计算上,而不在概念上。一个收入序列相关但过程静态的不耐心家庭更容易还是更难储蓄缓冲资产,要视收入自相关的性质而定。收入(在数量上)负自相关的假定与植树并采摘果实的农户情形相似。好年景的累累果实使果树承载了过重的负担,其后年份果实不会多甚至很少。所以,与收入为独立同分布的情形相比,收入为负自相关时的缓冲储蓄成本更低、效率更高。效率高的原因是,由于高收入之后马上出现低收入,前一期累积的资产存量常常迅速得到利用;成本更低的原因则在于无须长期或大量持有资产。因此,消费平滑化的要求几乎不会导致消费者放弃他希望的任何消费。

当收入正自相关时,生命周期的消费计划将更困难一些。虽然好光景将带来更好的光景,福运看似接踵而至,但收入"循环波动"幅度也因此而不断放大,消费者将不得不储备更多的资产;而且,与收入过程独立的情形相比,资产持有时间也更长。为便于说明,假定收入遵循一阶自回归过程,自相关系数 $\phi>0$。消费函数的推导过程与前一节相似,参见(6.17)式。但由于赊借约束,该式需作相应修正。假定收入有一最低值,且 $r<\delta$,静态的策略函数为:

$$c_t = f(x_t, y_t) \tag{6.31}$$

收入出现在消费与手持现金的关系式之中,反映了消费者的消费态度:收入高时更加乐观,收入低时更少乐观。

图 6.4 显示了收入取 10 个离散值的情形。我们选取收入在各个值之间跃迁的概率,使图 6.4 能够模仿一阶自回归过程 AR(1),误差为正态分布,自相关系数为 0.7。对所有 10 种收入状态,相关规则的一般特征仍与前面一样;一直到某一临界点时,消费者花光所有收入;超过临界点后,消费者储蓄部分收入。图中策略函数越高的线表示收入越高。就更高的收入线来说,在手持现金相同条件下的最优支出将更多,因为今天的较高收入意味着明天的收入还要高。图 6.5 显示的是根据这些策略函数做出的一个 200 年模拟图。我们把它与收入为独立同分布的模拟图 6.3 相比较。由于图 6.5 中收入是序列相关的,所以即使收入波动的方差不变,收入也将更加易变。同时,虽然消费仍比收入平滑,但在由自相关导致的周期中,它更为紧密地追随收入变化。的确,图 6.5 中消费的标准差是收入标准差的三分之二,而在图 6.3 中,前者仅是后者的一半,资产波动幅度也比图 6.3 高得多。在给定的收入周期性行为下,消费者必须持有的资产更多,即使这

些资产现在平滑的消费波动程度更小,消费平滑更加困难,需要更多的资产,持有期也比平均持有时间更长。与年景好坏相互交替的情形相比,好运持续不断情形下的资产保险的效率更低,成本也更高。

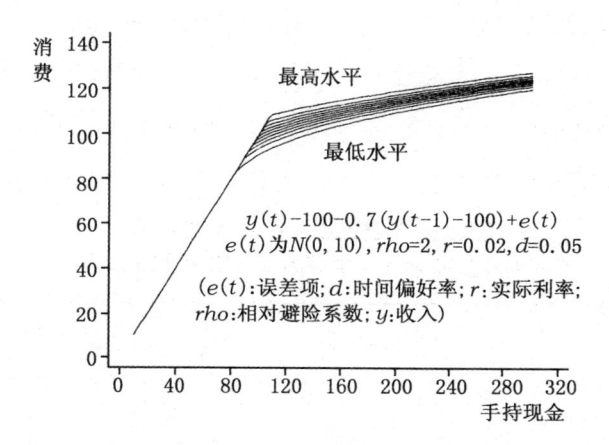

图6.4 收入为一阶自回归过程 AR(1)时的消费与手持现金

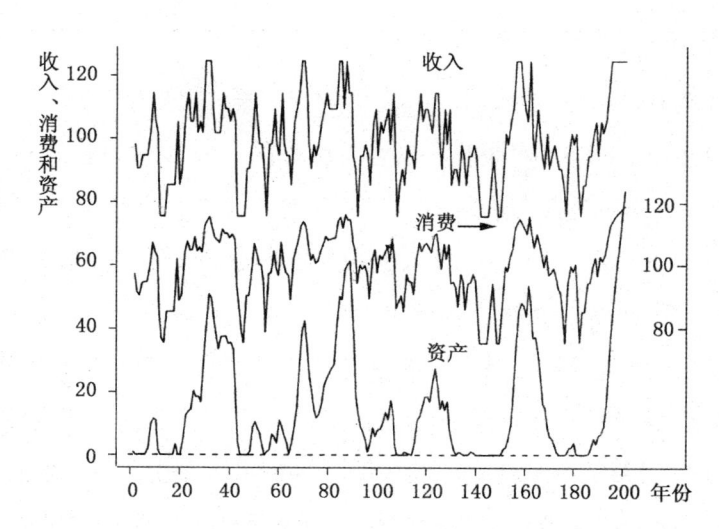

图6.5 当收入为正自相关时收入、消费和资产变化的200年模拟

表 6.1 显示了收入的自相关系数与消费的平滑度之间的数量关系。第一行表示收入波动方差不变时,收入标准差是如何随自相关系数而变化的;第二行显示样本标准差是如何与其理论值相匹配的;最后两行分别显示了在收入自相关系数取不同值时,与图 6.5 中相似的模拟消费的标准差和消费与收入的样本标准差之比率。根据最后一行计算,随着收入自相关程度的增加,消费(最优)平滑的效率始终如一地逐渐降低,从而当自相关系数为 90% 时,两序列标准差之比仅减少 6%。

表 6.1 收入为一阶自回归过程时,自相关系数为 ϕ 条件下消费与收入的标准差

自相关系数 ϕ	−0.4	0.0	0.3	0.5	0.7	0.9
1. 收入标准差	10.9	10.0	10.5	11.5	14.0	22.9
2. 估计的收入标准差	10.8	10.2	10.0	11.4	13.3	27.5
3. 估计的消费标准差	4.6	5.1	6.7	7.6	10.4	25.9
4. 第三行和第二行之比	0.43	0.50	0.67	0.67	0.78	0.94

表 6.1 的数字提示,若收入为一随机游走过程,消费不存在任何平滑,消费将等于收入。此时,即便偏好是非二次型的,并且时间偏好率大于实际利率,流动性约束的存在仍将导致与持久收入假说完全相同的结果,即消费应等于收入,而后者又等于持久收入。不耐心却又无法赊借的消费者只得储蓄,以备未来收入发生预见到或没有预见到的短期下降时的生活之需。但若收入是随机游走过程,对收入的所有冲击将持续存在,消费者没有任何理由不将消费随时调整到新的持久收入水平上。这至少是流动性约束造成消费者每期花光其全部收入的一种情形。须引起读者特别注意的是,这一结果的出现不是因为收入有单位根,而是因为收入是随机游走过程,从而所有收入波动都具有持续效应。例如,若收入是随机游走和白

噪音之和,收入变化将是负自相关的,收入下降也是可预期的,我们便有用缓冲储蓄来平滑消费的空间。

6.2.4 流动性约束和加总

本节最后这一小节将讨论是否有可能用关于消费和资产的缓冲储蓄模型,至少说明美国个人行为和加总行为中存在的某些典型事实。对本节模型做出完全的估计依然非常困难;虽然在所有估计程序中,为求解消费函数而做的计算只是一个步骤,但就是这一步骤的成本也非常高昂。而为了适当地处理经验数据,模型还得不断充实,使其具有与经验事实相应的特征,这将进一步增加模型的计算成本。不过,本小节的目标并不宏伟,我们只想观察一下,考虑信用约束是否有助于解释关于消费和收入的一些经验事实。

我们采取的研究方案可以是观察平均消费和收入,就好像建立模型以分析一个不能赊借的代表性消费者行为一样。但我认为这个方案行不通。首先,市场不完全时,加总将总是更为困难。若像完全市场那样,所有消费者都面对相同价格,全部消费者具有同一性,消费者的平均行为才与个别行为相似。但是,就像我反复强调指出的那样,即便不考虑赊借约束,代表性消费者概念也有强烈的误导作用。而针对市场不完全的现实环境,我们当然更没有必要讨论为何不尝试一下这个研究方案的问题。其次,从数据可以明显地看出,一个带流动性约束的代表性消费者模型无法解释经验事实。加总的劳动收入非常近似于一个随机游走过程,它表示一个受流动性约束限制的代表性消费者所采取的最优策略是不做任何储蓄。的确,依据如此理论与经验证据,我们能做的最好结论就是消费等于收入的假说,但这岂不是一个天大的笑话!若流动性约束在消费者的消费行为决策中真的发挥了某种作用,这一作用也必须在个体家庭的层次加以研究,而加总过程亦必须明确地加以解释。

所有的证据表明,并不是每个人都受到流动性约束的限制,当然,常识也告诉了我们这一点。标准理论便适用于这些消费者。他们由于自己的忍耐、节俭或生命早期得到遗产等原因,他们的消费行为不受信用市场上借贷条件变化的影响。这类消费者可能在全体消费者中只占少数。所以,我们分析的一个很有意义的出发点便是承认标准理论。其余消费者最多也只能有限地利用信用市场。若这些消费者可以赊借,他们将通过赊借增加当前消费,其消费将超过他们当前实际可消费的资源;他们没有在长期中积累资产的欲望。这样一些消费者,如果强迫他们(通过储蓄而变得)富有,他们的状况将会恶化。然而,这些消费者也面对巨大的收入不确定性:可能被老板解雇,新工作的工资水平不可知,暂时性失业,新工作的工作小时会拉长或缩短;此外,还有可能遭受来自劳动市场之外的冲击,如婚姻破裂、病痛之灾不期而至,等等。在这样的世界中,储蓄的预防性需求可能很重要;同时,如果在特别需要赊借时却受到信用约束,消费者对预防性储蓄的需求将会强化。

考虑预防性储蓄的模型与我们关于微观经济层次上的消费所公认的大部分知识是内在一致的。由于资产只被视为一种缓冲存货,由于即使资产很少,也能有效地平滑消费,我们自然可以解释大多数家庭为何总是持有不多的流动性资产。同时,因为资产所起到的蓄水池作用,因为蓄水池不时会干涸,所以在超过数年的较长时期内,消费与收入变化的关系紧密。在短期内,就星期或月度这样高频出现的时期而言,消费与收入在很大程度上是相互独立的,且收入冲击对消费产生的效应也较为温和。自 Friedman 本人提出持久收入假说以来,该假说的全部微观经济学证据表明,短期消费与收入在很大程度上是相互分离的。就低频率的长期范围而言,如同前面指出的消费"追踪"收入的事实表明的那样,消费与收入一起变化。在缓冲储蓄模型中,有效的消费计划时期是指直到资产耗尽的一段时间。我们的模拟分析建议该时间长度为数年,而不是一生。收入在比一生寿命短得多的这一计划时期内被平滑,而不像生命周期理论所预言的那样,在整个生命周期内被平滑。

流动性约束还可以解释,无论以年为周期的短期考察,还是以数十年为周期的长期考察,收入的可预期增长总与消费的可预期增加相联系。当然,在数十年的周期中,生命周期模型也解释了收入的变化。以数十年为周期的考察再次与消费追踪收入变化的结论相一致。而以年度为周期的考察结论,则依赖于不同的人如何选择并理解本书第五章中评论的关于面板数据的文献。

我们还可能利用流动性约束消费者的行为为模块来构建总消费行为的模型,并且还可以将第5.2节中所讨论的促使Pischke(1991)建模研究的同一类不完全信息纳入到分析框架中。我们在下面所采用的讨论方法肯定不是惟一的可行方法,但就与根据微观和宏观数据得出的典型事实相一致而言,它可能是最简单的方法。假定家庭 i 的收入增长率是三个随机过程之和:

$$\Delta \ln y_{it} = g + z_{1t} + z_{2it} + z_{3it} \tag{6.32}$$

其中,各构成要素定义如下:

$$z_{1t} = \varepsilon_{1t} + \beta \varepsilon_{1t-1}, z_{2it} = \varepsilon_{2it}, z_{3it} = \varepsilon_{3it} - \varepsilon_{3it-1} \tag{6.33}$$

且 ε 为白噪音冲击。与增长率 g 相似,第一个构成要素 z_{1t} 对所有家庭都相同。正的参数 β 确保总增长过程为正自相关的,并可以模拟出加总季度数据所具有的特征。另两项构成要素因家庭而异,且对所有家庭其均值为零,从而平均收入是(持续的)一阶移动平均增长过程 MA(1):

$$\Delta y_t = g + \varepsilon_{1t} + \beta\varepsilon_{1t-1} \tag{6.34}$$

事实上，总收入的一阶差分更接近于一阶自回归过程 AR(1)。但 (6.34) 式抓住的是它的正自相关特性。(6.32) 式中三个构成要素皆为一阶或更低阶的移动平均过程这一事实表明，它们的和也是一阶移动平均过程，这就使各个策略函数的计算有了可行性。(6.32) 式中的第二个构成要素是每个家庭特有的随机游走的一阶差分，从而每个家庭都有一个特定的持续收入项。(6.32) 式最后一项要素是每个家庭特有的白噪音的一阶差分。每个家庭都有某种暂时收入。

假定个别家庭不知道总过程的具体形式，他们只能从现象观察到自己的三项要素总和，该总和本身是一阶移动平均过程，可写为：

$$\Delta \ln y_{it} = g + \eta_{it} - \psi\eta_{it-1} \tag{6.35}$$

令 (6.35) 式和 (6.32) 式的方差和首项自协方差相等，我们便可以求出 η_t 的方差及参数 ψ，即有：

$$\begin{aligned}\sigma_2^2 &= (1-\psi)^2\sigma_\eta^2 - (1+\beta)^2\sigma_1^2 \\ \sigma_3^2 &= \psi\sigma_\eta^2 + \beta\sigma_1^2\end{aligned} \tag{6.36}$$

我们可以用个别家庭的数据来估计 (6.35) 式，从而得到 ψ 和 σ_η；再依据总量数据估计宏观过程，进而得到 β 和 σ_1。给定这四个参数，再根据 (6.36) 式计算 σ_2^2 和 σ_3^2。举一个例子，选择参数值如下：由微观数据，特别是参照 MaCurdy(1982) 根据收入动态研究组数据所做的研究结果，取 ψ 等于 0.44，标准差 σ_η 等于 0.15。这一看似较大的数值实际上比 MaCurdy 求得的估计值 0.235 要小。我（以一个容许的任意量）调低标准差取值的做法的理由，是 MaCurdy 的估计值由于度量误差才那么大的。当然，即便 MaCurdy 估计值过大了，且由于 MaCurdy 的样本是从青壮年男性白人中抽取的，人们也有理由指出我们的标准差取值太小了。它肯定比 Carroll(1991)

所使用的估计值要小。

我取总过程的滑动平均参数为 0.5。由此生成的自相关系数为 0.4,与第三章中报告的估计值基本一致。最后,总收入波动项的标准差比微观收入波动的标准差要小许多倍,根据实际数据,我将其取为 0.01。由(6.36)式,我们可以发现一个事实,即 σ_1 比 σ_η 小得多。它意味着个别家庭独有的收入项 z_2 和 z_3 必须说明个别家庭收入的几乎全部方差,这与总量因素对个别家庭收入变化只具有有限解释力的观点是完全一致的。最后,收入的增长率取为每年 2%。

收入过程确定下来之后,我们即可进行下述实验。假定每个家庭都不能赊借,满足函数等弹性,相对避险系数为 2,且 $r=5\%$,$\delta=5\%$,我们可以算出每个家庭的最优策略函数。这类函数描述了消费与手持现金 x 及个别家庭的收入波动项 η_{it} 之间的关系。(即使 $r=\delta$,未来收入将增长的前景也将使消费者倾向于愿意赊借,并保证了静态策略函数的存在性。)我们首先为总收入增长过程取一个值,然后根据(6.32)式和(6.33)式将其加到每个家庭各自的函数内,我们的数据是 1 000 户家庭。家庭数目必须很大,以确保个别家庭收入的负自相关增长,能够通过平均过程可靠地得出一个正自相关的总增长。对每个家庭,我们利用其自身的收入历史过程及移动平均过程的自回归表述来计算其收入波动项,再用得到的结果与每个家庭的手持现金相结合,由策略函数求出每个家庭的消费,再以所得结果加总得出平均消费。与前面一样,我们所做的是一组 200 个时期的模拟。

根据该实验算出的总消费与总收入数据至少再现了总量数据与微观数据的部分重要特征。家庭层次上的赊借约束导致了消费变化与滞后收入变化之间的负相关关系,这与 Hall 和 Mishkin 最早从收入动态研究组的数据中得到的发现一致。但在总量层次上,相关方向正好相反,总消费增长率与总收入滞后增长率之间的相关系数为 0.42,这一结果再次与第三章中的相关发现相仿。就总量数据而言,储蓄率变化具有温和的顺周期性质;总消费与总劳动收入的比率对收入增长的反应系数为-0.17,该效应的符号正确,但数值只有根据实际数据所得值的一半(-0.33)。消费比收入平滑,但两者间的区别不大;消费增长的标准差为0.011 4,而收入增长的标准差为0.012 5。应当注意的是,我们的实验没有包括不受流动性约束的消费者。若包括他们,总消费对收入波动的反应将更为平滑。尽管个别家庭的资产水平有时为零,但家庭之间充分的相互独立性仍能保证总资产水平在整个模拟时期始终为正。因此,消费比劳动收入大一点,两者间的差额为财产收入。我们曾假定一部分消费者很有耐心。这些消费者掌握了社会绝大多数资产,社会绝大多数储蓄也是他们做出的。但这里的结果再次表明,这类消费者并不存在。

我们的实验所得到的这些结果非常令人鼓舞。它使我们有理由相信,不考虑那些因无法赊借而受到约束的家庭,是不可能真正理解消费的。同时,在消费问题上依然还有很多观点有待澄清。在实证研究方面,我们还需要更多、更好的关于家庭行为的数据,需要更好地理解家庭数据所显现或者没有显现的某些特征。正如我在第五章中指出的那样,我阅读文献后的体会是经济学家有证据表明,某些家庭在某些时候不能获得他们希望得到的较高的信贷,尽管这些证据还有可商榷之处。本节所阐述的简单理论也有待进一步发展。特别地,尽管持有流动性资产、银行存款、股票和债券的人在美国总人口中所占比例的确不高,但非常多的美国人被养老金计划以及社会保障体系所覆盖,并且这些人拥有房子与汽车。任何一种这类资产都不能为消费者避免收入冲击所造成的不利影响提供良好保障,但消费者都或多或少地出于自愿而持有这些资产。这些流动性差但收益率常常较高的资产应当纳入到信用约束消费者模型的分析框架中来。如果说我们的研究目标是找到真正令人满意的使用这些模型处理数据的方法,那么,为达到这一目标,我们的确还有很多工作要做。

6.3 预防性储蓄与流动性约束

细心的读者可能会发现,流动性约束所引致的行为与基于预防性动机的行为之间存在许多重要的相似之处,但也存在若干差异。的确,本节中结合无赊借约束与消费者无忍耐性(或至少 $\delta > r$)而讨论的模型所得到的缓冲储蓄行为与 Carroll(1991)无流动性约束模型的含义在本质上是完全相同的;但 Carroll 假定存在预防性储蓄动机以及消费者自愿节制而不赊借。就目前的研究状况而言,我们很难将这两个模型区分开来;尤其这两个模型都仅仅以实际数据为背景进行了研究,都没有进行过经济计量学的估计,想要区分它们更是难上加难。Carroll 的模型不依赖流动性约束,因而也无须对流动性约束作出解释。但他为此付出的代价却是对消费者为何从不赊借的解释比较牵强;他为得到结论所采用的后向归纳分析既不能自动地引入最低消费保障,也很难作为实际行为的动机。更进一步地说,缓冲行为并不只是他的模型中预防性动机的结果。缓冲行为不仅要求消费者无忍耐性,还要求收入过程风险很大,包括收入在每期为零的概率是有限值。流动性约束模型也要求消费者的无忍耐性,但只要最低收入存在,模型就将导出缓冲行为。我们还讨论了这一情形下各参数的精确条件。但 Carroll 模型的参数条件尚未讨论。Carroll 的结论所需要的参数条件是否得到数据的支持,是未来研究工作的任务之一。

预防性储蓄和流动性约束这两个缓冲模型看上去很相似。但一般而言,它们可以产生非常不同的行为。赊借与预防性动机之间毫无矛盾之处,尽管谨慎的消费者常常比确定性等价条件下的消费者要借得少一些。流动性约束还与谨慎相互影响,在紧要关头无力赊借是消费者积累预防性储蓄的另一个理由。两个模型还有着明显的凯恩斯主义特征。这是因为流动性约束模型强调消费对收入的直接反应而甚少顾及未来,预防性储蓄模型则强调未来在某种程度上是可以贴现的。因此,这两个模型都与传统的生命周期或持久收入模型存在着巨大差异,后者都令消费等于全部资源的年金价值。但这两个模型与 Friedman(1957)尤其是 Friedman(1963) 提出的初始的持久收入模型的差异可能要小一些,因为在 Friedman 的模型里,未来的贴现率高且消费的计划时期较短。

预防性储蓄模型与流动性约束模型之间的联系说明,关于跨时选择模型还存在着一个与当前文献中的常见做法完全不同的分类方式。对所有不存在赊借约束的模型,文献中一个常用但不严格的表述是"持久收入模型",包括等弹性满足函数模型等在内。这些"持久收入"模型与流动性约束模型相对立而存在,后者包括经验法则消费者模型和简单的凯恩斯模型等。我在本书中着力避免这样的做法,因为它使我们在说明经常同时使用各种不同理论的实证研究工作时感到非常困难。然而,本章的讨论,以及第五章中讨论的一些实证研究工作提示我们,为了特定的研究目的,流动性约束模型与预防性储蓄模型可以归为一类,并与(正式的)持久收入模型和(传统的)生命周期模型相对立。

第七章

理解消费

现在,我们应当整理并总结一下我们在消费理论上已经学习到和还需要学习的知识,看看哪一些谜团已经解开,哪一些谜团还像过去那样神秘。总结的一个恰当出发点是 20 世纪 70 年代早期,即大约 20 年前。当时,消费的生命周期理论和持久收入理论完全被主流经济学吸收。教科书传授这些理论,经济计量学家使用这些理论预测消费并构建宏观经济模型以便于理解和预测商业周期。当时,消费理论既清楚又有说服力,与经验资料相吻合,消费函数在宏观经济学的所有经验研究中,是运行最好、拟合最好的函数之一。生命周期模型和持久收入模型两者都以个人行为理论为基础,都经受了家庭数据的检验并证明了自己的作用。宏观经济学和微观经济学的每套数据和综合性不等的消费理论形式都是一致的。根据当时的观察,消费理论似乎不再会有进步,而只会有回顾。然而,在 70 年代中期,随着宏观经济模型无法解释当时的经济周期,消费理论亦失去了确定性。现在,经济学家在消费理论上的看法比过去大有分歧,对经验资料显示结果的意见也大不相同。毫无疑问,这20年来,我们在理论上、方法论上甚至内容上学到了许多东西。如果我们现在对消费理论比过去更少信心,那是因为我们知道得更多,而不是知道得更少。

本书评论了许多问题。我现在就从这些问题开始,尝试从有关方法论的争论中找出本质内容。我判断本质内容的标准,部分地根据某个观点帮助我们解释和理解经验证据的程度,部分地根据它引导我们改变我们思考问题方式的程度,部分地根据它对经济政策的潜在影响。

本书第一章介绍的大部分观点在20年前就获得了广泛的理解,另有一些观点是新的。这些观点现在综合得更好,因此,持久收入假说和生命周期假说不再被视为分立的模型,也不再被多少暧昧地视为同一模型。它们现在被当成一般跨时选择理论的两个被适当规定的特例。理论综合的意义不仅仅在于理解的便利,而且在于让我们对模型的内容有了更深入的理解,让我们了解模型包括了什么、排除了什么、支持它们的假设条件是什么,而很多假设条件先前都没有挑明。在技术方面,不确定性的技术处理有了长足的进步。动态规划技术现在已经众所周知,在理论和经验分析中成了常规方法。20年之前,我们缺乏研究不确定性所需要的具有理论基础的应用方法。所以,我们估计的模型都假设完全的确定性,至少也假设了确定性等价。但在现实中,不确定性对消费者行为发挥着重大影响。因此,在被估计的模型和显然是不确定的世界之间,当时存在着让经济学家难以忍受的深渊。

在我看来,经济学家对不确定性的更好理解在实证研究上得到的回报,现在刚刚开始出现,并且特别出现于当前有关预防性储蓄动机的研究中。确定性等价的简化假设虽然诱人,但却很自然地过分强调了持久收入,而回避了更一般的模型所具有的计算和分析的复杂性。结果,一直到最近,我们才开始正确评价人类行为的多样性。而只要我们放弃确定性等价,甚至我们的简单模型就能够处理这样的多样性。它们和人类行为之间是协调的,但人类行为却和持久收入或常见的生命周期模型的预言显著不同。储蓄对不确定性的反应是正方向的,消费能够在整个生命周期中追踪收入。财政政策即使不改变个人对其一生资源的预期,也可能对消费有很大的影响。消费者的典型行为如同他们在把自己的未来贴现。预防性动机能够说明消费者为什么要掌握大量财富或者为什么不保有财富。这些动机也能够解释即使当某些资产在收益期望和方差两方面都明显优于其他资产时,消费者也把自己的财富分散在不同的资产上。我们也已经懂得谨慎和避险不是同一件事情,Kimball的研究也阐明了怎样度量前者,怎样把前者和后者分开。

我们也已经开始探索赊借限制条件的重要性以及由此引出的关于人类行为的预言和特征。这些限制条件不是作为相对于跨时选择理论而提出的尚未发展的另一种假说,而是一种有其独立地位的实证理论。使我们许多人惊奇的是,受到流动性约束的消费者行为,不大像持久收入假说或者生命周期假说描述的行为,而与谨慎的消费者在不确定世界中的行为非常相似。

对许多经济学家来说,最近20年内的重大理论发展是理性预期革命。像在其他经济理论领域一样,这场革命对消费和储蓄研究领域的影响也是非常强烈的。我们在把预期模型化的方面学到了许多东西,我们从20世纪70年代的机械式(而且经常是内在不一致的)研究向前走出了很长一段路。我们对时间序列分析、对趋势和周期、对单位根和确定性趋势等问题的理解都有了很大的进步。我们已经更好地懂得了如何判断经济计量模型的适应性,如何处理非静态性,这样我们便掌握了鉴别检验和过度识别检验的技术。我们现在拒绝错误模型的本领比过去高得多。而过去,只要相关系数 R^2 高,系数符号正确,经济计量学家就会接受模型,对其他问题则不多加思索。过去,人们常常抱怨经济理论对动态无能为力,经济理论仅仅关心变量的长期关系。Hall(1978)建立的随机游走的消费模型,是对这类抱怨的最有力驳斥。和 20 年前相比,我们现在有了动态理论,有了能够吸纳关于不确定性对人类有条件行为的作用的最新进展的理论。

当然,我们不能够期望我们在实质内容上取得的进步和在理论模型上取得的进步一样迅速。一些模型后来被发现是错误的。在我们能够就数据的含义取得一致意见之前,我们常常需要发展新的统计方法论。就此而言,20 年的时间不算多,期望这 20 年能给我们带来更多的进步,是不合理的。

宏观经济研究的文献在过度敏感性问题上已经达成了广泛的共识,即消费的季度变化能够反映可预期的收入变化,系数大约为 0.4。这是时间序列的特点。我们还不清楚,这个特点是否适用于可预期的出自其他原因的收入变化;我们也不清楚,人们的消费行为是否取决于他们对收入变化原因的了解。但经济学家似乎都同意,类似于 0.4 的数值,或者至少大于零的数值,可以应用于大多数其他国家。我们也不完全清楚,我们怎样利用这一信息,或者我们是否值得花费那么大的力气去获得这一信息。它肯定有助于我们的一般理解目标。如果它不和神秘的代表性消费者相联系,它肯定会更加有趣;而代表性消费者和真实消费者的关系,充其量也是一团迷雾。在美国,政治制度基本上排除了财政政策的择时使用,因此,我们有理由怀疑我们的研究有多大的政策意义。但这一点对政治结构与美国不同的国家,对那些政府可以在一夜之间大幅改变税率的国家不一定正确。当然,即使这样的增税降税是可能的,它们也不一定合理。但是,过度敏感性结果指出,这些政策杠杆完全可能被政府操纵。

我们所积累起来的微观经济证据也使我们越来越怀疑生命周期假说,或者至少怀疑由该假说引出的见解,比如储蓄主要是养老储蓄,消费以一生资源为基础,总财富可以用一生的储蓄来解释,储蓄与生产率增长、人口增长成正比等。最迟从 Mirer(1979)以来,经济学家开始质疑老年人是否确实在花费原先的储蓄。部分地由于我们很难把消费行为的影响和老年人之间的选择与摩擦的影响区分开来,所以有关的论战一直在持续。同时,家庭数据根本不能够清楚指明在老年人之间,资产是否在减少。生命周期早期也有一些问题。虽然一个人在中年后期经常会大量储蓄,但在整个生命周期中,消费和收入的联系非常紧密,却也是个典型事实。消费者概览资料显示许多家庭只有很少甚至没有财产,而且肯定没有金融资产。许多个人在退休后除了社会保险外几乎没有财产。人们长期以来相信,在美国,生命周期财产能够说明绝大部分财产。但上述事实动摇了这样的信仰。对 Kotlikoff、Summers(1981) 最初的估计,虽然有人提出了疑问,但现在看来,遗赠动机所起的作用,要比我们过去想象的重要得多。很难指出有哪些问题比理解人们为什么要持有经济体系中的总财产存量更重要的问题了。

我们观点已经改变的另一个问题是储蓄和增长的关系。在各国比较研究中,储蓄率和生产率增长率存在相关关系。按照研究总量的生命周期模型,生产率增长有储蓄效应。但第二章介绍的证据表明,国别研究中发现的相关关系不大可能支持生命周期模型的这一含义。这个含义在一国之内也不大可能成立。美国储蓄率的下降不是向老年人倾斜的总收入再分配造成的,而是美国人支出上升的结果。美国所有年龄组,尤其是年轻人的支出都上升了,特别是对耐用品的支出上升了。对此,可参见 Bosworth、Burtless、Sabelhaus(1991)和 Attanasio(1991)。英国消费的繁荣也不能归之于增长率的任何降低。Muellbauer、Murphy(1990),以及 Attanasio 等(1992)的研究指出,虽然有实证研究显示金融自由化使年老的住宅所有者能够用自己的房子去抵押贷款,但新增消费大部分来自年轻人。

生命周期理论无法解释国别数据,其他理论便有了发展空间,储蓄和增长之间的因果方向也不再从增长到储蓄,而变成从储蓄出发经过投资到增长。但我们还远远没有很好理解这条因果链。美国生产率增长率的下降不能轻易地归罪于储蓄率的下降。这里的理由是美国投资占国内生产总值的比重没有像储蓄率那样下降。我们知道,正是投资,而非储蓄,对增长发挥着作用。进一步地说,最近的研究已经在学术界造就了一种气氛,学者们更多地认为,无论在发达国家还是在发展中国家,促进储蓄的政策能够促进经济增长。20 年前,依据生命周期模型的总量效应明确给出的储蓄和增长的相关关系,依据索洛模型在长期中的含义,我们多把增长看成与储蓄无关的现象。现在的看法大不相同了。实证研究不支持生命周期模型。同时,学者也恢复了对索洛模型的跃迁动态以及非索洛模型的研究兴趣。这些非索洛模型都认为,提高储蓄率能够长期地提高增长率。

在生命周期模型和持久收入模型内,一旦容许一生资源或持久收入的影响,收入和消费便不再相关。但大量实证研究反对这一结论。早期的持久收入理论在说明收入和消费的高频平滑时,指出两者在短期内无关。对此,经济学家并无异议。但该理论对低频平滑的说明,即消费者在面对收入的长期或生命周期起伏时,利用资产或借贷来平滑消费,却几乎找不到实证支持。一生资源的预期价值肯定不是决定消费的惟一变量。我知道至少有一项研究,即 Carroll(1992) 的研究指出了,若以各年龄组的行业收入为基础来考察,预期未来收入对消费的影响,决不会超过当期收入对消费的影响。如果我们接受这样的结论,那么,我们对大量政策问题,尤其与资源跨时配置有关的政策问题便会有新的重要思路。

Kotlikoff(1992)曾经写过一份充满机智和善辩的时论,以唤起美国公众对政府近来的政策,尤其是社会保障和医疗保险(对老年人的医疗补助)政策的跨时和跨代影响的关心。根据他的分析,联邦政府已经和正在把资源从年轻一代和未来几代人那里转移到老年人一代。如果消费者就像他们应当的那样意识到这样的资源转移,如果他们的现期消费取决于他们一生总资源,那么,年轻的各代人为了付税单,也为了应付他们自己在未来将获得的减少了的社会保障,他们现在就将储蓄。但是,按照反驳低频平滑的经验证据,按照预期未来收入特别是很远的未来收入影响有限的观点,年轻人却不大可能打算现在储蓄。按照同样的原因,李嘉图等价无法成立,政府赤字将减少国民储蓄。美国政府在短期中很难操纵财政手段,但它的长期政策受到的限制也许很少,而其长期政策的后果不大可能被清醒和有远见的持久收入消费者的行动所抵消。这些本质上具有实证性质的结论,现在也得到了理论模型,特别是承认了流动性约束或者预防性储蓄的模型的有力支持。

尽管我到现在为止所介绍的全部观点、结论,不是每个人都同意的,但消费研究中还有一些专题,经济学家对它们不是更加众说纷纭,便是所知甚少。这些专题有的确实还非常重要。什么决定了储蓄率的国别差异?如果不是生命周期效应,那又是什么?目前,我们除了把储蓄行为勉强地归因为偏好区别外,没有什么更多的思想。我们也没有适当的理论解释为何最近20年储蓄率在世界各国几乎毫无例外地下降(见表2.1)。生命周期理论显然不能够提供解释。但如果它都不能够提供,那又有什么理论能够提供解释呢? 增长无疑能够提供部分解释。我们也可能思考不同于生命周期理论的其他解释来说明增长和储蓄的联系。习惯就是一个最好的例子。如果消费者很小心地不把自己的消费计划定在可能无法维持的生活标准上，那么，增长将给他们一些安全感：收入增加了。这些消费者将首先把新增收入储蓄起来，并仅仅在很保险的情况下才把它们用于消费。生产率减速会威胁这里的机制，因为资源现在必须用来维持过去的生活水准，储蓄的可能性将很小。这类模型背后的思想近来得到了许多关注（见第一章的讨论），但实证研究还很落后。

消费和金融之间的关系也一直是众多论战的专题之一。代表性消费者模型试图把跨时选择理论和资产定价理论统一起来，但失败了。现在的共识便是从这里发展起来的。在资产组合选择问题上，我们面对着整整一系列未解之谜，比如为什么在零利息时人们还把钱存在银行里，而同时又在很高利率上用信用卡借款。关于个人退休账户（Individual Retirement Accounts，简称 IRAs）的作用始终有争论。几乎每个人都可以在固定限额内（并在某段时期）购买这些账户，并决定自己的资产组合。购买这些账户的支出是减税的，所积累起来的资产是免税的，直到退休后取款再交税。Venti、Wise（1987a，1987b，1988，1991）在他们的一系列文章里，使用不同概览资料的数据，指出这些账户的存在增加了总储蓄，那些过去不储蓄的人现在也储蓄了，所以它们并不只是造成了资产再配置。Carroll、Summers（1987）争辩说，类似的政策在加拿大提高了家庭储蓄，使那里的总储蓄比没有这些政策时要高。但是，主要由于样本数据的性质问题，Venti 和 Wise 的结论没有被普遍接受。在这里，我们应当研究个人，应当掌握有关个人资产的良好数据。在这之前，我们很难对由个人退休账户引致的新储蓄做出有权威的测度，从而很难确定这些新储蓄在数量上能否抵消由政府的税收损失造成的负储蓄。

与个人退休账户有关的还有其他许多有趣问题。其中某些问题比别的问题更难解决。因个人退休账户付费而降低的税收,1986年以后对大多数家庭已经不复存在,个人退休账户付费也剧烈下降。比起10年或20年以后,现在的税率可能非常低了[参见 Kotlikoff(1992)]。因此,如果用预先付税代替以后付税,个人退休账户应当有更多而不是更少吸引力。另一个不清楚的问题是个人退休账户付费的时间。很大一批人在每年4月的纳税申报截止期之前的几天才付费,其实他们在法律允许的开始付费的时候,即15个月前就可以付费了。如果人们向个人退休账户付费是因为它的收益率高,那么,他们就应当尽可能早地付费,而无须等到最后一分钟。虽然我们近来在利用预防性动机理解个人退休账户上有了进展[参见 Engen、Gale(1991)],但我们仍然不清楚标准理论是否能够解释这些问题。事实上,这类现象要求用其他非标准理论和行为理论来解释,例如 Shefrin、Thaler(1988)的行为学生命周期假说。在这个理论中,消费者把不同来源的金钱存放在不同账户上。虽然我对其他这些行为模型也抱有同情的态度,但我同时认为,我们对标准模型的理解还远远没有结束,我们也许还能够从标准模型中得出更加令人惊异的发现。

本书反复讨论的一个主题是加总的重要性。我想用它作为本章的总结。我相信,如果加总更严肃一些,如果宏观经济学问题更多地利用日益增多的包含大量信息的丰富的微观经济数据来处理,我们在未来非常有可能取得进展。局部加总的数据,例如年龄组数据,不仅在消费分析中,而且在劳动经济学和其他领域正发挥着越来越大的作用。因为这些数据要和总量数据相匹配,所以它们也含有总量问题的信息。同时,因为它们由个人数据所建构,所以它们也与微观经济学有关。它们可以用于其他总量模型的验证。它们包括了比已经被过度使用的时间序列总量数据更多的信息量。类似的考虑也适用于国别研究。近来,对国别数据做的回归研究太多太滥,宾大世界统计资料和各期"世界发展报告"上的数据都被挖掘耗尽。此外,我们有许多家庭调查数据,因此,我们需要开展一个重大研究项目,对各国消费和储蓄的内部结构开展跨国比较研究。

本书介绍了许多质量很高的研究工作。如果在本书中,方法论的讨论常常超过了内容的讨论,那也是研究工作的性质使然。我已经努力保持了说故事的韵味。我自己的观点是我们在理解消费方面取得进步的可能性是很现实的,我们有理由认为更适当的答案就在我们前面。我希望读者阅读完本书后能够同意我的这个乐观态度。

术语对照表

adaptive expectations　适应性预期
additive preferences　可加偏好
　　double additivity　双重可加偏好
AFDC　(美)有子女家庭补助计划
age　年龄
age-profiles　年龄曲线
age-wage norm　年龄工资制
aggregate shocks　总量冲击
aggregation　加总,总体,总量
　　and co-integration　加总和协整性
　　over commodities　商品加总
　　and complete markets　加总和完全市场
　　and finite lives　加总和有限生命
　　and functional form　加总和函数形式
　　and heterogeneous information　加总和异质信息
　　over households　对家庭的加总
　　and intertemporal substitution　加总和跨时替代
　　and liquidity constraints　加总和流动性约束
　　and serial correlation　加总和系列相关
altruism　利他主义
ARMA process　自回归移动平均过程

Arrow securities　Arrow 保险
assets　资产、财产
　　as a buffer stock　作为缓冲存货的资产
　　evolution of　资产的演进
　　pricing　资产定价
　　and sample splits　资产和样本分组
Australia　澳大利亚
Austria　奥地利
autoregression　自回归
　　vector　自回归向量

Belgium　比利时
bequests　遗产,遗赠
blacks　黑人
bliss　极乐
bonds　债券
borrowing　借款
Brookings Quarterly Model　布鲁金斯季度模型
budget constraint　预算约束
buffer stock　缓冲存量,缓冲存货
building societies　住宅储蓄协会
business cycles, see also economic fluctuations　商业周期,也请见 economic fluctuations

Canada　加拿大
capital　资本
capital gains　资本收益

capital income　资本收入

capital market　资本市场

cash in hand　手持现金

certainty equivalence　确定性等价

children　孩子

clan, see also extended family　家族,也请见 extended family

clothing　服装

co-integration　协整性

   of consumption and disposable income　消费和可支配收入的协整性

   of consumption and labor income　消费和劳动收入的协整性

Cobb-Douglas preferences　柯布—道格拉斯效用、偏好

coefficients of relative risk-aversion　相对避险系数

cohorts　年龄组

collateral　抵押

complementarity　互补性

complete markets　完全市场

computable general equilibrium models　可计算的一般均衡模型

computating consumption functions　计算消费函数

consistent choice　无矛盾选择

consulting income　咨询收入

Consumer Expenditure Survey　(美国)消费者支出概览

consumption, see Table of Contents　消费,请见目录

consumption asymmetry　消费的非对称性

consumption co-movement over households　家庭间消费的共同变动

consumption evolution　消费演进

   with habits or durables　习惯或耐用品的消费演进

consumption functions 消费函数

consumption growth, see also orthogonality conditions 消费增长,也请见 orthogonality conditions

    and finite life 消费增长和有限生命

    and interest rates 消费增长和利率

    and lagged incomes 消费增长和滞后收入

    and precaution 消费增长和谨慎

    unpredictability of 消费增长的不可预期性

    variability of 消费增长的可变性

consumption income ratio 消费收入比率

consumption non-negativity 消费的非负性

consumption tracking income 伴随收入的消费

consumption volatility 消费的易变性

contingencies 风险,特定事件

contingent assets 风险资产

contingent plans 应变计划

contraction mapping 压缩映射

cost-of-living index 生活费用指数

cost function 成本函数

credit markets 信贷市场

credit restrictions, see also liquidity constraints 信贷约束,也请见 liquidity constraints

crops 收成

cross-sections versus time-series 截面或时间序列

cubic splines 三次样条插值

deans 系主任

debts 债务

demand analysis　需求分析

demographics　人口,人口统计

Denmark　丹麦

depreciation　折旧

detrending　非趋势

developing countries, see LDCs　发展中国家,请见 LDCs

development　发展

difference stationarity　差分静态

discount factor　贴现因子

disposable income　可支配收入

dissaving　负储蓄

dividends　红利

durables　耐用品,耐用消费品

　　and non-convexities　耐用品和非凸性

Durbin-Watson statistic　Durbin-Watson 统计值

dynamic inconsistency　动态非一致性

dynamic programming　动态规划

dynasties　世代、朝代

earnings　收入

econometric consumption functions　消费的经济计量学函数

economic fluctuations　经济波动

economic growth　经济增长

economic policy　经济政策

education　教育

elasticity of substitution, see intertemporal elasticity of substitution

替代弹性,请见 intertemporal elasticity of substitution

empirical technique　实证研究技术

Engel curves　恩格尔曲线

envelope conditions　包络条件

equities　证券

equity premium puzzle　证券贴水之谜

errors of measurement, see measurement error　度量误差,请见 measurement error

error correction　误差修正

errors-in-variables estimation　变量误差估计

Euler equation　欧拉方程

　and liquidity constraints　欧拉方程和流动性约束

　estimation of　欧拉方程的估计

excess sensitivity　过度敏感性

　and separability of consumption from leisure　过度敏感性和消费与闲暇的可分性

　and detrending procedures　过度敏感性和非趋势程序

　durability and habits　过度敏感性,持续性和习惯

　and excess smoothness　过度敏感性和过度平滑性

　and finite lives　过度敏感性和有限生命

　and non-stationarity　过度敏感性和非静态

　and time-averaging　过度敏感性和时期平均

excess smoothness　过度平滑性

expectations, see also rational expectations　预期,也请见理性预期

　of income　收入的预期

　 and saving　收入和储蓄的预期

　law of iterated　多重预期规律

expected utility theory　预期效用理论

family 家庭
    extended 扩大的家庭
    size 家庭规模
Family Expenditure Survey （英）家庭支出概览
faculty salaries 教师薪水
farmers 农民
felicity functions 满足函数,效用函数
financial repression 金融抑制
Finland 芬兰
fixed effects 固定效应
food 食品
forecasts 预测
France 法国

generations 世代
Germany 德国
Gorman polar form Gorman 极式
grandparents 祖父母
Greece 希腊
greed 欲望,贪婪
growth models 增长模型
habits and habit formation 习惯和习惯形成
harvests 收获,收成
health 健康
high-frequency smoothing 高频平滑

homotheticity 位似性

horizon 时期

hostages 抵押

hours 工作小时

household survey data 家庭概览数据

 problems with 家庭概览数据的问题

houses 住宅

human capital 人力资本

hump-saving 驼峰储蓄

inconsistency 不一致性

i.i.d. income process 独立同分布收入过程

Iceland 冰岛

identification 识别

impatience, see time-preference 急躁, 请见 time-preference

implicit price deflator 隐含的价格折实指数

income innovations(stocks) 收入波动(存量)

 common versus idiosyncratic 普遍的或特殊的收入波动

inconsistency 相矛盾

increasing returns 递增收益

India 印度

inflation 通货膨胀

information 信息

 projection of 信息的投影

innovations 波动

instrumental variables 工具变量

insurance 保险

integrated processes 积分过程

interest rates 利率

    human capital effect of 利率的人力资本效应

    substitution effects 利率的替代效应

    income effects 利率的收入效应

international evidence 跨国证据

intertemporal choice theory 跨时选择理论

intertemporal elasticity of substitution 跨时替代弹性

intertemporal preference 跨时偏好

intertemporal separability 跨时可分性

intertemporal substitution 跨时替代

investment 投资

IRAs (美)个人退休账户

Ireland 爱尔兰

isoelastic utility (felicity) 等弹性效用(满足)

Italy 意大利

Ivory Coast 象牙海岸

Japan 日本

Jensen's inequality Jensen 不等式

Keynesian models 凯恩斯模型

Korea 韩国

labor income 劳动收入

labor supply　劳动供给

Lagrange multiplier　拉格朗日乘数

least-squares　最小二乘法

leisure　闲暇

LDCs　不发达国家

liabilities　债务

life-cycle models　生命周期模型

life-cycle preferences, see intertemporal preference　生命周期偏好，请见 intertemporal preferences

life-cycle utility　生命周期效用

lifetime resources　一生资源

liquidity constraints　流动性约束

　　and precautionary saving　流动性约束和预防性储蓄

Living Standards Surveys　生活水准概览

low-frequency smoothing　低频平滑

Lucas critique　卢卡斯批判

macroeconometric models　宏观计量模型

macroeconomic policy, see economic policy　宏观经济政策，请见 economic policy

marginal felicity　边际效用、边际满足

marginal rates of substitution　边际替代率

marginal utility　边际效用

Markov process　马尔科夫过程

martingales　鞅过程

maximum-likelihood　最大似然法

measurement error　度量误差

medicare （美）医疗保险、医疗补助

method of moments estimation 矩估计方法

methodology 方法论

   versus substance 方法论和内容

middle age 中年

money-metric utility 货币单位效用

Monte Carlo experiments 蒙特卡罗实验

moral hazard 败德

moving-average process 移动平均过程

myopia 近视，短视

needs 需要

negative exponential utility 负指数效用

Netherlands 荷兰

news 新闻

numerical integration 数值积分

non-durable goods 非耐用品

non-parametric estimation 非参数估计

non-stationarity, see also stationarity 非静态，也请见 stationarity

occupation 职业

old age 老人

orthogonality conditions 正交条件

over-identification test 过度识别检验

overlapping generations 交迭世代

'new' theories of consumption "新"消费理论

panel data 面板数据

Panel Study of Income Dynamics （美)收入动态资料研究组

 splits 收入动态资料分组

parents 父母

pension 养老金

permanent income 持久收入

 defined 定义的持久收入

 expectations of 持久收入预期

 as a geometric weighted-average of past incomes 持久收入作为过去收入的几何加权平均

 in micro-data 微观数据中的持久收入

 and non-stationary income 持久收入和非静态收入

 and over-discounting the future 持久收入和对未来的过度贴现

 volatility of 持久收入的易变性

persistence 持续、持久

policy function 策略函数

political economy 政治经济学

Ponzi game Ponzi 博弈

population growth 人口增长

portfolio choice 资产组合选择

Portugal 葡萄牙

poverty 贫困

precommitment 事先许诺

prediction 预见,预期,预测

predictive failure 预测错误

preferences　偏好

price index　价格指数

primary commodities　初级产品

private information, see superior information　私人信息，请见高级信息

productivity growth　生产率增长

productivity slow-down　生产率增速放缓

professors　教授

prudence　谨慎

quadratic form　二次方形式

quadratic utility(felicity)　二次方效用(满足)

race　种族

random-walks　随机游走

rational expectations　理性预期

rationality　理性

rationing　配给

relative prices　相对价格

relative income hypothesis　相对收入假说

representative agent　代表性消费者

 and liquidity constraints　代表性消费者和流动性约束

retirement　退休

 and precautionary saving　退休和预防性储蓄

Ricardian equivalence　李嘉图等价

risk-aversion　避险

risk-pooling　风险分散、保险

rule-of-thumb consumption 消费的经验法则

sample selection 样本选择
saving, see also consumption 储蓄,也请见消费
 and competitiveness 储蓄和竞争力
 and growth 储蓄和增长
  evidence on 关于储蓄和增长的经验证据
 and interest rates 储蓄和利率
 precautionary motive for 储蓄的预防性动机
  and IRAs 储蓄的预防性动机和个人退休账户
  and liquidity constraints 储蓄的预防性动机和流动性约束
  and Ricardian equivalence 储蓄的预防性动机和李嘉图等价
  and borrowing 储蓄的预防性动机和借款
 predicting income change 预期着收入变化的储蓄
selection bias 选择偏差
separability 可分性
 of consumption and leisure 消费和闲暇的可分性
services 服务、劳务
science 科学
short sales 卖空
simulation 模拟
smoothing 平滑
social security 社会保障
Socioeconomic Survey (Thailand) 社会经济概览(泰国)
Solow growth model 索罗增长模型
Spain 西班牙

spectral analysis 光谱分析

state variables 状态变量

stationarity 静态

stochastic process 随机过程

stocks of durables or habits 耐用品存量或习惯

stocks (equities) 证券

stock-market 证券市场

stripped-down life-cycle model 简单生命周期模型

substitutability 可替代性

subutility 次效用

superior (private) information 高级(私人)信息

Survey of Income and Program Participation 收入与规划参与概览

Survey of Consumer Finances 消费者金融概览

Survey of Financial Characteristics of Consumers 消费者金融资产概览

Sweden 瑞典

Switzerland 瑞士

taste-variation 偏好变化

taxation 税收

temporal dependence, see habits, durable goods 跨时依赖，请见 habits, durable goods

tenure review 任职评估

textbooks 教科书

Thailand 泰国

time-averaging 时际平均

time-preference 时间偏好

time-series 时间序列

time-trend 时间趋势

    deterministic 确定性时间趋势

Tobit Tobit 程序

training 训练

transitory consumption 暂时性消费

transitory income 暂时性收入

treasury bills 国债券

trend, see time-trend 趋势,请见 time-trend

trend-reversion 趋势复原

trend stationarity 趋势静态

two-period model 两时期模型

United Kingdom (UK) 英国

uncertainty 不确定性

under-reporting 低报、低估

unemployment 失业

unit root 单位根

United States (US) 美国

user cost 使用者成本

utility 效用

    indirect 间接效用

value function 价值函数,值函数

weak separability 弱可分性

wealth 财富

weather 气候

welfare 福利

    and economic fluctuations 福利和经济波动

white-noise 白噪音

whites 白人

wife 妻子

window 窗口

Wold theorem Wold 定理

workers 工人

World Bank 世界银行

参考文献

Abel, Andrew, and Laurence J. Kotlikoff, 1988, 'Does the consumption of different groups move together? A new nonparametric test of intergenerational altruism,' NBER working paper no. 2490 (Jan.), mimeo.

Abowd, John, and David A. Card, 1989, 'On the covariance structure of earnings and hours changes, *Econometrica*,' 57, 411—45.

Aghevli, B., James M. Boughton, Peter J. Montiel, Delano Villanueva, and Geoffrey Woglom, 1990, *The role of national saving in the world economy*, Occasional Paper 67, International Monetary Fund, Washington, D.C..

Altonji, Joseph, Fumio Hayashi, and Laurence J. Kotlikoff, 1989, 'Is the extended family altruistically linked? Direct tests using micro data,' NBER working paper no. 3046 (July), mimeo.

——and Aloysius Siow, 1987, 'Testing the response of consumption to income changes with (noisy) panel data,' *Quarterly Journal of Economics*, 102, 293—328.

Anderson, Ronald W., 1979, 'Perfect price aggregation and empirical demand analysis,' *Econometrica*, 47, 1209—30.

Ando, Albert, and Arthur B. Kennickell, 1987, 'How much (or little) life cycle is there in micro data? The cases of the United States and Japan,' in Rudiger Dornbusch, Stanley Fischer, and John Bossons (eds.) *Macroeconomics and finance: essays in honor of Franco Modigliani*, Cambridge, Mass. MIT Press, 159—223.

Atkeson, Andrew, and Masao Ogaki, 1990, 'Engel's law and saving,' University of Chicago and University of Rochester (July), mimeo.

Attanasio, Orazio P., 1991 'A cohort analysis of saving behavior by US households,' Stanford University(Sept.), mimeo.

——Luigi Guiso, Tullio Jappelli, and Gugielmo Weber, 1992, 'The consumption boom in the UK and Italy in the late 1980s,' Stanford University, Bank of Italy, Universita' di Napoli, and University College London(May), mimeo.

——and Guglielmo Weber, 1989, 'Intertemporal substitution, risk aversion and the Euler equation for consumption,' *Economic Journal*, 99, (Supplement), 59−63.

——1991, 'Consumption growth, the interest rate and aggregation,' Stanford University and University College, London(June), mimeo. (*Review of Economic Studies*, forthcoming).

——1992, 'Consumption growth and excess sensitivity to income: evidence from US micro data,' Stanford University and University College, London(Apr.), mimeo.

Attfield, C. L. F., David Demery, and Nigel W. Duck, 1990, 'Saving and rational expectations: evidence for the U.K.,' *Economic Journal*, 100, 1269−76.

Barro, Robert J., 1974, 'Are government bonds net wealth?' *Journal of Political Economy*, 82, 1095−117.

Barsky, Robert B., N. Gregory Mankiw, and Stephen P. Zeldes, 1986, 'Ricardian consumers with Keynesian propensities,' *American Economic Review*, 76, 676−91.

Bean, Charles R., 1986, 'The estimation of "surprise" models and the "surprise" consumption function,' *Review of Economic Studies*, 49, 497−516.

Becker, Gary S., 1974. 'A theory of social interactions,' *Journal of Political Economy*, 82, 1063−94.

——1991, 'Habits, addictions, and traditions,' Nancy Schwartz Lecture, Northwestern University, NORC Discussion Paper 91−8(Aug.), mimeo.

——and Kevin Murphy, 1988, 'A theory of rational addiction,' *Journal of Political Economy*, 96, 675−700.

Bertola, Giuseppe, and Ricardo J. Caballero, 1990, 'Kinked adjustment costs and aggregate dynamics,' in Olivier J. Blanchard and Stanley Fischer (eds.), *NBER Macroeconomics Annual* 1990, Cambridge, Mass. MIT Press, 237—95.

Bewley, Truman, 1977, 'The permanent income hypothesis: a theoretical formulation,' *Journal of Economic Theory*, 16, 252—92.

Blanchard, Olivier J., 1985, 'Debts, deficits, and finite horizons,' *Journal of Political Economy*, 93, 1045—76.

——and Stanley Fischer, 1989, *Lectures on macroeconomics*, Cambridge, Mass. MIT Press.

——and N. Gregory Mankiw, 1988, 'Consumption: beyond certainty equivalence,' *American Economic Review (paps. and procs.)*, 78, 173—7.

Blinder, Alan S., and Angus S. Deaton, 1985, 'The time-series consumption revisited,' *Brookings Papers on Economic Activity*, 465—521.

Blundell, Richard W., Martin J. Browning, and Costas Meghir, 1991, 'Consumer demand and the lifetime allocation of household expenditure,' University College, London, mimeo.

Börsch-Supan, Axel, and Konrad Stahl, 1991, 'Life cycle savings and consumption constraints. Theory, empirical evidence, and fiscal implications,' *Journal of Population Economics*, 4, 233—55.

Boskin, Michael J., 1978, 'Taxation, saving, and the rate of interest,' *Journal of Political Economy*, 86, 3—27.

Bosworth, Barry, Gary Burtless, and John Sabelhaus, 1991, 'The decline in saving: some microeconomic evidence,' *Brookings Papers on Economic Activity*, 183—241.

Browning, Martin J., 1989, 'The intertemporal allocation of expenditure on nondurables, services, and durables,' *Canadian Journal of Economics*, 22, 22—36.

——Angus S. Deaton, and Margaret Irish, 1985, 'A profitable approach to labor supply and commodity demands over the life-cycle,' *Econometrica*, 53, 503—44.

Caballero, Ricardo J., 1990*a*, 'Expenditure on durable goods: a case for slow adjustment,' *Quarterly Journal of Economics*, 105, 727—43.

——1990*b*, 'Consumption puzzles and precautionary saving,' *Journal of Monetary Economics*, 25, 113—36.

——1991, 'Earnings uncertainty and aggregate wealth accumulation,' *American Economic Review*, 81, 859—71.

Calvo, Guillermo, 1979, 'On the time inconsistency of optimal policy in a monetary economy,' *Econometrica*, 46, 1411—28.

Campbell, John Y., 1987, 'Does saving anticipate declining labor income? An alternative test of the permanent income hypothesis,' *Econometrica*, 55, 1249—73.

——and Angus S. Deaton, 1989, 'Why is consumption so smooth?' *Review of Economic Studies*, 56, 357—74.

——and N. Gregory Mankiw, 1987, 'Are output fluctuations transitory?' *Quarterly Journal of Economics*, 102, 857—80.

——1989, 'Consumption, income and interest rates: reinterpreting the time series evidence,' in Olivier J. Blanchard and Stanley Fischer (eds.), *NBER Macroeconomics Annual* 1989, Cambridge, Mass. MIT Press, 185—216.

——1991, 'The response of consumption to income: a cross-country investigation,' *European Economic Review*, 35, 715—21.

Carroll, Christopher D., 1991, 'Buffer stock saving and the permanent income hypothesis,' Board of Governors of the Federal Reserve System, mimeo.

——1992, 'How does future income affect current consumption?' Board of Governors of the Federal Reserve System (Jan.), mimeo.

——and Lawrence H. Summers, 1987, 'Why have private saving rates in the United States and Canada diverged?' *Journal of Monetary Economics*, 20, 249—79.

——1991,'Consumption growth parallels income growth: some new evidence,' in B. Douglas Bernheim and John B. Shoven(eds.), *National Saving and Economic Performance*, Chicago. Chicago University Press for NBER, 305—43.

Chamberlain, Gary, 1984, 'Panel data,' in Zvi Griliches and Michael D. Intriligator(eds.), *Handbook of Econometrics*, Vol. 2, North-Holland. Amsterdam, 1247—318.

Christiano, Lawrence J., 1987, 'Is consumption insufficiently sensitive to innovations in income?' *American Economic Review*, (paps. and procs.), 77, 337—41.

——and Martin Eichenbaum, 1990, 'Unit roots in real GNP: do we know and do we care?' *Carnegie-Rochester Conference Series on Public Policy*, 32, 7—61.

——and David Marshall, 1991, 'The permanent income hypothesis revisited,' *Econometrica*, 59, 397—423.

Clarida, Richard H., 1991, 'Aggregate stochastic implications of the life-cycle hypothesis,' *Quarterly Journal of Economics*, 106, 851—67.

Cochrane, John, H., 1988, 'How big is the random walk in GNP?' *Journal of Political Economy*, 96, 893—920.

——1989, 'The sensitivity of tests of the intertemporal allocation of consumption to near-rational alternatives,' *American Economic Review*, 79, 319—37.

——1991, 'A simple test of consumption insurance,' *Journal of Political Economy*, 99, 957—76.

Cogley, Timothy, 1989, 'Is consumption too smooth? Evidence from Canada,' Univeristy of Washington, mimeo.

Constantinides, George M., 1990. 'Habit formation: a resolution of the equity premium puzzle,' *Journal of Political Economy*, 98, 519—43.

Danziger, Sheldon, Jacques van der Gaag, Eugene Smolensky, and Michael Taussig, 1983, 'The life cycle hypothesis and the consumption behavior of the elderly,' *Journal of Post-Keynesian Economics*, 5, 208—27.

Davidson, James E. H., and David F. Hendry, 1981, 'Interpreting econometric evidence: consumers' expenditures,' *European Economic Review*, 16, 177—92.

——Frank Srba, and Stephen Yeo, 1978, 'Econometric modelling of the aggregate time-series relationship between consumers' expenditure and income in the United Kingdom,' *Economic Journal*, 88, 661—92.

Deaton, Angus S., 1974, 'On the empirical implications of additive preferences,' *Economic Journal*, 84, 338—48.

——1977, 'Involuntary saving through unanticipated inflation,' *American Economic Review*, 67, 899—910.

——1985, 'Panel data from a time-series of cross-sections.' *Journal of Econometrics*, 30, 109—26.

——1987, 'Life-cycle models of consumption: Is the evidence consistent with the theory?' in Truman F. Bewley (ed.), *Advances in Econometrics, Fifth World Congress*, Vol. 2, Cambridge and New York. Cambridge University Press, 121—48.

——1990, 'Saving in developing countries: theory and review,' *World Bank Economic Review*, Special Issue, Proceedings of the First Annual World Bank Conference on Development Economics, 61—96.

——1991, 'Saving and liquidity constraints,' *Econometrica*, 59, 1221—48.

——1992a, 'Saving and income smoothing in the Côte d'Ivoire,' *Journal of African Economies*, 1, 1—24.

——1992b, 'Household saving in LDCs: credit markets, insurance, and welfare,' *Scandinavian Journal of Economics*, 94, 253—73.

——and Guy Laroque, 1992, 'On the behavior of commodity prices,' *Review of Economic Studies*, 59, 1—23.

——and John Muellbauer, 1980, *Economics and consumer behavior*, New York. Cambridge University Press.

——and Christina H. Paxson, 1992, 'Saving, growth, and aging in Taiwan,' Research program in development studies, Princeton(June), mimeo.

DeLong, Bradford J., and Lawrence H. Summers, 1986, 'The changing cyclical variability of economic activity in the US,' in Robert J. Gordon(ed.), *The American business cycle: continuity and change*, Chicago Chicago University Press, 679—734.

Diamond, Peter A., and Jerry A. Hausman, 1984, 'Individual retirement and savings behavior,' *Journal of Public Economics*, 23, 81—114.

Dickey, David A. and Wayne A. Fuller, 1981, 'Likelihood ratio statistics for autoregressive time series with a unit root,' *Econometrica*, 49, 1057—72.

Diebold, Francis X., and Glenn D. Rudebusch, 1991, 'Is cosumption too smooth? Long memory and the Deaton paradox,' *Review of Economics and Statistics*, 73, 1—17.

——and Marc Nerlove, 1990, 'Unit roots in economic time series: a selective survey,' in Thomas B. Fomby and George F. Rhodes(eds.), *Advances in econometrics: cointegration, spurious regressions, and unit roots*, Greenwich, Connecticut. JAI Press, 3—69.

Dow, J. Christopher R., 1964, *The management of the British economy*, 1945—60, Cambridge. Cambridge University Press.

Duesenberry, James S., 1949, *Income, saving, and the theory of consumer behavior*, Cambridge, Mass. Harvard University Press.

——Gary Fromm, Lawrence R. Klein, and Edwin Kuh(eds.), *The Brookings Quarterly Econometric Model of the United States*, Chicago. Rand-McNally.

Engen, Eric M., and William Gale, 1991, 'IRAs and saving in a stochastic lifecycle model,' University of California at Los Angeles(Dec.), mimeo.

Engle, Robert, and Clive W. J. Granger, 1987, 'Co-integration and error correction: representation, estimation, and testing,' *Econometrica*, 55, 251—76.

Epstein, Larry G., and Stanley E. Zin, 1989, 'Substitution, risk aversion, and the temporal behavior of consumption and asset returns: a theoretical framework,' *Econometrica*,

46, 185—200.

———1991, 'Substitution, risk aversion, and the temporal behavior of consumption and asset returns: an empirical analysis,' *Journal of Political Economy*, 99, 263—86.

Ermini, Luigi, 1989, 'Some new evidence on the timing of consumption decisions and on their generating processes,' *Review of Economics and Statistics*, 71, 643—50.

Evans, Michael K., 1969, *Macroeconomic activity: theory, forecasting, and control*, New York. Harper & Row.

Feldstein, Martin, and Charles Horioka, 1980, 'Domestic saving and international capital flows,' *Economic Jounal*, 90, 314—29.

Flavin, Marjorie, 1981, 'The adjustment of consumption to changing expectations about future income,' *Journal of Political Economy*, 89, 974—1009.

———1990, 'The excess smoothness of consumption: identification and interpretation,' University of Virginia, mimeo.

———1991, 'The joint consumption/asset demand decision: a case study in robust estimation,' NBER working paper no. 3802, mimeo.

Friedman, Milton, 1957, *A theory of the consumption function*, Princeton, Princeton University Press.

———1963, 'Windfalls, the "horizon" and related concepts in the permanent income hypothesis,' in Carl Christ et al. (eds.), *Measurement in Economics*, Stanford. Stanford University Press, 1—28.

Fry, Maxwell, 1987, *Money, interest, and banking in economic development*, Baltimore, Md. Johns Hopkins University Press.

Galí, Jordi, 1990, 'Finite horizons, life cycle savings and time series evidence on consumption,' *Journal of Monetary Economics*, 26, 433—52.

———1991a, 'Budget constraints and time series evidence on consumption,' *American Economic Review*, 81, 1238—53.

——1991b,'International evidence on consumption variability,' Columbia University, mimeo.

Gersovitz, Mark, 1988, 'Saving and development,' in Hollis Chenery and T. N. Srinivasan (eds.), *Handbook of Development Economics*, Vol. 1, Amsterdam. North-Holland, 381—424.

Ghez, Gilbert R., and Gary S. Becker, 1975, 'The allocation of time and goods over the life-cycle,' New York. NBER.

Goodfriend, Marvin, 1992, 'Information aggregation bias,' *American Economic Review*, 82, 508—19.

Gorman, William M., 1959, 'Separable utility and aggregation,' *Econometrica*, 27, 469—81.

Granger, Clive W. J., and Paul Newbold, 1986, *Forecasting economic time-series*, 2nd edn., New York. Academic Press.

Grossman, Sanford J., and Guy Laroque, 1990, 'Asset pricing and optimal portfolio choice in the presence of illiquid durable consumption goods,' *Econometrica*, 58, 25—51.

——and Robert J. Shiller, 1982, 'Consumption correlatednes and risk measurement in economies with nontraded assets and heterogeneous information,' *Journal of Financial Economics*, 10, 195—210.

Guiso, Luigi, Tullio Jappelli and Daniele Terlizzese, 1991, 'Earnings uncertainty and precautionary saving,' Bank of Italy, Rome, mimeo.

Hall, Robert E., 1978, 'Stochastic implications of the life cycle-permanent income hypothesis: theory and evidence,' *Journal of Political Economy*, 96, 971—87.

——1988, 'Intertemporal substitution in consumption,' *Journal of Political Economy*, 96, 339—57.

——1989, 'Consumption,' in Robert J. Barro (ed.), *Modern Business Cycle Theory*,

Cambridge, Mass. Harvard University Press.

——and Frederic S. Mishkin, 1982, 'The sensitivity of consumption to transitory income: estimates from panel data on households,' *Econometrica*, 50, 461−81.

Hansen, Lars Peter, and Ravi Jagannathan, 1991, 'Implications of security market data for models of dynamic economies,' *Journal of Political Economy*, 99, 225−62.

——William Roberds, and Thomas J. Sargent, 1991, 'Time series implications of present value budget balance and of martingale models of consumption and taxes,' in Lars P. Hansen and Thoams J. Sargent, *Rational expectations econometrics*, Boulder. Westview, 121−61.

——and Thomas J. Sargent, 1981, 'A note on Wiener-Kolmogorov forecasting formulas for rational expectations models,' *Economics Letters*, 8, 253−60.

——and Kenneth J. Singleton, 1982, 'Generalized instrumental variables estimation of nonlinear rational expectations models,' *Econometrica*, 50, 1269−86.

Hayashi, Fumio, 1982, 'The permanent income hypothesis: estimation and testing by instrumental variables,' *Journal of Political Economy*, 90, 895−916.

——1985a, 'The effect of liquidity constraints on consumption: a cross-sectional analysis,' *Quarterly Journal of Economics*, 100, 183−206.

——1985b, 'The permanent income hypothesis and consumption durability: analysis based on Japanese panel data,' *Quarterly Journal of Economics*, 100, 1083−113.

——1987, 'Tests for liquidity constraints: a critical survey and some new observations,' in Truman F. Bewley (ed.), *Advances in Econometrics: Fifth World Congress*, Vol. 2, 91−120.

——Joseph Altonji, and Laurence J. Kotlikoff, 1991, 'Risk-sharing, altruism, and the factor structure of consumption,' NBER working paper no. 3834 (Sept.), mimeo.

Heaton, John, 1990, 'The interaction between time-nonseparable preferences and time aggregation,' Sloan School MIT, working paper 3181-90-EFA (June), mimeo.

——1991,'An empirical investigation of asset pricing with temporally dependent preference specifications,'Sloan School MIT,working paper 3245-91-EFA(Feb.),mimeo.

Heckman,James J.,1971,'Three essays on the supply of labor and the demand for market goods,'Ph.D.dissertation,Princeton University.

——1974,'Life-cycle consumption and labor supply: an exploration of the relationship between income and consumption over the life cycle,'*American Economic Review*, 64,188—94.

Hendry,David F.,John N.J.Muellbauer,and Anthony Murphy,1990,'The econometrics of DHSY,'in John D.Hey and Donald Winch(eds.),*A Century of Economics*: 100 *Years of the Royal Economic Society and the Economic Journal*,Oxford.Balckwell, 298—334.

——and Thomas von Ungern-Sternberg,1981,'Liquidity and inflation effects on consumers' expenditure,'in Angus S.Deaton(ed.),*Essays in the theory and measurement of consumer behaviour in honour of Sir Richard Stone*,Cambridge.Cambridge University Press,237—60.

Hotz,V.Joseph,Finn E.Kydland,and Guilherme L.Sedlacek,1988,'Intertemporal preferences and labor supply,'*Econometrica*,56,335—60.

Houthakker,Hendrik S.,and Lester D.Taylor,1970,*Consumer demand in the United States:analysis and projections*,Cambridge,Mass.Harvard University Press.

Hubbard,R.Glenn,Jonathan Skinner,and Stephen P.Zeldes,1992,'Precautionary saving and social insurance,'Conlumbia University,University of Virginia,and University of Pennsylvania(Apr.),mimeo.

Jappelli,Tullio,1990,'Who is credit-constrained in the US economy,'*Quarterly Journal of Economics*,105,219—34.

——and Marco Pagano,1988,'Liquidity constrained households in an Italian cross-section,'London,Centre for Economic Policy Research,discussion paper no.257,mimeo.

——and Marco Pagano, 1989, 'Consumption and capital market imperfections; an international comparison,' *American Economic Review*, 79, 1088—105.

Keane, Michael, P., and David E. Runkle, 1992, 'On the estimation of panel data models with serial correlation when instruments are not strictly exogenous,' *Journal of Business and Economic Statistics*, 10, 1—9.

Kimball, Miles S., 1990, 'Precautionary saving in the small and in the large,' *Econometrica*, 58, 53—73.

——and N. Gregory Mankiw, 1989, 'Precautionary saving and the timing of taxes,' *Journal of Political Economy*, 97, 863—79.

King, Robert G., and Sergio T. Rebelo, 1989, 'Transitional dynamics and economic growth in the neoclassical model,' NBER working paper no. 3185, mimeo.

Kotlikoff, Laurence, J., 1988, 'Intergenerational transfers and savings,' *Journal of Economic Perspectives*, 2, 41—58.

——1992, *Generational accounting*, New York. Free Press.

——and Lawrence H. Summers, 1981, 'The role of intergenerational transfers in aggregate capital formation,' *Journal of Political Economy*, 89, 706—32.

Kreps, David M., and Evan L. Porteus, 1978, 'Temporal resolution of uncertainty and dynamic choice theory,' *Econometrica*, 46, 185—200.

Kydland, Finn, and Edward Prescott, 1977, 'Rules rather than discretion: the inconsistency of optimal plans.' *Journal of Political Economy*, 85, 473—91.

Lawrance, Emily C., 1991, 'Poverty and the rate of time preference: evidence from panel data,' *Journal of Political Economy*, 99, 54—77.

Lucas, Robert E., 1976, 'Econometric policy evaluation: a critique,' in Karl Brunner and Alan Meltzer(eds.), *The Phillips curve and labor markets*, Carnegie-Rochester Conference Series on Public Policy, Vol. 1, Amsterdam. North-Holland, 19—46.

Lusardi, Annamaria, 1992, 'Permanent income, consumption, and precautionary saving:

an empirical investigation,'Ph.D.thesis,Princeton University.

McCallum,Bennet T.,1976,'Rational expectations and the natural rate hypothesis: some consistent estimates,'*Econometrica*,44,43—52.

Mace,Barbara J.,1991,'Full insurance in the presence of aggregate uncertainty,'*Jounal of Political Economy*,99,928—56.

MaCurdy,Thomas E.,1982,'The use of time-series processes to model the error structure of earnings in longitudinal data analysis,'*Journal of Econometrics*,18,83—114.

Maddison,Angus,1992,'A long-run perspective on saving,'*Scandinavian Journal of Economics*,94,181—96.

Mankiw,N.Gregory,1982,'Hall's consumption hypothesis and durable goods,'*Journal of Monetary Economics*,10,417—25.

——Julio J.Rotemberg,and Lawrence H.Summers,1985,'Intertemporal substitution in macroeconomics,'*Quarterly Journal of Economics*,100,225—53.

——and Matthew Shapiro,1985,'Trends,random walks,and tests of the permanent income hypothesis,'*Journal of Monetary Economics*,16,165—74.

——and Stephen P.Zeldes,1991,The consumption of stockholders and nonstockholders,'*Journal of Financial Economics*,29,97—112.

Mariger,Randall P.,and Kathryn Shaw,1990,'Unanticipated aggregate disturbances and tests of the life-cycle model using panel data,'Board of Governors of the Federal Reserve and Carnegie Mellon University,mimeo.

Mehra,Rajnish,and Edward C.Prescott,1985,'The equity premium: a puzzle,'*Journal of Monetary Economics*,15,145—61.

Merton,Robert C.,1969,'Lifetime portfolio selection under uncertainty: the continuous time case,'*Review of Economics and Statistics*,67,353—62.

Mirer,Thad W.,1979,'The wealth-age relationship among the aged,'*American Economic Review*,69,435—43.

Modigliani, Franco, 1986, 'Life cycle, individual thrift, and the wealth of nations,' *American Economic Review*, 76, 297—313.

——1988, 'The role of intergenerational transfers and life cycle saving in the accumulation of wealth,' *Journal of Economic Perspectives*, 2, 15—14.

——1990, 'Recent declines in the savings rate: a life cycle perspective,' Frisch Lecture, Sixth World Congress of the Econometric Society, Barcelona(Aug.), mimeo.

——and Richard Brumberg, 1954, 'Utility analysis and the consumption function: an interpretation of cross-section data,' in Kenneth K. Kurihara(ed.), *Post-Keynesian economics*, New Brunswick, N.J..Rutgers University Press, 388—436.

——1979, 'Utility analysis and the consumption function: an attempt at integration,' in Andrew Abel(ed.), *The collected papers of Franco Modigliani*, Volume 2, Cambridge, Mass.MIT Press, 128—97.

Mork, Knut A., and V. Kerry Smith, 1989, 'Testing the life-cycle hypothesis with a Norwegian household panel,' *Journal of Business and Economic Statistics*, 7, 287—96.

Mroz, Thomas A., 1987, 'The sensitivity of an empirical model of married women's hours of work to economic and statistical assumptions,' *Econometrica*, 55, 765—800.

Muellbauer, John N.J., 1988, 'Habits, rationality and myopia in the life cycle consumption function,' *Annales d'économie et de statistique*, 9, 47—70.

——and Anthony Murphy, 1990, 'Is the UK balance of payments sustainable?' *Economic Policy*, 5, 347—95.

Muth, John F., 1960, 'Optimal properties of exponentially weighted forecasts,' *Journal of the American Statistical Association*, 55, 299—306.

Nelson, Charles R., 1987, 'A reappraisal of recent tests of the permanent income hypothesis,' *Journal of Political Economy*, 95, 641—46.

Nerlove, Marc, 1957, 'A note on long-run automobile demand,' *Journal of Marketing*, 21, 57—64.

Newbery, David M. G., 1989, 'Agricultural institutions for insurance and stabilization,' in Pranab Bardhan(ed.), *The economic theory of agrarian institutions*, Oxford. Clarendon Press, 267—96.

Obstfeld, Maurice, 1990, 'Intertemporal dependence, impatience, and dynamics,' *Journal of Monetary Economics*, 26, 45—75.

Phillips, Peter C. B., and Pierre Perron, 1988, 'Testing for a unit root in time series regression,' *Biometrika*, 75, 335—46.

Phlips, Louis, 1974, *Applied consumption analysis*, Amsterdam. North-Holland.

Pischke, Jörn-Steffen, 1991, 'Individual income, incomplete information, and aggregate consumption,' Industrial Relations Section working paper no. 289, Princeton University, mimeo.

Priestley, M. B., 1981, *Spectral analysis and time series*, London. Academic Press.

Quah, Danny, 1990, 'Permanent and transitory movements in labor income: an explanation for "excess smoothness" in consumption,' *Journal of Political Economy*, 98, 449—75.

Ravallion, Martin and Shubham Chauduri, 1992, 'Tests of risk-sharing in three Indian villages,' The World Bank and Princeton University, mimeo.

Rebelo, Sergio, 1991, 'Long run policy analysis and long run growth,' *Journal of Political Economy*, 99, 91—109.

Romer, Paul, 1990, 'Endogenous technical change,' *Journal of Political Economy*, 98, S71—S102.

Rosovsky, Henry, 1990, *The university: an owner's manual*, New York. Norton.

Runkle, David E., 1991, 'Liquidity constraints and the permanent-income hypothesis,' *Journal of Monetary Economics*, 27, 73—98.

Samuelson, Paul A., 1969, 'Lifetime portfolio selection by dynamic stochastic programming,' *Review of Economics and Statistics*, 51, 239—46.

Schechtman, Jack, 1976, 'An income fluctuation problem,' *Journal of Economic Theo-

ry, 12, 218−41.

―and Vera Escudero, 1977, 'Some results on "An income fluctuation problem",' *Journal of Economic Theory*, 16, 151−66.

Shefrin, Hersh M., and Richard H. Thaler, 1988, 'The behavioral life-cycle hypothesis,' *Economic Inquiry*, 26, 609−43.

Sims, Christopher A., James H. Stock, and Mark W. Watson, 1990, 'Inference in linear time series models with some unit roots,' *Econometrica*, 58, 113−44.

Singleton, Kenneth J., 1990, 'Specification and estimation of intertemporal asset pricing models,' in Benjamin M. Friedman and Frank H. Hahn (eds.), *Hand-book of Monetary Economics*, Vol. 1, Amsterdam. North-Holland, 583−626.

Skinner, Jonathan, 1988, 'Risky income, life-cycle consumption, and precautionary saving,' *Journal of Monetary Economics*, 22, 237−55.

Spinnewyn, Franz, 1981, 'Rational habit formation,' *European Economic Review*, 15, 91−109.

Stiglitz, Joseph E., and Andrew Weiss, 1981, 'Credit rationing in markets with imperfect information,' *American Economic Review*, 71, 393−410.

Stock, James, and Kenneth D. West, 1988, 'Integrated regressors and tests of the permanent income hypothesis,' *Journal of Monetary Economics*, 21, 85−95.

Stone, J. Richard N., 1964, 'Private saving in Britain, past, present, and future,' *Manchester School of Economic and Social Research*, 32, 79−112.

―1966, Spending and saving in relation to income and wealth, *L' Industria*, 4, 471−99.

―1973, 'Personal spending and saving in postwar Britain,' in H. Bos (ed.), *Economic structure and development: essays in honor of Jan Tinbergen*, Amsterdam. North-Holland.

―and Derek A. Rowe, 1957, 'The market demand for durable goods,' *Econometrica*,

25, 423—43.

——1958, 'Dynamic demand functions: some econometric results,' *Economic Journal*, 68, 256—70.

——1962, 'A post-war expenditure function,' *The Manchester School of Economic and Social Studies*, 30, 187—201.

Strotz, Robert H., 1956, 'Myopia and inconsistency in dynamic utility maximization,' *Review of Economic Studies*, 23, 165—80.

Suits, Daniel B., and Gordon R. Sparks, 1965, 'Consumption regressions with quarterly data,' in James S. Duesenberry, Gary Fromm, Lawrence R. Klein, and Edwin Kuh (eds.), *The Brookings Quarterly Econometric Model of the United States*, Chicago. Rand-McNally, 202—23.

Summers, Robert, and Alan C. Heston, 1991, 'The Penn world table (mark 5): an expanded set of international comparisons 1950—1985,' *Quarterly Journal of Economics*, 106, 327—68.

Tauchen, George, 1986, 'Finite state Markov chain approximations to univariate and vector autoregressions,' *Economics Letters*, 20, 177—81.

——Robert Hussey, 1991, 'Quadrature based methods for obtaining approximate solutions to nonlinear asset pricing models,' *Econometrica*, 59, 371—96.

Thurow, Lester D., 1969, 'The optimum lifetime distribution of consumption expenditures,' *American Economic Review*, 59, 324—30.

Tobin, James, 1967, 'Life-cycle saving and balanced growth,' in W. Fellner *et al.* (eds.), *Ten economic studies in the tradition of Irving Fisher*, New York. Wiley, 327—68.

Townsend, Robert M., 1991, 'Risk and insurance in village India,' NORC discussion paper no. 91—3 (May), mimeo.

Uzawa, Hirofumi, 1968, 'Time preference, the consumption function, and optimum asset holdings,' in J. N. Wolfe (ed.), *Value, capital and growth: papers in honour of Sir*

John Hicks, Chicago. Aldine, 485—504.

van der Ploeg, Frederick, 1989, 'Risk aversion, intertemporal substitution and consumption: the CARA-LQ problem,' CentER for Economic Research, Tilburg University, The Netherlands, mimeo.

Venti, Steven F., and David A. Wise, 1987a, 'IRAs and saving,' in Martin Feldstein (ed.), *The effects of taxation on capital accumulation*, Chicago. University of Chicago Press, 7—48.

——1987b, 'Have IRAs increased US saving? Evidence from consumer expenditure surveys,' *Quarterly Journal of Economics*, 105, 661—98.

——1988, 'The determinants of IRA contributions and the effect of limit changes,' in Zvi Bodie, John Shoven, and David Wise(eds.), *Pensions in the U.S. economy*, Chicago. University of Chicago Press, 9—47.

——1991, 'The saving effect of tax-deferred retirement accounts: evidence from SIPP,' in B. Douglas Bernheim and John B. Shoven(eds.), *National Saving and Economic Performance*, Chicago. University of Chicago Press, 103—28.

Visaria, Pravin, 1980, *Poverty and living standards in Asia*, World Bank, Living Standards Measurement Study, mimeo.

Watson, Mark. W. 1986, 'Univariate detrending methods with stochastic trends,' *Journal of Monetary Economics*, 18, 49—75.

Weil, Philippe, 1990, 'Nonexpected utility in macroeconomics,' *Quarterly Journal of Economics*, 105, 29—42.

West, Kenneth D., 1988, 'The insensitivity of consumption to news about income,' *Journal of Monetary Economics*, 21, 17—34.

Wilcox, David W., 1987, 'Income tax refunds and the timing of consumption expenditures,' Board of Governors of the Federal Reserve System(May), mimeo.

——1989, 'Social security benefits, consumption expenditure, and the life cycle hypothesis,' *Journal of Political Economy*, 97, 288—304.

—— 1991, 'The construction of the US consumption data: some facts and their implications for empirical work,' Board of Governors of the Federal Reserve System, mimeo.

World Bank, annual, *World Development Report*, Washington, D.C..

Zeldes, Stephen, P., 1989a, 'Consumption and liquidity constraints: an empirical investigation,' *Journal of Political Economy*, 97, 305—46.

—— 1989b, 'Optimal consumption with stochastic income: deviations from certainty equivalence,' *Quarterly Journal of Economics*, 104, 275—98.